누구나 할 수 있는
나만의 캐릭터와 굿즈 만들기

두부의 캐릭터 드로잉

with 프로크리에이트

두부(김경은) 지음

⋕B 한빛미디어
Hanbit Media, Inc.

지은이 두부(김경은)

어렸을 적부터 줄곧 그리고 쓰는 일을 좋아하고 잘하기까지 하는 선천적인 그림쟁이이자 지금은 운동하는 그림쟁이.
혼자 그리는 것에서 그치지 않고 많은 사람들에게 그림 그리는 즐거움을 이미지, 영상 등으로 전하고 있다. 현재는 '두부'라는
이름으로 일러스트레이터, 캐릭터 굿즈 강사 활동을 하고 있다.

- 스터디파이 '누구나 할 수 있는 캐릭터 굿즈 작가되기' 온라인 강의
- K-일러스트레이션페어 서울 '귀여운 나만의 캐릭터 제작하기 A to Z' 세미나 강의
- 한양대학교 BOOST CAMP, 광주시 청년지원센터 등 다양한 기관에서 '캐릭터&굿즈' 클래스 특강
- 운동 일러스트 도서 《풀어주고 늘여주고 강화하라》 출간
- 교보문고 e-book 메인 캐릭터 제작 및 〈이북판다의 일기〉 그림일기 연재 작업 외 다수

유튜브 youtube.com/@dubu_studio
인스타그램 instagram.com/grim.gle_dubu
브런치스토리 brunch.co.kr/@dailydubu

두부의 캐릭터 드로잉 with 프로크리에이트 : 누구나 할 수 있는 나만의 캐릭터와 굿즈 만들기

초판 1쇄 발행 2024년 9월 3일

지은이 두부(김경은) / **펴낸이** 전태호
펴낸곳 한빛미디어(주) / **주소** 서울시 서대문구 연희로2길 62 한빛미디어(주) IT출판1부
전화 02-325-5544 / **팩스** 02-336-7124
등록 1999년 6월 24일 제 25100-2017-000058호 / **ISBN** 979-11-6921-280-9 13000

총괄 배윤미 / **책임편집** 장용희 / **기획** 장용희 / **교정** 박서연
디자인 윤혜원 / **전산편집** 김희정
영업 김형진, 장경환, 조유미 / **마케팅** 박상용, 한종진, 이행은, 김선아, 고광일, 성화정, 김한솔 / **제작** 박성우, 김정우

이 책에 대한 의견이나 오탈자 및 잘못된 내용은 출판사 홈페이지나 아래 이메일로 알려주십시오.
파본은 구매처에서 교환하실 수 있습니다. 책값은 뒤표지에 표시되어 있습니다.
한빛미디어 홈페이지 www.hanbit.co.kr / **이메일** ask@hanbit.co.kr
자료실 www.hanbit.co.kr/src/11280

지금 하지 않으면 할 수 없는 일이 있습니다.
책으로 펴내고 싶은 아이디어나 원고를 메일(**writer@hanbit.co.kr**)로 보내주세요.
한빛미디어(주)는 여러분의 소중한 경험과 지식을 기다리고 있습니다.

오프라인 강의를 하다 보면 대부분의 수강생들이 "선생님! 저 부업이나 전업으로 이 일을 하고 싶어요!" 라고 말하곤 합니다. 저는 일단 "우선 가벼운 마음으로, 흥미와 꾸준함을 찾자."라고 말하며 그들의 열정 을 진정시킵니다.

흔히 취미는 취미로 남을 때 가장 즐겁지, 일로 바꾸면 스트레스를 받는다고 합니다. 내가 좋아하던 일 이 업이 되어 생산성이 더해지면, 흥미를 잃고 스트레스를 받게 되죠. 그래서 취미부터 시작해보는 게 중요하답니다.

막상 혼자 그림을 그리려고 하면 막막한 분들이 있을 거예요. 이럴 땐 일주일에 한 번이라도 일정한 시 간을 정해, 그림 그리는 습관을 만들어보세요. 직장을 다닌다면 퇴근 후 저녁이 될 수도 있고, 주말 낮이 될 수도 있겠죠. 편안한 시간과 공간을 선택하고 유명한 작가들의 그림을 따라 그려보세요. 단순히 모작 하는 방식으로요. 실제로 그림을 처음 배울 때는 유명 작품을 모작하는 경우가 많습니다. 좋아하는 작품 의 분위기, 색조, 구도를 찾아보는 것도 좋습니다. 무작정 많이 그리는 것도 좋지만 '내가 좋아하는 느낌' 을 찾는 것도 중요한 과정입니다. 완벽함을 추구하기보다 그림을 많이 찾고, 내 그림을 많이 그려보세요.

그림은 얽매이지 않을 때 많은 가능성을 보여줍니다. 실제로 캐릭터 작가, 굿즈 작가는 비전공자가 많습 니다. '잘 그려야지'라는 압박감은 비전공자 특유의 자유로움과 자연스러움을 지워버리고 부족한 테크 닉만 드러나게 합니다. 가벼운 마음으로 시작하고, 비로소 내가 그리고 싶은 그림을 그렸을 때 피어나는 내 안의 잠재력을 만나보세요. 잠재력과 가능성이 기회를 만났을 때, 그때 이 일을 업으로 삼을까 고민 해도 늦지 않다는 것을 꼭 전하고 싶습니다. 이 책이 여러분의 즐거운 취미가 되기를 바랍니다.

2024년 8월
두부(김경은)

Chapter 03
그리면서 프로크리에이트 기능 익히기

앞서 배운 프로크리에이트의 기본 기능을 간단한 실습을 따라 하며 익혀보겠습니다. 일그림을 따라 라인과 채색 작업을 해보고 그룹으로 묶어보는 과정을 배워보겠습니다. 따라 하다 보면 쉽고 재미있어서 자꾸 더 해보고 싶을 것입니다. 자, 가볍게 마음으로 시작합니다.

귀여워서 따라 하고 싶은 샘플 드로잉 캔버스 실행하기

예제 파일 | 샘플드로잉.psd

❶ 프로크리에이트를 실행하고 샘플드로잉.psd 파일을 불러옵니다. ❷ 레이어 ▤를 선택하고 ❸ [레이어] 패널에서 [교안&스케치] 레이어가 잠겨 있는 것을 확인합니다. 이 레이어는 참고용으로 와입할 수 없도록 잠가두었습니다. 이 레이어를 맨 아래에 두고 나무 → 커피 → 향수 → 모자 순으로 레이어를 쌓아가며 각각의 오브젝트를 그려보겠습니다.

차근차근 배워봐요

캐릭터 드로잉과 굿즈 만들기에 필요한 기초 체력을 탄탄히 다집니다. 프로크리에이트 핵심 기능과 드로잉의 기초를 익혀보세요.

Chapter 03
가이드를 활용해 나만의 캐릭터 제작하기

아무것도 없는 한셰 캔버스에 어떤 가이드도 없이 무엇인가를 그려야 한다면 막연하고 어려울 것입니다. 무에서 유를 만들어야 하는 부담감은 상당히 큰 압박으로 다가옵니다. 두부는 이런 어려움을 겪는 수많은 수강생들을 만나본 결과 누구나 캐릭터를 제작할 수 있는 가이드를 만들기로 결심합니다. 이번에는 두부가 만나본 수많은 수강생들의 개성 있는 캐릭터를 탄생시킨 캐릭터 제작 가이드 템플릿을 소개하겠습니다. 이 가이드를 통해 여러분도 나만의 캐릭터를 구상해봅니다.

두부의 캐릭터 비책, 캐릭터 제작 가이드 템플릿

앞 장을 읽고 왔다면 동물 캐릭터의 얼굴, 이목구비, 몸통, 실루 등에 대해서 어느 정도 구상이 되었을 것입니다. 이제 본격적으로 캐릭터를 제작해보겠습니다. 예제 파일로 제공하는 이 템플릿은 다양한 캐릭터의 가장 기본적인 틈을 만들어 모아둔 것입니다. 원하는 비율은 물론이고 이목구비 등을 조합해보면 대략적으로 원하는 이미지를 제작하는 데에 도움을 줄 것입니다.

캐릭터 제작 가이드 템플릿

눈 / 코&입 / 몸

캐릭터를 만들어봐요

드로잉이 익숙하지 않아도 나만의 캐릭터를 만들 수 있습니다. 캐릭터를 분석하고 가이드를 활용해 나만의 캐릭터를 만들어보세요.

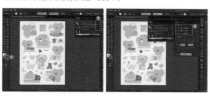

04 ❶ 이어서 도구바 하단에 있는 [칠과 선]에서 [선]을 선택하면 [색상] 패널이 열립니다. C, M, Y, K의 값을 조정할 수 있습니다. ❷ [M]은 100%, [C], [Y], [K]는 모두 0%로 설정합니다. ❸ [획] 패널에서 두께는 0.5pt, [둥근 단면], [둥근 연결]로 설정합니다.

대부분의 제작 업체는 동일한 칠감 스타일을 요구하기 때문에 이 옵션을 베이스로 패스 값을 설정합니다. 건축 제작 업체별로 요구하는 C, M, Y, K의 값이 다를 수 있으니 꼭 확인합니다.

[색상] 패널에서 개별 값 조정하기
도구바 하단에 있는 [칠과 선]에서 [선]을 선택했을 때 [색상] 패널이 나타나지 않는다면 [윈도우]-[색상] 메뉴를 선택하면 됩니다. [색상] 패널의 오른쪽 상단에 있는 세 줄 모양을 클릭하면 옵션이 표시됩니다. CMYK의 개별 값을 조정할 수 있습니다. 색상뿐만 아니라 다른 기능도 대부분 [윈도우] 메뉴에서 찾아 사용할 수 있습니다.

TIP

필요할 때마다 힘이 되는 실습 팁입니다. 책을 보며 혼자 해도 쉽고 재미있게 따라 할 수 있습니다.

꼼꼼한 NOTE

예제를 따라 하며 놓칠 수 있는 실수, 알아 두면 좋을 개념, 옵션 등을 꼼꼼히 소개합니다.

굿즈도 만들어요

나만의 캐릭터를 그리고 굿즈까지 만들어봅니다. 템플릿을 활용해 도안, 발주 파일을 만들어 주문까지 쉽고 빠르게 실습해보세요.

Chapter **01**

세상에 하나뿐인 스마트폰 케이스 만들기

일상생활에서 가장 많이 쓰는 전자기기 중 하나인 스마트폰, 자주 바꿀 수 없는 기기인 만큼 디자인의 금방 질리기 마련인데요. 스마트폰 케이스와 관련한 액세서리 제품은 항상 인기 있는 굿즈 중 하나입니다. 이번 챕터에서는 남들과 다른 나만의 스마트폰 케이스를 제작해보겠습니다.

스마트폰 케이스 제작 템플릿 다운로드하기

제작 사이트 방문하기

01 ❶ 스마트폰 케이스 제작 업체인 붐잉케이스(boom-ing.com)에 접속합니다. ❷ [굿즈제작]-[폰케이스]를 선택합니다.

수익화까지 알려줘요

그림을 그리고 굿즈를 만든 후 돈을 버는 방법까지 소개합니다. 두부 작가의 노하우와 수강생들의 경험을 확인해보세요.

Chapter **03**

슬기로운 취미 생활과 N잡

세상에는 많은 취미 생활들이 있지만 실제 내 삶에 가져다주는 행복감뿐만 아니라 회사 업무나 개인 사업에도 활용할 수 있고 나아가 부업으로도 발전할 수 있는 취미는 많지 않습니다. 이 때문에 캐릭터 굿즈가 다른 취미 생활에 비해 더욱 사람들의 생각보다 인기가 많아 보입니다. 실제로 수업을 진행하다 보면 특별한 목적 없이 단순히 취미로 시작했던 수강생들이 주변 사람들의 반응, 스스로의 만족감에 자신감을 얻어 자발적으로 더 열심히 작업하고 부업까지 도전합니다. 이 책을 공부하는 여러분도 그중 한 사람이 될 수 있다고 자신합니다.

슬기로운 취미 생활

내가 그린 그림이 상업성을 갖춘 결과물로 재탄생하는 색다른 경험

두부에게 취미로 캐릭터 굿즈를 배우러 오는 분들은 대부분이 그림에 흥미가 있는 분들이었습니다. 그

'어떤 기기와 프로그램을 사용해야 하는지' 궁금해하시는 분들이 많습니다. 이 책에서는 디지털 드로잉을 프로크리에이트로 진행합니다. 따라서 아이패드를 사용할 수밖에 없습니다. 단, 굿즈 도안을 발주 파일로 만드는 데 필요한 노트북은 어도비 프로그램을 실행할 수 있는 어떤 기기든 가능합니다. 캐릭터, 굿즈 작가가 되기 전에 실습을 잘 따라올 수 있는 최정예 준비물들을 살펴보겠습니다.

꼭 필요한 아이패드와 애플 펜슬

아이패드는 어떻게 사용하는지에 따라 드로잉, 필기, 영상, 편집 등 무궁무진하게 활용할 수 있는 반면, 유튜브나 OTT 시청용으로 전락해버리기도 합니다. 저의 수강생 중 '유튜브 시청용으로 전락한 아이패드를 활용하려고' 수업을 듣다가 캐릭터, 굿즈 작가의 길에 푹 빠져버리는 경우도 많습니다. 제가 사용하는 아이패드는 ipad pro 3세대 12.9인치, 애플 펜슬은 2세대입니다.

프로크리에이트와 애플 펜슬을 지원하는 모델이면 어떤 것이든 사용할 수 있고 갖고 있는 아이패드와 호환되는 애플 펜슬을 사용하면 좋습니다. 드로잉을 목적으로 아이패드를 구매한다면 큰 화면(12.9인치)을 추천하지만, 휴대성이나 다양한 사용성을 고려한다면 10.5인치도 적합합니다.

TIP 펜슬은 아이패드와 호환되는 디지털 펜슬이 많습니다. 그러나 필압 조절이 불가능하고 기능도 부족하여 추천하지 않고, 되도록이면 정품 애플 펜슬을 사용할 것을 권장합니다.

필름

디지털 드로잉에서 빼놓을 수 없는 것 중 하나가 바로 '드로잉감(필기감)'인데요. 아이패드 기본 액정은 유리처럼 미끄러워서 마치 얼음 위에서 그림을 그리는 것과 같은 느낌이 듭니다. 펜슬이 미끄러지면 초보자는 물론이고 숙련자도 드로잉할 때 불편할 수 있습니다. 저는 액정에 필름을 붙이면 화면의 선명도가 떨어지는 것 같아, 처음에는 필름을 붙이지 않고 사용했습니다. 그러다 우연히 종이 필름을 접한 이후로는 우수한 드로잉감 때문에 화면의 선명도가 떨어지더라도 여전히 종이 필름을 고집하고 있습니다. 시중에 다양한 필름 제품이 있는데, 제품 내구성에 따라 터치 인식도가 달라지거나 펜슬의 마모 속도, 화면 선명도가 모두 다릅니다. 제품을 구매할 때는 후기를 꼼꼼히 읽어보고 구매하세요.

TIP 필름 중 탈부착 필름도 있는데요. 그림 그릴 때만 사용하는 탈부착 필름은 필름이 잘 움직이고 드로잉감이 떨어지며, 터치 인식도가 달라져 작업 시 매우 불편하여 추천하지 않습니다.

 ## 노트북

아이패드와 애플 펜슬이 드로잉을 하는 데 꼭 필요한 기기라면, 내가 드로잉한 작업물을 디지털 파일로 변환하려면 노트북이 중요한 역할을 합니다. 당연히 어도비 일러스트레이터를 활용해 드로잉부터 발주 파일까지 만들 수 있지만, 복잡한 경우가 많습니다. 이 책은 각 기기의 장점을 활용해 아이패드에서는 애플 펜슬로 드로잉하고, 노트북에서 주문 파일을 만드는 방법을 소개합니다.

많은 분들이 맥북과 윈도우 노트북 중 하나를 선택해야 하는 상황에 처합니다. 디자인을 전문으로 하거나 애플 기기 사용자라면 맥북을 추천합니다. 에어드롭(AirDrop)을 활용하면 공유 버튼 하나만으로 애플 기기 간에 빠르고 쉽게 파일을 전송할 수 있고, 트랙패드는 마우스 없이도 패스를 따거나 발주 파일을 만드는, 빠르고 정확한 작업을 할 수 있습니다.

그러나 가장 중요한 것은 어도비 프로그램이 노트북에서 잘 실행되는지 여부입니다. 결국 발주 파일을 만들 때 노트북을 사용해야 하므로 어도비 프로그램이 잘 돌아가는지 실행해보길 바랍니다.

 ## 프로크리에이트

프로크리에이트가 아닌 좋은 드로잉 앱도 많습니다. 그러나 굳이 프로크리에이트를 고집하는 이유는 가장 편리하기 때문입니다. 누구나 익히기 쉬운 인터페이스와 어도비 포토샵과 유사한 요소를 가지고 있어, 초보자들이 그림을 그럴싸하게 그릴 수 있습니다. 물론 비트맵 방식을 사용하면서 발생하는 단점이나 한계점도 분명히 있습니다. 하지만 포토샵 파일(PSD) 추출도 가능하고, 어도비 프로그램과의 연동이 쉬워 굿즈 발주 파일을 제작하는 데 최고라 할 수 있습니다.

TIP 프로크리에이트는 유료 앱입니다. 첫 구매 시 한 번만 결제하면 추가 비용 없이 영구적으로 사용할 수 있습니다.

 ## 어도비 일러스트레이터

이 책에서는 발주 파일을 만들 때 어도비 일러스트레이터를 사용합니다. 왜 굳이 일러스트레이터를 사용할까요? 프로크리에이트에서 만든 발주 파일(도안)은 JPG, PSD 등 형태로 저장할 수 있는데, 대부분의 굿즈 제작 업체는 AI 파일을 사용합니다. 당연히 PSD 파일도 지원하지만 AI가 더 보편적이며, 업체에서 제공하는 템플릿(가이드 파일)도 AI로 제작되어 있습니다. 따라서 프로크리에이트에서 만든 굿즈 도안을 최종적으로 업체에 주문할 수 있는 발주 파일을 만들려면 일러스트레이터를 쓰는 게 효과적입니다.

TIP 어도비 일러스트레이터는 유료 프로그램입니다. 무료 체험판은 7일간만 무료로 사용할 수 있으며, 프로그램을 구매하려면 월간 또는 연간 약정으로 구독할 수 있습니다.

두부의 브러시, 포즈&턴어라운드 시트, 예제 파일 활용법

이 책에서는 두부가 직접 만든 커스텀 브러시 세트와 포즈&턴어라운드 시트를 제공합니다. 실제 두부의 드로잉 강의 수강생들에게 배포하는 자료이며, 가장 기본적이고 꼭 필요한 것으로만 구성하였습니다. 백지에서부터 시작하려면 막막하지만 포즈&턴어라운드 시트를 활용하면 따라 하기 실습도 막히지 않고 진행할 수 있습니다. 예제 파일 중 **Class.brushset** 파일이 커스텀 브러시입니다. 파일을 선택하면 프로크리에이트가 실행되면서 두부의 커스텀 브러시가 설치됩니다.

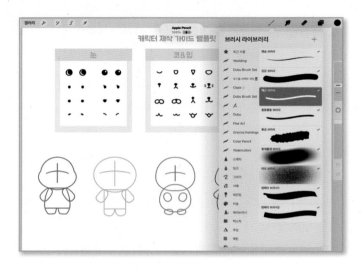

📥 예제 파일 다운로드

실습에 사용하는 예제 파일은 한빛출판네트워크 홈페이지(www.hanbit.co.kr)에 접속하여 다운로드할 수 있습니다. 자료실에서 《두부의 캐릭터 드로잉 with 프로크리에이트》를 검색해 다운로드하거나, 빠르게 접속하기 주소(www.hanbit.co.kr/src/11280)를 아이패드 사파리 브라우저에 입력한 후 접속하여 [다운로드]를 선택합니다. 376쪽의 친절한 사용 설명서를 참고하세요.

아이패드 홈 화면에서 [파일]-[다운로드] 폴더에서 예제 파일의 압축을 해제한 후 사용합니다. 폴더별 파일을 확인하며 쉽고 재미있게 실습해보세요.

머리말 ┄┄ 003

이 책의 구성 ┄┄┄┄┄┄┄┄┄┄┄┄┄┄┄┄┄┄┄┄┄┄┄┄┄┄┄┄┄┄┄┄┄┄┄┄ 004

INTRO | 캐릭터, 굿즈 작가가 되기 위한 준비물 챙기기 ┄┄┄┄┄┄┄┄┄┄┄┄┄ 006

두부의 브러시, 포즈&턴어라운드 시트, 예제 파일 활용법 ┄┄┄┄┄┄┄┄┄┄┄┄┄ 008

PART 01

프로크리에이트로 캐릭터 그리기

Chapter 01. 나만의 캐릭터를 만들기 전에 프로크리에이트 기능부터 익히자

프로크리에이트 첫 화면 ┄┄┄┄┄┄┄┄┄┄┄┄┄┄┄┄┄┄┄┄┄┄┄┄┄┄┄┄┄┄ 018

다양한 사이즈로 새 캔버스 만들기 ┄┄┄┄┄┄┄┄┄┄┄┄┄┄┄┄┄┄┄┄┄┄┄ 019

캔버스는 어떻게 생겼지? ┄┄┄┄┄┄┄┄┄┄┄┄┄┄┄┄┄┄┄┄┄┄┄┄┄┄┄┄┄ 019

직접 그려보며 기초 기능 익히기 ┄┄┄┄┄┄┄┄┄┄┄┄┄┄┄┄┄┄┄┄┄┄┄┄ 020

작업의 효율을 끌어올리는 레이어! 반드시 알고 가기 ┄┄┄┄┄┄┄┄┄┄┄┄┄ 028

Chapter 02. 두부의 커스텀 브러시와 사용법 알아보기

나에게 맞는 브러시 찾아보기 ┄┄┄┄┄┄┄┄┄┄┄┄┄┄┄┄┄┄┄┄┄┄┄┄┄┄ 037

두부의 커스텀 브러시를 소개합니다 ┄┄┄┄┄┄┄┄┄┄┄┄┄┄┄┄┄┄┄┄┄┄ 038

Chapter 03. 그리면서 프로크리에이트 기능 익히기

귀여워서 따라 하고 싶은 샘플 드로잉 캔버스 실행하기 ┄┄┄┄┄┄┄┄┄┄┄┄┄ 042

초록초록한 나무 그리기 ┄┄┄┄┄┄┄┄┄┄┄┄┄┄┄┄┄┄┄┄┄┄┄┄┄┄┄┄┄ 043

따끈따끈한 드립 커피 그리기 ┄┄┄┄┄┄┄┄┄┄┄┄┄┄┄┄┄┄┄┄┄┄┄┄┄┄ 046

투명 반짝한 향수병 그리기 ┄┄┄┄┄┄┄┄┄┄┄┄┄┄┄┄┄┄┄┄┄┄┄┄┄┄┄ 049

포근포근한 모자 그리기 ┄┄┄┄┄┄┄┄┄┄┄┄┄┄┄┄┄┄┄┄┄┄┄┄┄┄┄┄┄ 051

벌써 끝? 샘플 드로잉 완성 ┄┄┄┄┄┄┄┄┄┄┄┄┄┄┄┄┄┄┄┄┄┄┄┄┄┄┄ 053

PART 02

나만의 동물 캐릭터 만들기

Chapter 01. 캐릭터를 더 쉽게 만드는 방법

강아지, 고양이 캐릭터를 만들고 싶은데, 비슷한 캐릭터가 너무 많아요 ---------- 056

인물과 동물 중 어떤 캐릭터의 굿즈를 제작하면 좋을까요? ---------- 058

굿즈로 제작하기에 적합한 캐릭터가 따로 있나요? 꿀팁이 있다면 알려주세요 ---------- 060

Chapter 02. 동물 캐릭터 분석하기

동물 캐릭터의 특징 파악하기 ---------- 061

얼굴형 ---------- 062

이목구비 ---------- 063

몸통형 ---------- 064

성격(개성)과 세계관 ---------- 066

Chapter 03. 가이드를 활용해 나만의 캐릭터 제작하기

두부의 캐릭터 비책, 캐릭터 제작 가이드 템플릿 ---------- 068

써보면 느낌 알지! 캐릭터 제작 가이드 템플릿 사용하기 ---------- 069

가이드 템플릿으로 나만의 캐릭터 제작하기 ---------- 071

턴어라운드 시트 제작하기 ---------- 080

캐릭터에 어울리는 색을 정하는 방법 ---------- 098

캐릭터 채색하고 컬러 팔레트 만들기 ---------- 102

Chapter 04 . 캐릭터 저작권 등록하기

캐릭터 저작권 등록, 꼭 필요할까? ---------- 107

캐릭터 저작권 등록하기 ---------- 108

PART 03 다양한 캐릭터 표현으로 응용하기

Chapter 01. 다양한 감정을 담은 표정, 동작 그리기

이목구비를 활용한 감정 표현 ·· 114

동세를 활용한 감정 표현 ··· 115

Chapter 02. 캐릭터 시트를 활용해 인사하는 캐릭터 그리기

캐릭터 포즈 응용 전에 시트에 대해 알아보자 ··································· 116

인사하는 캐릭터 그리기 ··· 118

Chapter 03. 다양한 사물과 함께 캐릭터 연출하기

캐릭터와 어울리는 사물 드로잉 노하우 ·· 125

캐릭터와 어울리는 사물 드로잉, 세 가지 순서만 지키면 뚝딱! ··········· 126

사물을 귀엽고 단순하게 그리는 진짜 꿀팁 두 가지 ·························· 128

실전! 캐릭터와 어울리는 사물 드로잉 실습하기 ······························ 130

커피 테이블과 여러 가지 사물 함께 그리기 ······································ 133

Chapter 04. 캐릭터 시트와 사물을 활용해 물 주는 캐릭터 그리기

레퍼런스와 포즈 시트 활용해 드로잉하기 ··· 136

Chapter 05. 다양한 캐릭터와 소품을 활용해 상황 연출하기

캐릭터와 소품 드로잉하기 ·· 147

음식이 담긴 접시를 들고 있는 서브 캐릭터 그리기 ·························· 152

그리기 가이드로 3차원 공간 만들기 ··· 154

스케치 시작하기 ··· 159

PART 04 캐릭터 예쁘게 채색하기

Chapter 01. 색상 고민은 이제 그만! 예쁜 색만 골라서 쉽게 채색하자

프로크리에이트의 색상 모드를 통해 알아보는 색의 기초 지식 ---------------- 164

채색하기 전에 꼭 알아야 하는 색에 대한 기초 개념 ------------------- 165

가장 많이 쓰는 프로크리에이트 색상 모드, 클래식 모드와 하모니 모드 ---------------- 166

팔레트의 다양한 기능 알아보기 ----------------------------- 168

색상 팔레트 추천 사이트 ------------------------------- 170

핵심만 콕콕! 일러스트 배색 방법 -------------------------- 172

실전! 쉽게 따라 할 수 있는 세 가지 배색법 ------------------- 174

Chapter 02. 채색하기 전에 꼭 알아야 하는 레퍼런스, 클리핑 마스크

레이어의 기준이 되는 고급 기능, 레퍼런스 --------------------- 178

레퍼런스 기능 활용하기 -------------------------------- 179

그리기와 채색을 더 쉽게! 클리핑 마스크 ----------------------- 183

Chapter 03. 또랑또랑, 눈에 띄는 캐릭터 채색하기

돋보이고 싶을 때, 캐릭터의 외곽선을 살려 채색하기 ---------------- 188

Chapter 04 . 몽글몽글, 부드러운 캐릭터 채색하기

부드러운 느낌을 살려 채색하기 --------------------------- 196

Chapter 05. 채색의 퀄리티를 높이는 명암과 효과 더하기

입체감과 양감을 살려주는 명암 --------------------------- 203

캐릭터에 명암 넣기 ---------------------------------- 204

가우시안 흐림 효과와 빛산란 효과를 활용해서 상황별 효과 넣기 ----------------- 207

PART 05
굿즈 제작 프로세스

Chapter 01. 굿즈 제작 전에 알아두어야 할 최소한의 지식
프로크리에이트에서 도안 작업할 때 유의할 점 ················· 215
발주 파일을 만들 때 알아두면 좋을 개념 ················· 217
굿즈 제작 프로세스 이해하기 ················· 220

Chapter 02. A부터 Z까지 모두 내 손으로! 굿즈의 최정예 제작 업체 리스트
스티커 제작 업체 ················· 223
아크릴 제작 업체 ················· 224
디지털 모바일 굿즈 제작 업체 ················· 225
캘린더 제작 업체 ················· 226
마스킹테이프 제작 업체 ················· 227
다양한 굿즈 제작이 가능한 대형 제작 업체 ················· 228
패키징 제작 업체 ················· 230

PART 06
하나씩 따라 하며 굿즈 만들어보기

Chapter 01. 한 장의 그림, 엽서 만들기
엽서 제작 준비하기 ················· 234
엽서 도안 제작하기 ················· 237
엽서 발주 파일 만들고 주문하기 ················· 240

Chapter 02. 메모하는 데 최고, 떡메모지 만들기
떡메모지 제작 준비하기 ················· 248
떡메모지 도안 제작하기 ················· 251

떡메모지 발주 파일 만들고 주문하기 --- 254

Chapter 03. 스티커 종류와 기본 개념 알아보기

칼선 제작 공정에 따른 종류 -- 260

채색 방식에 따른 종류와 주의할 점 -- 262

인기 있는 스티커 지류 종류 알아보기 -------------------------------------- 264

판매용 vs. 소장용에 따른 업체 선정 방법 ----------------------------------- 265

Chapter 04. 진짜 쉽다! 무테 스티커 만들기

무테 스티커 만들기 --- 266

무테 스티커 도안 제작하기 – 여백지 만들기 -------------------------------- 268

무테 스티커 칼선 따기 – 펜 도구로 칼선 따는 법 --------------------------- 279

스티커 발주 파일 만들고 주문하기 -- 287

업체 사이트 방문해서 주문하기 --- 294

Chapter 05. 더 쉽다! 유테 스티커 만들기

유테 스티커 만들기 --- 298

유테 스티커 칼선 따기, 패스 확장하는 법 ----------------------------------- 303

PART 07

언제나 가지고 다니는
나만의 디지털 굿즈 만들기

Chapter 01. 세상에 하나뿐인 스마트폰 케이스 만들기

스마트폰 케이스 제작 템플릿 다운로드하기 ------------------------------- 312

스마트폰 케이스 도안 제작하기 --- 317

스마트폰 케이스 발주 파일 만들고 주문하기 ----------------------------- 319

Chapter 02. 스마트폰이 손 안에 착 감기도록! 에폭시 그립톡 만들기

에폭시 그립톡 도안 만들기 -- 324

에폭시 그립톡 발주 파일 만들고 주문하기 -------------------------------- 328

Chapter 03. 귀여움이 대롱대롱, 키링 만들기

키링 도안 만들기 ·· 333

키링 발주 파일 만들고 주문하기 ··· 337

PART 08
캐릭터 작가, 문구 사장님이 되어 보자!

Chapter 01. SNS를 활용한 마케팅과 캐릭터 인플루언싱하기

인스타그램(Instagram) ·· 346

유튜브(Youtube) ·· 350

그 외 포트폴리오 사이트 ··· 351

이벤트와 광고를 활용한 채널 홍보 ·· 352

Chapter 02. 다양한 경로로 캐릭터와 굿즈 판매하기

온라인 판매 알아보기 ·· 355

대표적인 온라인 판매 채널 알아보기 ··· 358

오프라인 판매(각종 페어, 마켓 등) ··· 360

대표적인 오프라인 페어 & 마켓 알아보기 ··· 362

온라인과 오프라인 중 어떤 것이 더 좋을까? ··· 364

크라우드 펀딩 활용하기 ··· 365

Chapter 03. 슬기로운 취미 생활과 N잡

슬기로운 취미 생활 ·· 367

슬기로운 N잡 ··· 368

Chapter 04. 나만의 알파를 찾아 캐릭터 작가로 살아남기

작가로 살아가는 법(작가라면 누구나 해야 하는 것들) ································ 370

작가로 살아남는 법(나만의 알파 찾기, 수익화 파이프라인) ······················· 372

찾아보기 ··· 374

친절한 사용 설명서 ·· 376

프로크리에이트로
캐릭터 그리기

캐릭터를 그리는 방법은 다양합니다. 그중 가장 쉽게 그릴 수 있는 방법이 무엇이냐고 묻는다면 단연 프로크리에이트를 활용하여 그리는 것이라고 할 수 있습니다. 직관적이고 편리한 다양한 툴을 활용해서 손쉽게 프로크리에이트로 나만의 캐릭터 그리는 법에 대해 알아보겠습니다.

Chapter 01

나만의 캐릭터를 만들기 전에
프로크리에이트 기능부터 익히자

프로크리에이트는 최고의 드로잉 앱이라는 이름에 걸맞게 드로잉에 필요한 다양한 기능을 사용할 수 있습니다. 새로운 기능도 하나둘씩 꾸준히 업데이트되고 있어, 기초부터 차근차근 따라 하며 점점 까다로운 고급 기능을 익히는 것이 좋습니다. 여기서는 캐릭터 드로잉과 그림 그리기에 가장 기본이 되는 기능부터 익혀보겠습니다.

프로크리에이트 첫 화면

프로크리에이트를 실행하면 가장 먼저 갤러리 화면이 나타납니다. 쉽게 말해 홈입니다. 이 공간에는 그동안 작업한 캔버스가 나열되어 있습니다. 오른쪽 상단에는 캔버스를 관리하는 메뉴가 있습니다. [선택], [가져오기], [사진], 새로운 캔버스 + 등의 메뉴를 이용해 종류가 비슷한 캔버스끼리 묶어 스택(그룹)으로 관리할 수 있습니다. 또, 새 캔버스를 만들고 삭제할 수 있습니다.

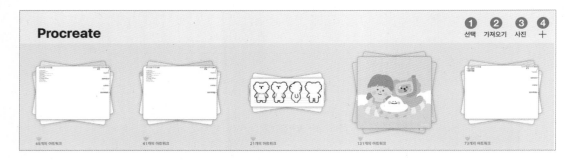

❶ **선택** | [선택]을 선택한 후 여러 개의 캔버스를 선택합니다. 스택으로 만들거나 미리 보기, 공유, 복제, 삭제 등을 할 수 있습니다.

❷ **가져오기** | 아이패드에 저장된 파일을 불러옵니다.

❸ **사진** | 아이패드에 저장된 사진을 캔버스 형식으로 불러옵니다.

❹ **새로운 캔버스** + | 원하는 규격과 양식으로 새 캔버스를 만듭니다.

다양한 사이즈로 새 캔버스 만들기

갤러리에서 새로운 캔버스 ✚ 를 선택하면 새 캔버스를 만들 수 있습니다. ❶ [스크린 크기]는 아이패드 화면에 꽉 차는 캔버스를 만듭니다. ❷ 지정된 크기의 캔버스도 만들 수 있습니다. ❸ [제목 없음]은 사용자가 자주 만드는 캔버스 목록입니다. ❹ [사용자지정 캔버스]를 선택하면 원하는 크기의 캔버스를 만들 수 있습니다.

캔버스는 어떻게 생겼지?

동작 🔧 은 프로크리에이트 캔버스의 인터페이스를 조정하는 메뉴입니다. 파일이나 사진 불러오기, 캔버스 내보내기, 인터페이스 세부 항목이나 제스처 제어 등 다양한 설정을 관리할 수 있습니다. 여기서는 기본 메뉴만 익혀봅니다.

❶ **추가** | 파일이나 사진을 삽입하거나 텍스트를 추가할 수 있습니다.

❷ **캔버스** | 지금 열려 있는 캔버스 크기를 변경할 수 있습니다. 그리기 가이드로 격자, 대칭 등 드로잉에 도움이 되는 기능을 사용할 수 있습니다.

❸ **공유** | 작업한 캔버스를 내가 원하는 형식으로 내보낼 수 있습니다. 이 책에서는 레이어를 유지하면서 포토샵에서 열 수 있는 PSD 형식과 JPEG, PNG 형식을 가장 많이 사용합니다.

❹ **비디오** | 캔버스에서 작업하는 과정을 영상으로 녹화하고 내보낼 수 있습니다.

❺ **설정** | 인터페이스 디자인, 사이드바, 제스처 제어 등 드로잉할 때 직접적인 영향을 주는 인터페이스를 조정합니다.

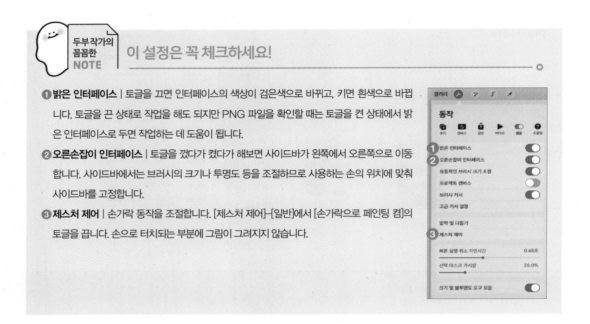

두부작가의 꼼꼼한 NOTE 이 설정은 꼭 체크하세요!

❶ **밝은 인터페이스** | 토글을 끄면 인터페이스의 색상이 검은색으로 바뀌고, 키면 흰색으로 바뀝니다. 토글을 끈 상태로 작업을 해도 되지만 PNG 파일을 확인할 때는 토글을 켠 상태에서 밝은 인터페이스로 두면 작업하는 데 도움이 됩니다.

❷ **오른손잡이 인터페이스** | 토글을 껐다가 켰다가 해보면 사이드바가 왼쪽에서 오른쪽으로 이동합니다. 사이드바에서는 브러시의 크기나 투명도 등을 조절하므로 사용하는 손의 위치에 맞춰 사이드바를 고정합니다.

❸ **제스처 제어** | 손가락 동작을 조절합니다. [제스처 제어]-[일반]에서 [손가락으로 페인팅 켬]의 토글을 끕니다. 손으로 터치되는 부분에 그림이 그려지지 않습니다.

직접 그려보며 기초 기능 익히기

이번에는 캔버스에 직접 그려보면서 필요한 기능을 익혀보겠습니다. 엉성하게 그려진 도형이나 선을 반듯하게 만들어주는 자동 완성 도구, 그림을 더욱 빨리 그리게 해주는 제스처 제어, 드로잉에서 절대 빼놓을 수 없는 올가미와 이동 도구까지 프로크리에이트의 핵심 기능만 모았으니 집중해서 따라 합니다.

제스처 제어 : 실행 취소, 재실행하기

제스처 제어는 손가락으로 다양한 기능을 빠르고 간편하게 실행할 수 있습니다. 프로크리에이트에서 가장 편리한 기능입니다. 두 손가락(검지와 중지)을 모아서 화면을 가볍게 탭(터치)하면 이전에 작업한 과정을 취소합니다. 세 손가락(검지, 중지, 약지)을 모아서 화면을 가볍게 탭하면 취소했던 작업이 재실행됩니다.

01 사과를 그려보겠습니다. ❶ 브러시 ✏를 선택하고 [브러시 라이브러리] 패널에서 ❷ [잉크]-[스튜디오 펜]을 선택합니다.

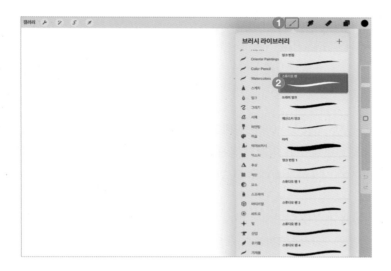

02 ❶ 색상 ●을 선택하고 [색상] 패널에서 ❷ 원하는 빨간색을 선택합니다. ❸ 선이 끊기지 않게 막힌 원을 그립니다. 프로크리에이트에서 처음 그려본다면 어색하고 익숙하지 않아 손이 흔들릴 수 있습니다. 예쁘지 않게 그려도 괜찮습니다.

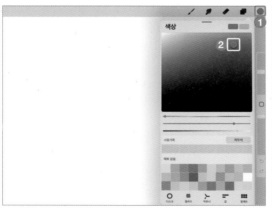
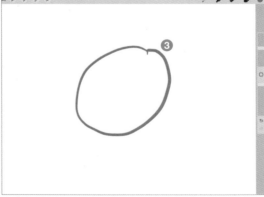

03 ❶ 두 손가락(검지와 중지)을 모아서 화면을 가볍게 탭(터치)합니다. 원이 사라집니다. ❷ 세 손가락(검지, 중지, 약지)을 모아서 화면을 가볍게 탭하면 다시 원이 나타납니다. ❸ 두 손가락을 탭해서 화면이 비어 있는 상태로 돌립니다.

TIP 제스처 제어 외에도 사이드바 하단의 ⤺, ⤻을 선택해도 작업을 취소하거나 취소한 작업을 다시 실행할 수 있습니다.

자동 완성 도구 : 매끄럽게 만들기

자동 완성 도구는 원, 삼각형, 사각형, 직선, 곡선 등 다양한 형태를 매끄러운 모양으로 만드는 기능입니다. 먼저 도형이나 선을 그린 후 펜슬을 화면에서 떼지 않고 잠시 기다립니다. 매끄러운 형태로 변합니다. 반듯한 선을 그리기가 어려운 초보자가 사용하기에 매우 좋습니다.

04 ❶ 사방이 막힌 원을 그립니다. 이때 펜슬을 화면에서 떼지 않고 잠시 기다리면 매끄러운 원이 만들어집니다. ❷ 펜슬을 화면에서 떼지 않은 상태에서 안쪽으로 움직이면 원이 작아지고 바깥쪽으로 움직이면 원이 커집니다. ❸ 두 손가락을 탭해서 화면이 비어 있는 상태로 되돌립니다.

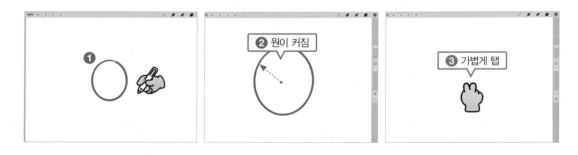

05 ❶ 사방이 막힌 원을 그리고 펜슬을 화면에서 떼지 않은 상태에서 반대편 손가락으로 화면을 탭합니다. ❷ 손가락을 댄 채로 기다리면 반듯한 원이 만들어집니다. 펜슬을 화면에서 먼저 떼고 반대편 손가락도 뗍니다. ❸ 상단에 나타난 [편집]을 선택하면 도형의 형태나 크기를 조정할 수 있습니다.

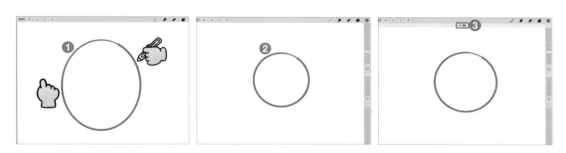

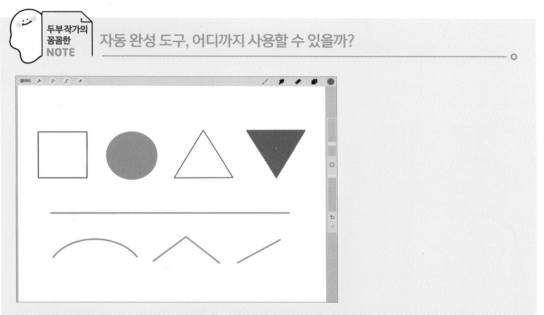

자동 완성 도구를 활용하면 원뿐만 아니라 삼각형, 사각형, 직선, 곡선 등 다양한 형태를 만들 수 있습니다. 단, 복잡한 형태의 곡선이나 직선은 만들어지지 않으므로 형태를 따로따로 끊어서 사용해야 합니다. 이 기능을 한번 활용해보면 그 편리성 때문에 계속해서 사용하게 됩니다. 하지만 그리기 관점에서 봤을 때 자칫 부자연스러운 형태가 만들어질 수 있어 드로잉 작업 시 자주 사용하지 않는 것이 좋습니다.

컬러 드롭 : 한번에 색칠하기

컬러 드롭은 사방이 막혀 있는 도형 안쪽으로 색상 ●을 끌어와 한번에 원하는 색을 채우는 기능입니다. 질감이 있는 브러시나 조금이라도 선이 끊어져 있는 경우 색상이 전체 화면에 채워질 수 있으니 유의합니다.

06 동그란 원에 색을 채워보겠습니다. 색상 ●을 원 안으로 드래그합니다. 색이 완벽하게 채워집니다.

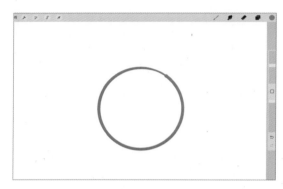 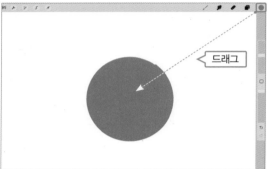

두부작가의 꼼꼼한 NOTE

컬러 드롭의 임계값을 쉽게 조절하기

질감이 많이 들어가 있는 브러시를 사용하여 도형을 그리고 컬러 드롭을 적용하면 전체 화면에 색이 채워지는 경우가 많습니다. 이런 경우에는 컬러 드롭의 임계값을 조절해야 합니다. 임계값(%)을 낮추면 경계가 불분명해도 색이 잘 채워지고, 임계값(%)을 높이면 경계가 분명한 형태에만 색이 채워집니다. 단, 막혀 있지 않은 도형은 임계값을 조절해도 색상 채우기가 되지 않습니다. 선이 끊어진 곳 없이 잘 막혀 있는지 꼭 확인해야 합니다.

❶ 질감이 있는 브러시로 도형을 그리고 ❷ 도형 안으로 컬러 드롭을 실행하면 ❸ 전체 화면에 색이 채워집니다. ❹ 이때 펜슬을 화면에서 떼지 않고 잠시 기다리면 상단에 [Color Drop]이 나타납니다. ❺ 펜슬을 화면에서 떼지 않은 상태로 왼쪽으로 움직이면 임계값이 줄어들면서 원하는 범위에 색이 채워집니다. 오른쪽으로 움직이면 임계값이 높아지면서 화면 전체에 색이 채워집니다.

07 사과에 꼭지를 달아보겠습니다. ❶ 색상 ●을 선택하고 [색상] 패널에서 원하는 꼭지 색을 선택합니다. ❷ 꼭지가 사과 밖으로 나가도록 충분히 길게 그립니다.

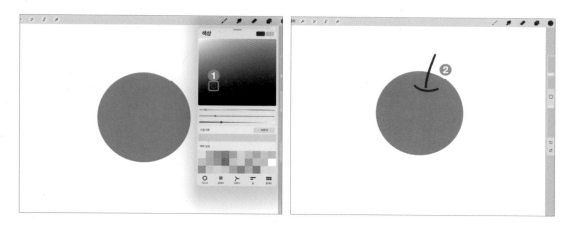

08 사과 꼭지에 잎을 달아보겠습니다. ❶ [색상] 패널에서 원하는 잎의 색을 선택하고 ❷ 잎을 그립니다. 이때 잎이 꼭지에 겹치지 않게 주의합니다. ❸ 컬러 드롭으로 잎에 색을 채웁니다.

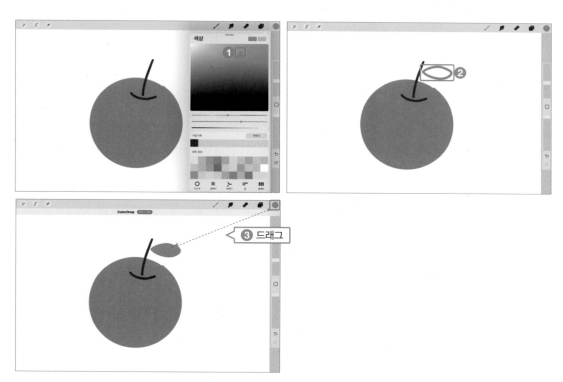

> **TIP** 잎이 꼭지에 겹치면 컬러 드롭으로 잎에 색을 채울 수가 없습니다. 다음 과정에서 원하는 잎 부분만 선택해서 복제를 할 때, 잎이 꼭지에 겹치면 잎만 복제할 수 없습니다. 잎이 꼭지에 겹치지 않게 주의해서 그립니다. 만약 꼭지와 잎이 각각의 레이어로 분리되어 있다면 잎과 꼭지를 겹쳐서 그려도 문제되지 않습니다.

09 ❶ 조정 을 선택하고 [색조, 채도, 밝기]를 선택합니다. ❷ [색조], [채도], [밝기] 슬라이더를 조정해서 원하는 색으로 변경합니다.

TIP 다 그려둔 사과의 색이 마음에 들지 않는다면 조정 의 [색조, 채도, 밝기] 메뉴를 활용해서 손쉽게 색을 바꿀 수 있습니다. 한 캔버스 안에 같은 형태의 개체를 여러 개 배치했다면, 이 기능을 활용해서 색만 바꾸어보세요. 다양한 느낌을 전달할 수 있습니다.

선택, 변형 도구 : 원하는 부분만 선택하고 변형하기

올가미 툴을 사용하면 원하는 특정 영역만 선택할 수 있습니다. 선택한 영역에 복사, 붙여넣기를 하거나 다양한 기능을 적용할 수도 있습니다. 변형 도구는 이미지를 옮기거나 크기, 각도 등을 변경할 수 있습니다.

10 이번에는 직접 그리지 않고 선택 , 변형 을 사용해 작은 사과 잎을 하나 더 만들겠습니다. ❶ 선택 을 선택하고 [올가미]를 선택합니다. ❷ 사과의 잎 부분을 드래그해 영역으로 지정합니다. 꼭지나 사과가 선택되지 않도록 주의합니다. ❸ [복사 및 붙여넣기]를 선택합니다. 이때 영역을 지정하는 점선과 옵션창이 사라집니다. 잎이 제대로 복사되어 붙여 넣어졌는지 확인합니다. ❹ 레이어 를 선택해서 잎이 잘 복사되었는지 확인합니다.

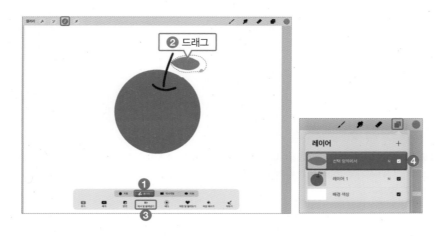

11 복사한 잎을 다른 형태로 변형하겠습니다. ❶ 변형 ☞을 선택하고 복사한 잎을 선택합니다. ❷ 다음과 같이 꼭지의 왼쪽으로 드래그합니다. ❸ [수평 뒤집기]를 선택해서 잎을 수평으로 뒤집습니다.

12 자연스러운 잎을 표현하기 위해 각도와 크기도 변경합니다. ❶ 초록색 조절점을 오른쪽으로 드래그하여 잎을 기울입니다. ❷ [자유형태]를 선택하고 ❸ 잎의 가로 길이만 줄여 작게 만듭니다.

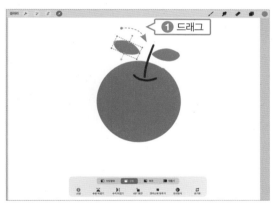

두부작가의 꼼꼼한 NOTE | 변형 상자의 각 조절점 기능

❶ **초록색 조절점** | 선택된 개체의 각도를 조절합니다. 초록색 조절점을 잡고 좌우로 움직이면 원하는 방향으로 각도를 조절할 수 있습니다.

❷ **파란색 조절점** | 선택된 개체에 사방으로 나타나는 8개의 점입니다. [자유형태]를 선택한 상태에서 각 점을 잡고 움직이면 해당 점에 따른 가로 폭, 세로 폭의 조절이 자유롭습니다. [균등]을 선택한 상태에서 각 점을 잡고 움직이면 어떤 점을 잡고 움직이든 비율이 유지된 상태로 크기 조절만 가능합니다.

❸ **노란색 조절점** | 파란색 조절점으로 크기 혹은 비율을 조절하기 전에 기준점을 정해주는 기능입니다. 간혹 개체의 형태와 다르게 파란색 조절점이 나타나는 경우가 있는데 이때 노란색 조절점을 움직여서 파란색 조절점 위치를 조절한 후에 [자유형태]나 [균등] 기능을 사용해주면 보다 확실한 형태 조절이 가능합니다.

13 ❶ 적당한 위치로 잎을 옮깁니다. ❷ 변형 을 선택해 선택을 해제합니다.

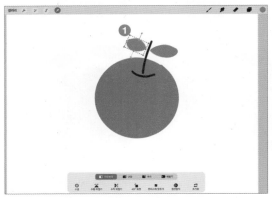 

두부작가의
꼼꼼한
NOTE 선택 영역이 내 마음대로 움직이지 않고 크기만 바뀔 때

변형 은 이동과 크기 변형 등 두 가지 기능을 가지고 있습니다. 따라서 선택 영역을 옮기려고 할 때 크기가 바뀌는 현상이 나타날 수 있습니다. 변형 을 선택하면 선택 영역에 사각형 변형 상자가 나타납니다.

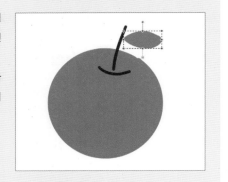

변형 상자와 가까운 곳(또는 점)을 선택하여 드래그하면 선택 영역의 크기가 바뀝니다. 변형 상자에서 멀찍이 떨어진 곳을 선택하여 드래그하면 선택 영역이 움직입니다. 원하는 위치로 선택 영역을 쉽게 옮길 수 있습니다.

작업의 효율을 끌어올리는 레이어! 반드시 알고 가기

레이어는 포토샵, 일러스트레이터, 클립스튜디오 등 다양한 디자인 프로그램에서 사용되는 가장 핵심적인 기능 중 하나입니다. 만약 우리가 실물 도화지에 연필, 물감 등을 사용해서 그림을 그리게 되면 한 장의 도화지에 모든 과정을 쌓아서 그리기 때문에 개체별로 원하는 부분만 수정하는 것은 어렵고 불편합니다. 레이어를 활용하면 이 문제를 완벽하게 해결할 수 있습니다. 투명한 캔버스 층을 의미하는 레이어는 쉽게 말해 그림을 그리는 투명한 필름입니다. 원하는 만큼 작게는 몇 개, 많게는 수백 개의 레이어를 쌓아가며 그림을 그릴 수 있는데 각 레이어는 서로 완벽히 분리되어 있어서 개체별 작업 및 수정이 쉽고 간편합니다. 디지털 드로잉은 이 레이어를 어떻게 활용하느냐에 따라서 작업의 퀄리티가 달라집니다.

레이어 삭제하기

01 방금 그린 사과를 지워보겠습니다. ❶ 레이어 █를 선택하고 ❷ 사과의 잎을 복사한 레이어를 왼쪽으로 스와이프합니다. ❸ [잠금], [복제], [삭제] 메뉴가 나타납니다. [삭제]를 선택해서 레이어를 지웁니다. ❹ 같은 방법으로 사과를 그린 레이어를 삭제합니다.

TIP ▶ 모든 레이어를 삭제해도 기본적으로 [배경 색상] 레이어를 제외한 한 개의 레이어는 유지됩니다.

TIP ▶ 원하는 부분을 지울 때는 지우개 █를 사용합니다. 그러나 이미지 전체를 지워야 할 때 지우개 █를 사용하면 깔끔하게 지워지지 않기도 하고, 펜슬로 일일이 지워야 해서 번거롭습니다. 이미지 전체를 지울 때는 레이어 삭제 기능을 활용하면 훨씬 편리합니다.

레이어 추가하기

02 ❶ 원하는 색상을 선택하고 ❷ [레이어1]에 원을 그립니다. ❸ 컬러 드롭으로 원 안에 색을 채웁니다.

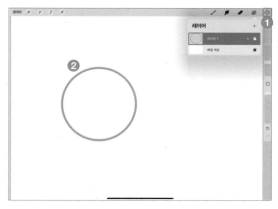
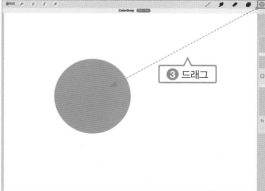

03 ① 새로운 레이어[+]를 선택해 새 레이어를 만듭니다. ② 원하는 색을 선택하고 ③ 삼각형을 그립니다. ④ 컬러 드롭으로 삼각형 안에 색을 채웁니다. ⑤ 다시 새로운 레이어[+]를 선택해 새 레이어를 만들고 원하는 색으로 사각형을 그린 후 색을 채웁니다. 원, 삼각형, 사각형 총 세 개의 레이어를 만들었습니다.

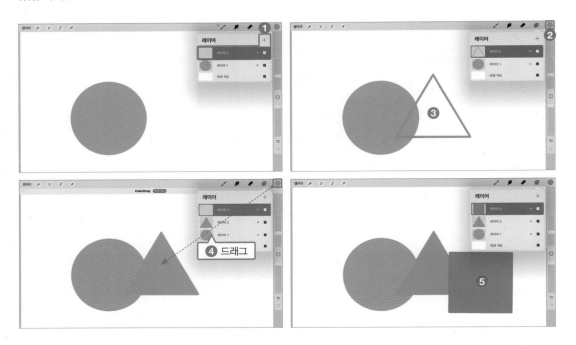

레이어 순서 이해하기

04 ① [레이어] 패널에서 원이 있는 레이어를 선택합니다. ② 변형 ✐을 선택하고 ③ 원을 좌우로 자유롭게 드래그해봅니다. 삼각형과 사각형 아래에서 원이 움직이는 것을 확인할 수 있습니다. 즉, 원이 레이어의 맨 아래에 있다는 것을 알 수 있습니다.

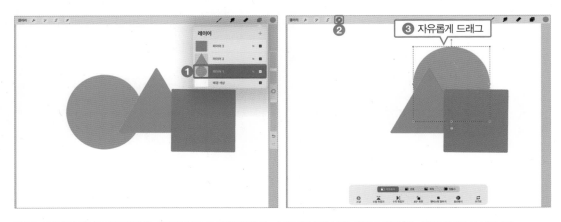

TIP [레이어] 패널을 확인해보면, 기본적으로 한 개의 레이어는 선택되어 있습니다. 선택된 레이어는 파란색으로 표시됩니다.

05 ❶ 04와 마찬가지로 삼각형이 있는 레이어를 선택합니다. ❷ 변형 ⬈을 선택하고 삼각형을 자유롭게 드래그해봅니다. ❸ 사각형이 있는 레이어도 선택하고 드래그해봅니다. 원, 삼각형, 사각형 레이어를 모두 이동해보면서 레이어의 순서를 이해할 수 있습니다.

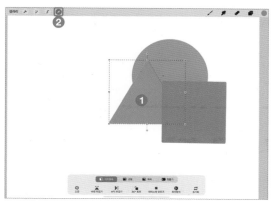 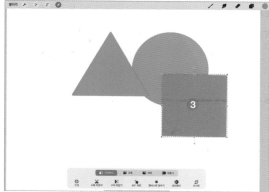

레이어 순서 바꾸기(옮기기)

06 ❶ [레이어] 패널에서 사각형이 있는 레이어를 펜슬로 꾹 누릅니다. ❷ 펜슬을 떼지 않은 상태에서 [레이어] 패널의 맨 아래로 옮깁니다. 레이어의 위치가 변경된 것을 확인합니다.

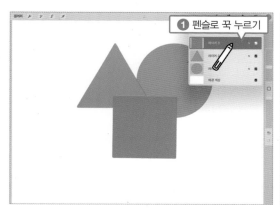 

07 ① 삼각형이 있는 레이어를 펜슬로 꾹 누릅니다. ② 펜슬을 떼지 않은 상태에서 [레이어] 패널의 맨 아래로 옮깁니다. 각 도형의 레이어의 위치를 확인합니다.

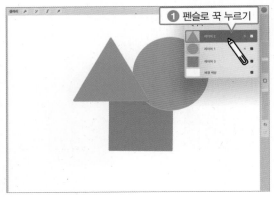

레이어 복제하기

08 ① [레이어] 패널에서 원이 있는 레이어를 왼쪽으로 스와이프합니다. ② [복제]를 선택합니다.

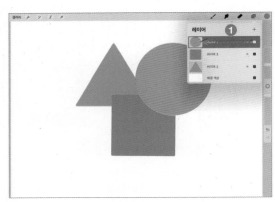
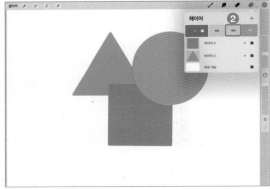

09 레이어가 복제되었는지 확인하겠습니다. ❶ 레이어가 선택된 상태에서 ❷ 변형 ↗ 을 선택합니다. ❸ 왼쪽으로 드래그하면 복제된 원이 이동합니다.

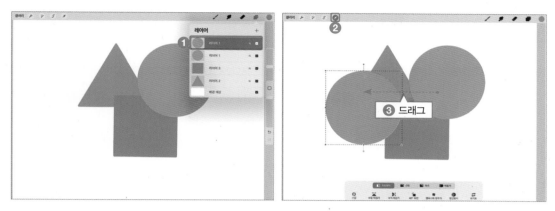

TIP 똑같은 이미지가 여러 개 필요할 때는 레이어를 복제합니다. 손쉽게 같은 이미지가 생성되며 작업의 효율을 높일 수 있습니다.

레이어 투명하게 하기

10 ❶ 복제한 원이 있는 레이어의 [N]을 선택합니다. ❷ 세부 메뉴가 나타나면 [불투명도]를 **43%**로 조절합니다. 복제한 원이 좀 더 투명해졌습니다.

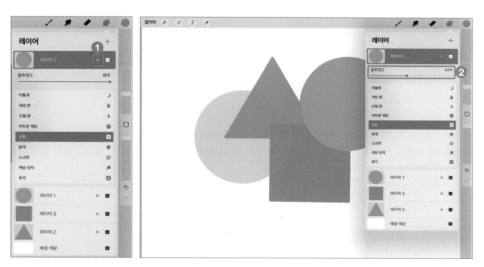

TIP 본격적으로 그림을 그리기 전에 스케치 레이어를 활용해야 할 때가 있습니다. 이때, 스케치 레이어의 투명도를 조절하여 밑바탕으로 활용하면 좀 더 손쉽게 드로잉을 할 수 있습니다. 또한, 투명한 물체를 표현해야 할 때 등 레이어의 불투명도를 조절하면 어렵지 않게 원하는 이미지를 표현할 수 있습니다.

레이어 합치기

11 앞서 만든 네 개의 레이어를 하나의 이미지, 한 개의 레이어로 병합해보겠습니다. ❶ [레이어] 패널에서 병합하고자 하는 네 개의 레이어를 손가락으로 꼬집는 것처럼 모읍니다. ❷ 레이어가 하나로 합쳐집니다. ❸ 두 손가락으로 가볍게 탭하여 이전 작업을 취소합니다. 병합이 취소됩니다.

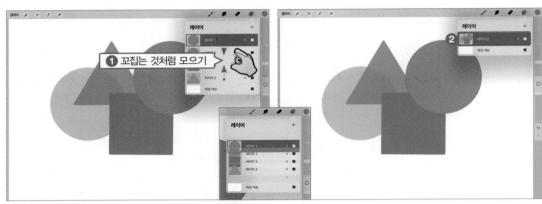

TIP 레이어를 병합하는 또 다른 방법이 있습니다. 레이어를 선택했을 때 나타나는 [아래 레이어와 병합]을 선택하면 바로 아래에 있는 레이어와 병합됩니다. 레이어의 병합을 해제하고 싶으면 두 손가락으로 화면을 터치하여 이전 작업을 취소하면 됩니다. 다시 각각의 레이어로 분리됩니다.

 두부작가의 꼼꼼한 NOTE | ## 레이어를 병합할 때 주의사항

레이어는 한번 병합하고 나면 이전 작업을 취소하는 기능 이외에는 병합된 레이어를 해제할 수 있는 방법이 없습니다. 레이어를 병합할 때는 신중해야 합니다. 같은 성질의 레이어끼리(스케치는 스케치끼리, 라인은 라인끼리) 병합을 하면 크게 문제가 없지만 캐릭터 드로잉을 할 때 라인과 채색을 하나의 레이어로 병합해버리면 채색 부분에 넣을 수 있는 다양한 기능들을 전부 사용할 수 없게 됩니다. 레이어는 언제든지 병합할 수 있기 때문에 분리해두고 작업하고, 정말 필요한 경우에만 병합하거나 그룹으로 묶어 사용하는 것을 추천합니다.

레이어를 여러 개 선택하고 그룹 만들기

12 레이어는 여러 개를 함께 선택할 수 있습니다. 맨 위의 레이어가 선택된 상태에서 두 번째 레이어를 오른쪽으로 스와이프합니다. 두 레이어가 함께 선택됩니다. 추가로 선택한 레이어는 연한 파란색으로 표시됩니다.

TIP 레이어는 필요한 만큼 여러 개를 선택할 수 있고 선택한 레이어를 그룹으로 묶을 수도 있습니다. 한편, 레이어를 병합하거나 그룹으로 묶지 않더라도 필요한 레이어를 다중 선택해서 이동하거나 변형할 수 있습니다.

TIP 선택한 레이어를 해제하고 싶을 때는 한 번 더 오른쪽으로 스와이프합니다. 레이어의 선택이 해제됩니다.

13 ❶ 같은 방법으로 사각형과 삼각형 레이어도 오른쪽으로 스와이프해 선택합니다. 이때 레이어를 두 개 이상 선택하게 되면 오른쪽 상단에 [그룹] 메뉴가 나타납니다. ❷ [그룹]을 선택하면 선택된 레이어가 하나의 그룹으로 묶입니다.

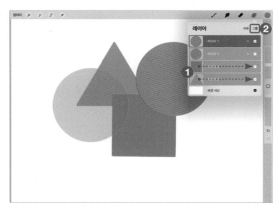
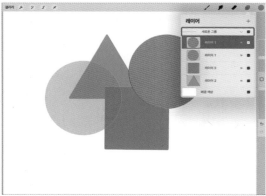

14 ❶ [새로운 그룹]이 생성되면 아래로 향해 있는 화살표를 선택합니다. 그룹이 닫힙니다. ❷ 그룹을 한 번 더 선택하면 [이름변경], [병합] 메뉴가 나타납니다. ❸ [이름변경]을 선택하고 ❹ 원하는 이름을 입력합니다.

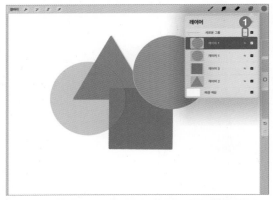

TIP 레이어가 많아 복잡하고 지저분해 보인다면 병합해야 할 레이어를 모두 선택합니다. 선택한 여러 개의 레이어를 그룹으로 묶고 그룹을 선택하여 나타나는 메뉴에서 [병합]을 선택합니다.

두부의 작업실

구독 www.youtube.com/@dubu_studio

그림 그릴 때 꼭 필요한 레이어부터 브러시, 기본 인터페이스까지
왕초보를 위한 기초 프로크리에이트 사용법을 익혀보세요.
QR 코드로 접속하고 두부 작가의 재생 목록에서 학습해보세요.

Chapter 02

두부의 커스텀 브러시와 사용법 알아보기

프로크리에이트에서 브러시는 그리고자 하는 이미지를 가장 직관적으로 표현해주는 도구 중 하나입니다. 어떤 브러시를 사용하느냐에 따라서 같은 그림도 스타일과 분위기가 달라집니다. 이번에는 같은 색상과 형태의 캐릭터를 그리더라도 브러시의 종류에 따라 캐릭터의 느낌이 다르게 느껴지는 것을 예제를 통해 확인해보겠습니다.

나에게 맞는 브러시 찾아보기

이번 장에서는 캐릭터 드로잉에 적합한 브러시로만 구성되어 있는 두부의 커스텀 브러시 세트를 살펴보겠습니다. 실제 온오프라인 강의 수강생에게 배포되는 만큼 가장 기본적이며 꼭 필요한 브러시로 구성했습니다. 캔버스에 편하게 사용해보고 실제 캐릭터 드로잉을 진행해보면서 나에게 맞는 표현의 브러시를 찾아가도록 합니다.

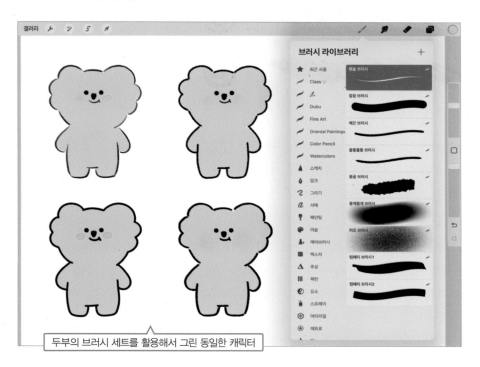

두부의 브러시 세트를 활용해서 그린 동일한 캐릭터

두부의 커스텀 브러시를 소개합니다

브러시의 활용도를 한계 지을 수는 없지만 라인을 그릴 때 적합한 브러시, 채색을 할 때 좋은 브러시, 명암을 표현할 때 탁월한 브러시 등 어떤 작업을 할 것인지에 따라 사용하기에 좋은 브러시가 있습니다. 먼저 캐릭터의 라인(외곽선 등)과 기본적인 채색을 담당해줄 브러시를 살펴보고 명암 등 각종 효과를 표현하기에 좋은 브러시를 소개하겠습니다.

라인과 채색에 활용하면 좋은 브러시

❶ **펜슬 브러시** | 모든 드로잉의 기초는 스케치입니다. 캐릭터나 사물을 그리기에 앞서 기초 작업으로 스케치를 하는 경우가 많습니다. 이때 펜슬 브러시를 사용해봅니다. 실제 연필로 종이에 그림을 그린 것처럼 표현할 수 있어 초기 도안을 자연스럽게 그릴 수 있습니다. 연필의 질감이 그대로 묻어나기 때문에 채색보다는 라인 브러시로 사용하는 것을 추천합니다.

❷ **깔끔 브러시** | 프로크리에이트에서 가장 많이 사용하는 브러시로, 유성 사인펜 느낌을 표현할 수 있습니다. 이 브러시는 필압의 영향을 받지 않아 라인이 부드럽고 깔끔하게 그려져 인기가 많습니다. 라인을 그리거나 채색에 활용해도 손색없는 브러시입니다. 단, 캐릭터를 그릴 때 라인이 조금만 흔들려도 매끈하지 못한 부분을 바로 알아챌 수 있어 완전히 매끈한 느낌의 형태를 선호하는 분들에게는 적합하지 않을 수 있습니다.

❸ **매끈 브러시** | 깔끔 브러시가 라인을 그릴 때 내가 그리는 형태 그대로 표현되는 브러시라면 매끈 브러시는 깔끔 브러시에 안정화 기능을 넣어 라인뿐만 아니라 그림의 형태도 매끄럽게 보정되는 브러시입니다. 따라서 라인이 흔들리더라도 일정 부분은 컨트롤해주기 때문에 완전히 매끄한 형태의 느낌을 선호하는 분들과 초보자들에게 적합합니다. 하지만 라인이 약간 따라 붙어 뭉치는 듯한 느낌이 들 수 있고 모든 형태들이 조금씩 라운딩되기 때문에 자연스러운 드로잉의 느낌을 선호하거나 채색만 할 경우에는 적합하지 않을 수 있습니다.

❹ **울퉁불퉁 브러시** | 깔끔 브러시는 부자연스럽고 펜슬 브러시는 자연스러워서 좋지만 좀 더 진하게 표현하고 싶을 때 사용하면 좋은 브러시입니다. 라인을 진하게 그릴 수 있고 질감 표현이 들어가 있습니다. 라인의 느낌이 보다 자연스럽게 표현되기 때문에 처음 라인을 그리는 초보자가 사용하기에 적합합니다. 단, 브러시 경계에 질감 표현이 많이 들어가 있어서 채색 혹은 컬러 드롭 기능을 사용할 때는 적합하지 않습니다.

❺ **몽글 브러시** | 깔끔 브러시와 울퉁불퉁 브러시를 섞은 듯한 느낌의 몽글 브러시는 특유의 몽글몽글한 느낌으로 가장 인기 있는 브러시입니다. 주로 라인이 없는 채색의 캐릭터를 표현할 때 자연스러운 형태감을 줄 수 있으며 털 느낌을 표현할 때 많이 사용합니다. 브러시 크기를 얇게 설정하면 라인으로 사용해도 손색없는 브러시입니다. 브러시 크기를 크게 할수록 질감이 도드라지게 표현되기 때문에 복슬복슬한 물체나 눈송이, 쌓여 있는 눈 등을 표현할 때 사용하면 좋습니다.

몽글 브러시와 울퉁불퉁 브러시를 활용한 도안

명암이나 효과 표현에 사용하면 좋은 브러시

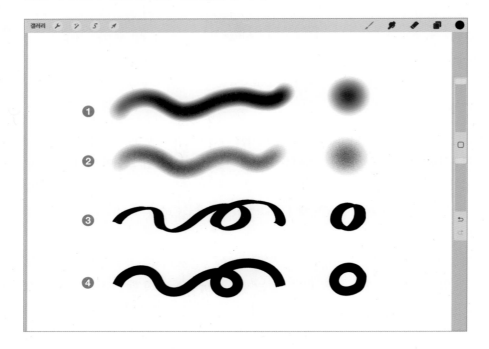

❶ 뭉게뭉게 브러시 | 블러 효과와 비슷한 느낌의 브러시입니다. 색을 처음 칠하는 순간부터 블러 느낌이 뭉게뭉게 피어나기 때문에 캐릭터의 볼 터치나 명암 표현에 자주 사용합니다.

❷ 러프 브러시 | 부드러운 스프레이를 뿌린 듯한 효과를 주는 러프 브러시는 뭉게뭉게 브러시에 질감을 더한 느낌의 브러시입니다. 질감은 다소 부자연스러워 보이는 느낌을 완화해주기 때문에 넓은 면적이나 명암 표현 등에 사용하면 좋습니다.

❸ ❹ 콘페티 브러시 | 결혼식이나 행사에서 흩날리는 색종이 조각이라는 뜻의 콘페티는 파티나 행사를 표현하거나 애매하게 빈 공간을 채워 넣을 때 사용하면 좋은 표현 기법입니다. 이 표현 자체를 브러시로 만들어낸 것이 콘페티 브러시입니다. 콘페티 기법은 단순해 보이지만 두께감을 표현하기에 어려운 형태라서 따로 브러시를 만들어 사용하면 보다 편리하게 활용할 수 있습니다.

뭉게뭉게 브러시를 활용해 빛의 효과를 준 모습

 두부 작가의 꼼꼼한 NOTE 브러시에 안정화 기능을 넣어서 커스텀하기

프로크리에이트에 익숙하지 않은 초보자를 만날 때 종종 듣는 이야기가 있습니다. 라인이 뜻대로 그려지지 않는다거나 형태를 만들어내기가 어렵다는 것입니다. 이런 경우 브러시에 안정화 기능을 추가하면 보다 편리하게 그림을 그릴 수 있습니다. 선택된 브러시를 한 번 더 선택하면 [브러시 스튜디오]로 연결됩니다. ❶ [안정화]를 선택하고 ❷ [양]과 [압력] 등을 원하는 정도로 설정하여 안정화 기능을 추가합니다. ❸ 오른쪽의 그리기 패드에서 브러시를 사용해봅니다. 미리 보기로 느낌을 확인해보면서 커스텀해줍니다.

Chapter 03

그리면서 프로크리에이트 기능 익히기

앞서 배운 프로크리에이트의 기본 기능을 간단한 실습을 따라 하며 익혀보겠습니다. 밑그림을 따라 라인과 채색 작업을 해보고 그룹으로 묶어보는 과정을 배워보겠습니다. 따라 하다 보면 쉽고 재미있어서 자꾸 더 해보고 싶을 것입니다. 자, 가벼운 마음으로 시작합니다.

귀여워서 따라 하고 싶은 샘플 드로잉 캔버스 실행하기

예제 파일 | 샘플드로잉.psd

❶ 프로크리에이트를 실행하고 **샘플드로잉.psd** 파일을 불러옵니다. ❷ 레이어 ▣ 를 선택하고 ❸ [레이어] 패널에서 [교안&스케치] 레이어가 잠겨 있는 것을 확인합니다. 이 레이어는 참고용으로 작업할 수 없도록 잠가두었습니다. 이 레이어를 맨 아래에 두고 나무 → 커피 → 향수 → 모자 순으로 레이어를 쌓아가며 각각의 오브젝트를 그려보겠습니다.

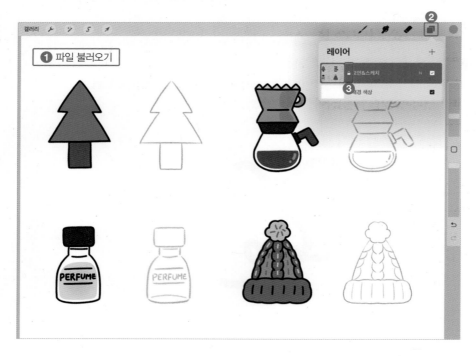

초록초록한 나무 그리기

라인 그리기

01 먼저 나무의 라인을 그려보겠습니다. ❶ 레이어 █를 선택하고 ❷ 새로운 레이어[+]를 선택해 새 레이어를 만듭니다. ❸ 브러시 ▟를 선택하고 ❹ [Class]-[매끈 브러시]를 선택합니다. ❺ 색상 ●은 검은색을 선택합니다.

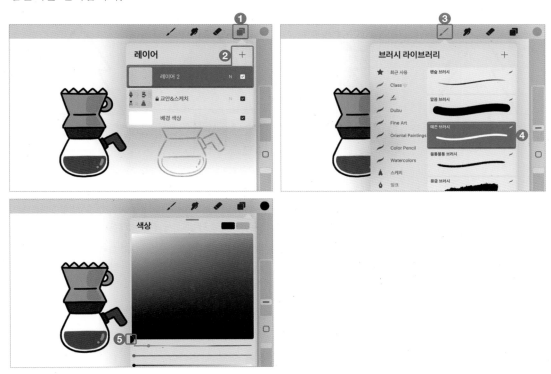

02 ❶ 사이드바에서 브러시 크기를 **4%**로 조절하고 ❷ 밑그림을 참고하여 나무의 잎에 해당하는 라인부터 그립니다. ❸ 이어서 나무의 몸통도 그려줍니다.

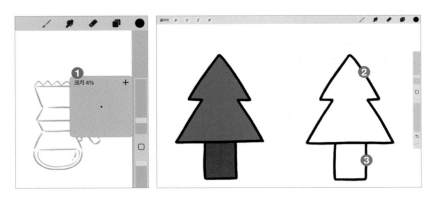

TIP 화면에서 펜을 떼지 않고 한 번에 이어서 그리면 작업을 취소했을 때 모두 지워집니다. 처음부터 다시 그림을 그려야 하는 불상사가 생기므로 중간중간 펜을 떼면서 그리는 습관을 들이는 것이 좋습니다.

채색하기

03 이제 나무를 채색하겠습니다. 예제와 똑같은 색으로 칠하기 위해서 스포이드 기능을 활용하겠습니다. ❶ 라인 레이어 아래에 새 레이어를 추가합니다. ❷ 손가락으로 나무의 잎에 해당하는 초록색을 꾹 누릅니다. ❸ 누르고 있던 손을 떼고 색상●을 확인해보면 내가 눌렀던 색이 추출된 것을 확인할 수 있습니다.

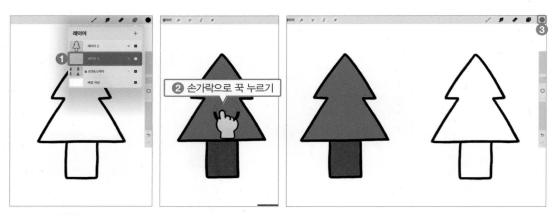

TIP 원하는 위치에 새 레이어를 추가할 수 있습니다. 예를 들어, [A] 레이어 아래에 새 레이어를 추가하고 싶은 경우, [A] 레이어 아래에 있는 레이어를 선택합니다. 선택된 레이어는 파란색으로 표시됩니다. 이어서 새로운 레이어[+]를 선택하면 [A] 레이어와 선택된 레이어 사이에 새 레이어가 추가됩니다. 레이어의 순서를 변경하지 않고도 편리하게 원하는 위치에 새 레이어를 만들 수 있습니다.

TIP 손가락으로 원하는 색을 꾹 누르면 두 가지 색으로 나뉘어진 원형이 나타납니다. 위쪽 반원은 스포이드로 추출되는 색이고 아래쪽 반원은 현재 브러시의 색을 의미합니다. 원이 나타난 상태에서 손가락을 떼면 스포이드로 추출되는 색이 현재 색으로 설정됩니다. 사이드바의 가운데에 위치한 사각형 아이콘을 눌러도 스포이드 기능을 사용할 수 있습니다.

04 이번에는 컬러 드롭으로 나무의 잎에 색을 채워 넣겠습니다. ❶ 먼저 선이 끊기지 않게 잎의 라인을 그립니다. ❷ 색상●을 잎의 안쪽으로 드래그하여 잎에 색을 채웁니다.

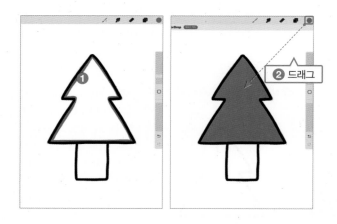

라인과 채색 레이어를 굳이 분리해야 하나요?

간혹 라인과 채색 레이어를 분리하지 않고 라인 레이어에 그대로 채색 작업을 하는 분들이 있습니다. 작업이 더 효율적이라고 생각할지 모르지만 그렇지 않습니다. 라인과 채색이 하나의 레이어에 병합되어 있는 형태로, 추후에 채색 레이어에 다양한 효과를 적용하고싶어도 할 수 없습니다. 또한, 라인 레이어를 건들지 않고 채색 레이어만 수정할 수도 없습니다. 따라서 반드시 책에서 안내하는 것처럼 라인과 채색 레이어를 분리해서 작업할 것을 추천합니다.

05 ❶ 나무의 몸통을 채색하기 위해 잎을 채색한 레이어 위에 새 레이어를 추가합니다. ❷ 손가락으로 나무의 몸통을 꾹 누릅니다. ❸ 색상●이 갈색으로 바뀌면 선이 끊기지 않게 나무 몸통의 라인을 그립니다. ❹ 색상●을 나무 몸통 안쪽으로 드래그하여 색을 채웁니다.

그룹으로 만들기

06 ❶ 레이어 ▣를 선택하고 [레이어] 패널에서 나무의 라인 레이어를 선택합니다. ❷ 몸통 채색 레이어를 오른쪽으로 스와이프하고 ❸ 잎 채색 레이어를 오른쪽으로 스와이프하여 세 개의 레이어를 선택합니다. ❹ [그룹]을 선택해 선택된 레이어를 그룹으로 묶습니다. ❺ [새로운 그룹]을 선택하고 ❻ [이름변경]을 선택합니다. ❼ **나무**를 입력합니다. 나무 그룹 레이어가 완성되었습니다.

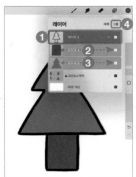

따끈따끈한 드립 커피 그리기

라인 그리기

01 나무를 그리던 방식과 같습니다. ❶ 레이어 █를 선택하고 ❷ 새로운 레이어[+]를 선택해 새 레이어를 만듭니다. ❸ [매끈 브러시], 검은색으로 ❹ 다음과 같이 드립 커피의 전체적인 라인을 그려줍니다.

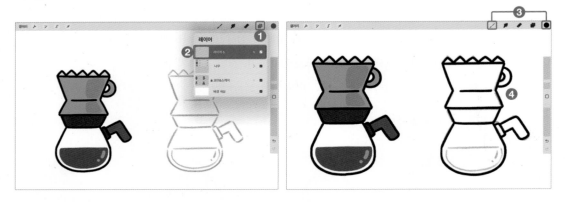

채색하기

02 이제 순차적으로 레이어를 쌓아가면서 채색해보겠습니다. ❶ 라인 레이어 아래에 새 레이어를 추가합니다. ❷ 손가락으로 상아색인 종이 필터 부분을 꾹 누릅니다. ❸ 누르고 있던 손을 떼면 색상●이 상아색으로 추출됩니다. 상아색으로 선이 끊기지 않게 종이 필터 라인을 따라 그립니다. 색상●을 종이 필터 부분으로 드래그합니다.

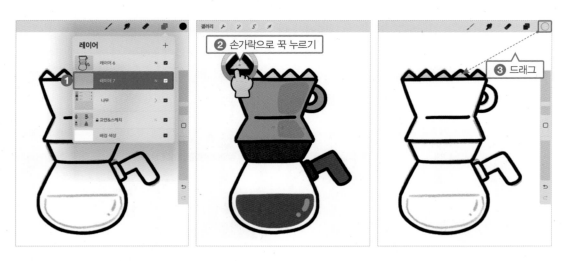

03 같은 방식으로 드리퍼도 채색합니다. ❶ 라인 레이어 아래에 새 레이어를 추가합니다. ❷ 손가락
으로 황갈색인 드리퍼 부분을 꾹 눌러 색을 추출합니다. ❸ 황갈색으로 선이 끊기지 않게 드리퍼 라인
을 따라 그린 후 색상 ●을 드리퍼 안쪽으로 드래그합니다.

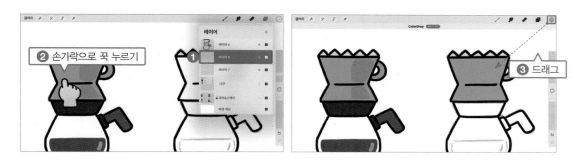

04 드리퍼 부분에 명암을 넣어보겠습니다. ❶ 라인 레이어 아래에 새 레이어를 추가합니다. ❷ 손가
락으로 드리퍼 명암 부분을 꾹 누릅니다. 선택된 색으로 예제와 동일한 위치에 둥근 등변사다리꼴 모
양으로 라인을 그립니다. ❸ 색상 ●을 드래그하여 명암을 표현합니다.

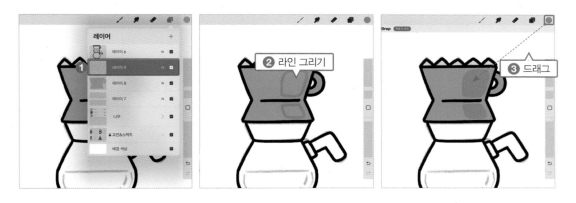

05 이와 같은 방식으로 새 레이어를 추가하고 채색하는 과정을 반복하여 드립 포트까지 채색합니다.

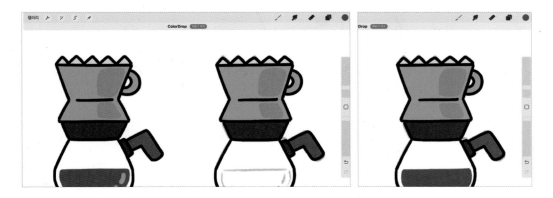

불투명도 조절하고 그룹으로 만들기

06 마지막으로 드립 포트에 하이라이트를 넣어 유리 표현을 해보겠습니다. ❶ 라인 레이어 아래에 새 레이어를 추가합니다. ❷ 색상 ●을 선택하고 ❸ [색상] 패널에서 가장 왼쪽 상단의 흰색을 선택합니다. ❹ 교안을 참고해 하이라이트를 그립니다. 유리가 반짝거리는 느낌입니다.

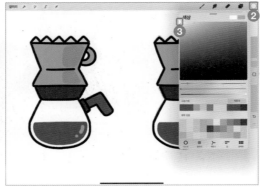

07 레이어의 투명도를 조절하여 자연스럽게 투과된 느낌을 주겠습니다. ❶ 하이라이트를 그린 레이어의 [N]을 선택합니다. ❷ 세부 메뉴가 나타나면 [불투명도]를 **50%**로 조절합니다. 유리 표현이 완성됩니다. ❸ [레이어] 패널에서 맨 위에 있는 드립 커피의 라인 레이어를 선택합니다. ❹ 이어서 아래에 있는 레이어를 오른쪽으로 스와이프하여 드립 커피를 그린 레이어들을 순차적으로 모두 선택합니다. ❺ [그룹]을 선택해 선택된 레이어를 그룹으로 묶습니다. ❻ 그룹 이름을 **드립커피**로 입력하면 완성입니다.

투명 반짝한 향수병 그리기

라인 그리기

01 향수병의 라인을 그려보겠습니다. ❶ 레이어 ▣ 를 선택하고 ❷ 새로운 레이어[+]를 선택해 새 레이어를 만듭니다. ❸ [매끈 브러시], 검은색으로 ❹ 다음과 같이 향수병의 전체적인 라인을 그려줍니다.

채색하기

02 앞선 예제들과 마찬가지로 순차적으로 레이어를 쌓아가며 채색합니다. ❶ 라인 레이어 아래에 새 레이어를 추가합니다. ❷ 손가락으로 뚜껑 부분을 꾹 눌러 스포이드로 색을 추출하고 ❸ 짙은 회색으로 선이 끊기지 않게 뚜껑 라인을 따라 그린 후 색상 ● 을 드래그해 색을 채웁니다.

03 이번에는 향수 용액을 채색하고 명암을 주겠습니다. ❶ 같은 방법으로 라인 레이어 아래에 향수 용약과 뚜껑을 채색합니다. 다시 ❷ 라인 레이어 아래에 새 레이어를 만들고 ❸ 손가락으로 향수 용액 중간에 진한 노란색 부분을 꾹 누릅니다. ❹ 브러시 ✏️를 선택하고 ❺ [브러시 라이브러리] 패널에서 [Class]–[러프 브러시]를 선택합니다. ❻ 원의 형태를 만든다고 생각하면서 둥글게 채색해 자연스러운 명암 효과를 표현합니다.

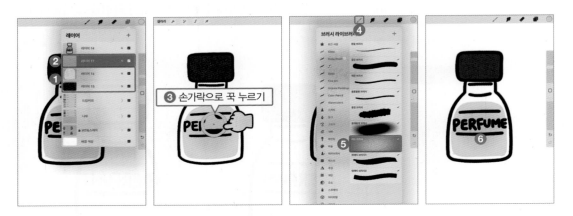

그룹 만들기

04 ❶ [레이어] 패널에서 맨 위에 있는 향수병의 라인 레이어를 선택합니다. ❷ 이어서 아래에 있는 레이어를 오른쪽으로 스와이프하여 향수병을 그린 레이어들을 순차적으로 모두 선택합니다. ❸ [그룹]을 선택해 선택된 레이어를 그룹으로 묶습니다. ❹ 그룹 이름을 **향수**로 입력하면 완성입니다.

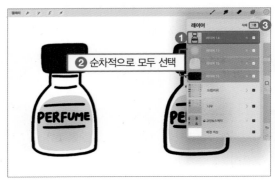
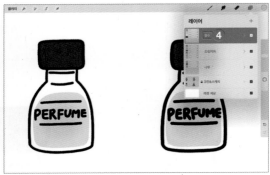

포근포근한 모자 그리기

라인 그리기

01 모자의 라인을 그려보겠습니다. ❶ 레이어 █를 선택하고 ❷ 새로운 레이어[+]를 선택해 새 레이어를 만듭니다. ❸ [매끈 브러시], 검은색으로 ❹ 다음과 같이 모자의 전체적인 라인을 그려줍니다.

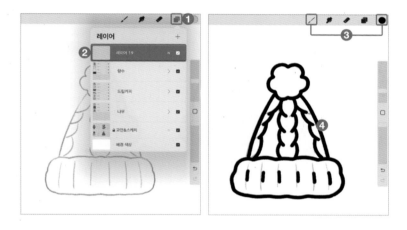

채색하기

02 이제 순차적으로 레이어를 쌓아가면서 채색해보겠습니다. ❶ 라인 레이어 아래에 새 레이어를 추가합니다. ❷ 손가락으로 노란색인 모자의 방울 부분을 꾹 눌러 색을 추출합니다. ❸ 노란색으로 선이 끊기지 않게 모자 방울 안쪽으로 라인을 그린 후 색상 ●을 모자 방울 안쪽으로 드래그하여 색을 채웁니다. ❹ 계속해서 새 레이어를 추가하고 채색하는 과정을 반복하여 디테일한 라인을 제외한 모자의 전체적인 색만 채워줍니다.

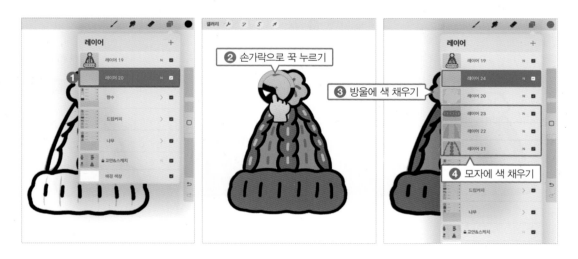

디테일 추가하고 그룹 만들기

03 모자에 색을 다 칠했다면 이제 디테일한 라인 작업을 해보겠습니다. ❶ 라인 레이어 아래에 새 레이어를 추가합니다. ❷ 손가락으로 모자 방울 부분의 보라색 선을 꾹 눌러 색을 추출합니다. ❸ 예제와 동일한 위치에 보라색 선을 그립니다. ❹ 이후 같은 방식으로 레이어를 추가해가며 모자의 뜨개질 부분을 그려 넣어 마무리합니다.

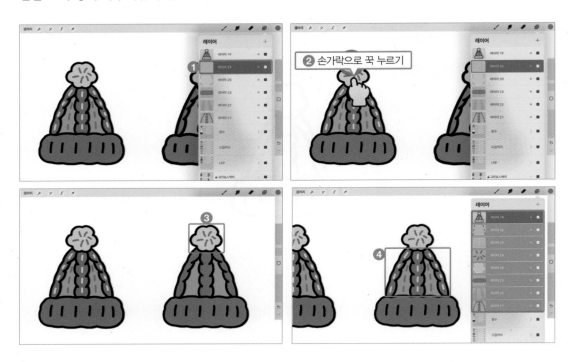

04 ❶ [레이어] 패널에서 맨 위에 있는 모자의 라인 레이어를 선택합니다. ❷ 이어서 아래에 있는 레이어를 오른쪽으로 스와이프하여 모자를 그린 레이어들을 순차적으로 모두 선택합니다. ❸ [그룹]을 선택해 선택된 레이어를 그룹으로 묶습니다. ❹ 그룹 이름을 **모자**로 입력하면 완성입니다.

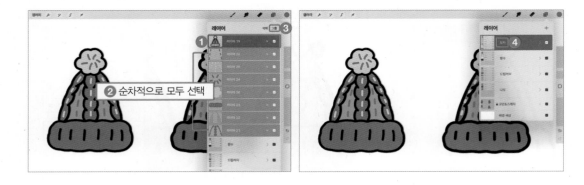

벌써 끝? 샘플 드로잉 완성

개체별로 라인, 채색 레이어를 나눠서 작업한 모습입니다. 샘플 드로잉에서 진행한 작업이 쉽고 즐거웠다면 앞으로의 과정도 재미있게 따라 할 수 있을 것입니다.

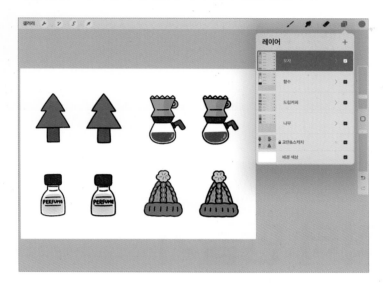

나만의
동물 캐릭터 만들기

나만의 캐릭터를 만든다는 것은 설레는 일인 동시에 많은 고민을 요합니다. 단순히 보기에 귀엽기만 한 그림이 아닌 작가 자신의 개성과 세계관이 잘 드러나는 캐릭터를 만들어야 하기 때문입니다. 그렇다 보니 캐릭터를 제작하기도 전에 어려울 것이라는 막연한 생각에 선뜻 도전하지 못하는 분들이 많습니다. 여기서는 캐릭터 제작을 시작하기에 앞서 가장 고민이 되고 궁금한 부분을 Q&A 형식으로 풀어 정리했습니다. 나만의 개성이 깃든 캐릭터를 쉽게 만들 수 있는 방법을 두부의 노하우를 통해 알아보겠습니다.

Chapter 01

캐릭터를 더 쉽게 만드는 방법

캐릭터 강의를 할 때면 다양한 질문들을 받습니다. 그중 가장 많이 받는 질문을 토대로 캐릭터를 쉽게 만드는 방법에 대해 재미 있게 소개하겠습니다.

강아지, 고양이 캐릭터를 만들고 싶은데, 비슷한 캐릭터가 너무 많아요

모두가 캐릭터 제작에 앞서서 가장 많이 하는 고민일 것입니다. 이미 비슷한 캐릭터는 셀 수 없이 많은 데 어떻게 하면 저작권 이슈를 피하면서 개성 있고 오래 살아 남는 캐릭터를 만들 수 있을까요? 아시다 시피 캐릭터 시장은 과부화 상태입니다. 남과 다른 독창적인 캐릭터를 제작한다는 것은 여간 쉬운 일이 아닙니다. 그렇다 보니 가장 흔하고 종류도 많은 강아지, 고양이 등의 캐릭터보다는 익숙하지 않은 독특 한 동물을 캐릭터로 만들고자 하는 분들이 많습니다. 하지만 그 전에 궁금해야 합니다. '왜 강아지, 고 양이, 토끼, 곰 등의 캐릭터가 인기가 많을까?' 이 동물들의 이미지는 우리가 자라면서 동화책에서, 미디 어에서, 주변에서 쉽게 접해 호감도가 크기 때문입니다. 아직까지 캐릭터로 많이 제작되지 않은 동물 이 미지는 대중적이지 않아 수요가 많지 않을 수 있습니다. 하지만 우리가 지향하는 것은 독특한 나만의 캐 릭터가 대중성을 가져 많이 소비되는 일입니다.

어떻게 하면 내가 원하는 동물을 나만의 개성을 담아 뻔하지 않은 캐릭터로 만들 수 있을까요? 그 방법 을 두 가지로 알아보겠습니다.

A(분홍 다람쥐, 갈색 다람쥐)　　　　B(흰색 친칠라, 회색 친칠라)

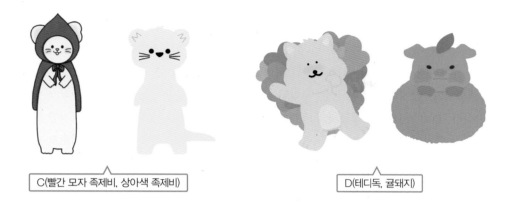

C(빨간 모자 족제비, 상아색 족제비)

D(테디독, 귤돼지)

동물 캐릭터 – 단순화 vs. 의인화

동물을 캐릭터화할 때 크게 두 가지의 방식으로 그릴 수 있습니다. 첫 번째로, 동물의 디테일한 특징을 단순화하여 그리는 것입니다. A의 갈색 다람쥐, B의 회색 친칠라, C의 상아색 족제비를 살펴봅니다. 동물의 특징, 모습은 그대로 살리면서 복잡한 라인이나 형태를 최대한 간략하고 심플하게 그렸습니다. 이렇게 단순화한 캐릭터는 보는 사람도 편안한 기분을 느끼고 캐릭터를 귀엽다고 느낍니다. 모델이 되는 동물의 특징이 잘 드러나면서 친숙함도 줄 수 있습니다. B의 회색 친칠라와 흰색 친칠라를 비교하면 '친칠라'라는 동물만 놓고 보았을 때는 회색 친칠라가 동물의 이미지에 훨씬 가깝고 어떤 동물인지 한눈에 알아볼 수 있습니다. 이 캐릭터는 실제로 친칠라를 키우던 수강생이 제작했습니다. 친칠라의 팔다리가 많이 짧은 특징을 그대로 표현하기 위해 노력했고, 귀엽고 친근감 있게 이미지를 잘 구현했습니다.

두 번째로, 단순화한 동물 캐릭터를 의인화하여 그리는 것입니다. A의 분홍 다람쥐, B의 흰색 친칠라, C의 빨간 모자 족제비를 살펴봅니다. 동물을 단순화하여 그리고 사람이 취할 수 있는 팔다리의 형태로 의인화했습니다. 핵심은 동물 캐릭터가 마치 사람처럼 다양한 포즈를 할 수 있도록 적절한 비율을 만들어주는 것입니다. B의 흰색 친칠라, C의 빨간 모자 족제비를 보았을 때 어떤 느낌이 드나요? 동물이 많이 의인화되면서 어떤 동물인지 설명해주지 않으면 보는 사람이 잘 모를 수도 있겠다는 느낌마저 듭니다. 이런 이유로 동물을 의인화하여 캐릭터를 만들고자 하는 분들이 나의 동물 캐릭터가 실제 해당 동물의 이미지와 많이 멀어져 고민을 합니다. 이 동물이 어떤 동물인지 설명했을 때 "아~ 그렇구나!" 정도의 반응을 기대할 수 있다면 도전해도 괜찮다고 할 수 있겠습니다.

창작 캐릭터를 만드는 법

캐릭터는 꼭 동물을 모델로 해야 할까요? 당연히 아닙니다. 실제로 기업이나 단체 등은 세계관을 먼저 설정하고 세계관과 관념 등을 담은 외적인 형상을 창의적으로 만들어갑니다. 여기서는 좀 더 쉽게 접근해보겠습니다. 앞에서 설명한 동물 캐릭터를 그리는 두 가지 방식을 참고하여 창작 캐릭터를 만들 수 있습니다. D의 테디독과 귤돼지의 캐릭터를 살펴봅니다. 귤돼지 캐릭터는 귤을 정말 좋아하던 수강생이 귤과 돼지의 특징을 따서 만든 창작 캐릭터입니다. 귤을 많이 먹어서 주황색으로 변해버린 돼지, 계속 귤을 먹고 귤 농장까지 운영하는 돼지 등의 콘셉트로 캐릭터를 발전해나갔습니다.

테디독 캐릭터는 테디베어(곰)와 강아지의 특징을 조합해서 만든 창작 캐릭터입니다. 곰도 너무 귀엽고 강아지도 너무 귀여워서 어떤 동물을 선택할지 계속 고민하다가 곰과 강아지를 조합한 것입니다. 여기에 자신이 좋아하는 연보라색, 핑크톤을 메인 색으로 하여 곰인 듯 강아지인 듯 두 동물의 느낌이 나도록 만들었습니다.

이 외에도 음악을 전공한 수강생은 음표를 의인화해서 음표 캐릭터를 만들기도 하고, 책방을 운영했던 수강생은 고양이와 책 형태를 조합해서 창작 캐릭터를 만들기도 했습니다. 이처럼 자신이 좋아하는 느낌, 동물, 형태, 세계관까지 어떤 것이든 경계를 두지 않고 좋아하는 것을 적절하게 조합해서 캐릭터를 만드는 것이 가장 개성 있는 나만의 창작 캐릭터를 만드는 방법이라 할 수 있겠습니다.

인물과 동물 중 어떤 캐릭터의 굿즈를 제작하면 좋을까요?

인물이든 동물이든 어떤 캐릭터의 굿즈를 제작하느냐는 중요하지 않습니다. 중요한 것은 좋아하는 어떤 것을 캐릭터화하는 작업을 즐기면 됩니다. 이 과정에서 굿즈라는 키워드도 함께 고려하게 되는데, 캐릭터를 굿즈로 제작하고자 한다면 신경 써야 하는 부분이 있습니다.

굿즈는 2차원의 작업물을 실물 형태로 만드는 과정이므로 기계를 통한 제작이 필수입니다. 여기서 칼선 작업을 진행하게 되는데 이 과정에서 내가 만든 캐릭터가 너무 복잡하면 칼선의 오차 범위가 커지고 형태가 왜곡되는 경우가 발생할 수 있습니다. 그뿐만 아니라 제작 업체가 원하는 형식으로 결과물을 전달해야 하는데 이때 필요한 작업 과정도 캐릭터 형태에 따라서 굉장히 복잡하고 어려울 수 있습니다. 이와 같은 어려움은 굿즈 제작에 대한 열의를 떨어뜨려 굿즈의 퀄리티에 많은 영향을 미칩니다.

동물, 인물로 그린 캐릭터 굿즈

실제로 굿즈로 판매하고 있는 캐릭터 상품 중 대다수는 동물 캐릭터입니다. 동물을 단순화한 캐릭터는 굿즈로 제작하기가 편합니다. 동물, 사물, 인물 가운데 형태적으로 복잡한 순서를 본다면 인물이 가장 복잡합니다. 최대한 인물을 단순화한다고 해도 머리 스타일, 손 모양, 발 모양 등 기본적으로 표현해야 하는 디테일이 있습니다. 디테일을 줄이고 더 단순하게 표현하다가는 인물 자체의 느낌을 해칠 수가 있습니다. 따라서 처음 굿즈를 제작한다면 비교적 단순한 형태의 동물 캐릭터를 추천합니다.

만약 인물 캐릭터를 굿즈로 제작하고 싶다면 단순히 종이에 인쇄하는 작업인지, 자유형 칼선을 요하는 작업인지, 컬러감이 어떻게 출력되는지에 따라서 결과물이 다르다는 것을 먼저 이해해야 합니다. 복잡한 인물 형태에 직접적으로 자유형 칼선을 넣어야 하는 굿즈만 피해서 작업한다면 큰 어려움 없이 결과물을 만들어낼 수 있을 것입니다.

굿즈로 제작하기에 적합한 캐릭터가 따로 있나요? 꿀팁이 있다면 알려주세요

앞에서 설명했듯 굿즈로 제작하기에 적합한 캐릭터는 외곽의 디테일이 단순하고 심플한 캐릭터입니다. 칼선 작업들이 모두 외곽 라인을 따라서 이루어지기 때문에 형태가 단순하면 제작도 쉽습니다. 또한, 여백 작업이 캐릭터의 디테일에 많은 영향을 미칩니다.

A~C 캐릭터를 살펴봅니다. 캐릭터의 외곽선과 색상이 단순합니다. 칼선이나 여백 작업을 진행하는 데에 무리가 없으면서도 이목구비나 볼 터치, 옷 등으로 디테일을 더해줘서 심플하지만 귀여운 모습으로 제작된 것을 확인할 수 있습니다. 반면 D~F 캐릭터를 살펴봅니다. A~C 캐릭터에 비해 디테일이 많습니다. D 캐릭터의 경우 형태는 심플하지만 귀의 안쪽 살 부분, 얼굴 무늬, 꼬리 무늬 등 디테일이 많이 들어가서 여백 작업을 할 때 손이 많이 갑니다. E~F 캐릭터는 뽀글뽀글한 털, 고슴도치의 가시 등의 외곽 형태가 도드라지게 표현되면서 칼선 작업이 꽤 까다롭게 됩니다. 그렇다고 모든 캐릭터를 심플하게 만들어야 할까요? 그럴 필요는 없습니다. 단순한 캐릭터와 복잡한 캐릭터가 모두 있어야 개성 있는 캐릭터 시장이 더욱 활성화될 테니까요. 다만 복잡한 디테일의 캐릭터를 굿즈로 제작할 때 미리미리 작업 공정을 알아두면 업체와 손발이 잘 맞아 보다 수월하게 작업할 수 있습니다. 필요한 디테일들을 적재적소에 넣어서 재미있고 효율적인 작업을 진행해봅니다.

Chapter 02

동물 캐릭터 분석하기

이번에는 동물 캐릭터의 외형적 특징을 구체적으로 분석해보는 시간을 가져보겠습니다. 귀여운 동물의 얼굴형도 형태가 여러 가지입니다. 캐릭터를 제작하기에 앞서 형태마다 어떤 특징을 갖는지 살펴보고 나아가 굿즈로 제작하기에 적합한 나만의 동물 캐릭터도 상상해봅니다.

동물 캐릭터의 특징 파악하기

동물 캐릭터가 갖는 공통적인 특징은 다음 이미지처럼 크게 얼굴형, 이목구비, 몸통, 털과 무늬로 구성되어 있다는 점입니다. 여기에 생명이 되는 성격(가치관)을 불어 넣으면 최종적으로 캐릭터가 완성됩니다. 물론 더 세밀하게 요소를 나누어 분석할 수 있지만 여기서는 몇 가지 테마로 분류해서 설명하겠습니다.

얼굴형

얼굴형은 캐릭터를 만드는 데에 가장 기본이 되는 작업입니다. 해당 캐릭터의 이미지를 결정하는 가장 중요한 작업입니다. 처음부터 원하는 캐릭터의 느낌을 완벽하게 결정하고 시작할 수 있지만 얼굴형을 그리고 몸통형을 그리고 움직임을 표현하는 과정에서 나만의 캐릭터를 발전해나가는 것이 좋습니다. 먼저 편안한 마음으로 얼굴형을 그려보고 계속해서 수정해가며 작업하는 과정을 즐기도록 합니다.

| 광대형 얼굴 | 둥근형 얼굴 | 찐빵형 얼굴 | 둥근 삼각형 얼굴 |

광대형 얼굴

볼이 빵빵하게 부풀어 있어 귀여운 캐릭터의 가장 대표적인 얼굴형이라고 할 수 있습니다. 마치 양쪽의 볼 안에 사탕을 물고 있는 것처럼 보이기도 해서 다람쥐나 토끼와 같이 볼 안에 음식물을 저장해놓고 먹는 동물을 표현할 때 사용하면 좋습니다. 귀엽고 통통한 이미지의 캐릭터를 제작하고 싶을 때 적합한 얼굴형입니다.

둥근형 얼굴

캐릭터에서 가장 많이 쓰이는 얼굴형으로 어떤 동물에게 적용해도 무난하게 표현할 수 있습니다. 단, 얼굴 골격이 모두 굴곡 없는 매끄러운 곡선으로 이어져 있기 때문에 자칫하면 너무 밋밋하거나 단조로워 보일 수 있습니다. 원의 형태를 그대로 따라 그린다는 느낌보다는 곡선에 약간의 디테일을 주거나 질감 있는 브러시로 그리면 자연스러운 표현을 할 수 있습니다. 원의 형태가 타원형에 가까울수록 넓적하고 푸짐한 느낌을 구현할 수 있습니다.

찐빵형 얼굴

옆으로 널찍한 찐빵형 얼굴은 공을 마치 위에서 아래로 누른 것 같은 느낌의 얼굴형입니다. 찐빵형 얼굴은 둥근형 얼굴보다는 조금 더 자연스러운 느낌을 표현할 수 있습니다. 가장 아래의 턱선 쪽에 위치한 곡선은 동그란 곡선보다는 완만하고 조금은 일직선적인 느낌으로 그려야 찐빵형 얼굴의 느낌을 잘 살릴 수 있습니다.

둥근 삼각형 얼굴

삼각형과 원을 합친 것 같은 둥근 삼각형 얼굴은 얼굴이 옆으로 퍼진 듯한 느낌을 주어 귀엽습니다. 대표적으로 펭귄 캐릭터에 잘 어울립니다. 둥근 삼각형 얼굴을 뒤집어서 역삼각형으로 사용하면 여우와 같은 날카로운 인상의 동물 캐릭터에 사용할 수 있습니다.

이목구비

이목구비는 캐릭터의 인상을 결정하는 중요한 요소입니다. 눈, 코, 입을 각기 원하는 모양으로 조합해서 만들기보다는 전체적인 통일감과 비율, 위치상의 조화를 따져보며 제작해야 합니다. 눈, 코, 입의 간격과 위치에 따라 캐릭터가 풍기는 느낌이 확연히 달라지기 때문입니다. 각 요소의 위치를 이리저리 옮겨 보면서 머릿속으로 생각하는 이미지에 가깝게 제작해봅니다.

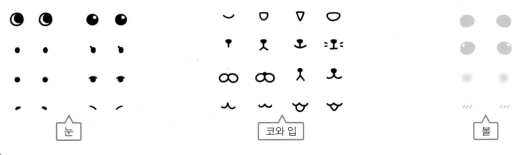

눈

얼굴을 구성하는 데에 있어서 인상을 가장 많이 좌우하는 요소는 눈입니다. 눈은 완전하게 색칠이 되어 있는 원을 베이스로 해서 다양한 느낌을 표현할 수 있습니다. 동그랗고 귀여운 느낌을 표현할 수 있고 타원 형태에서는 의인화된 느낌을 줄 수 있습니다. 완전하게 다 색칠을 하는 대신 흰자위를 표현하면 캐릭터가 어디를 바라보고 있는 듯한 시선의 방향성을 정할 수 있습니다. 눈썹이나 눈꺼풀을 더하면 보다 더 다양한 이미지를 표현할 수 있습니다.

코와 입

코와 입을 그릴 때는 가장 먼저 위치를 고려해야 합니다. 눈, 코 그리고 입의 간격에 따라서 캐릭터의 인상이 많이 좌우되며 이목구비가 서로 가까울수록 귀여운 느낌을 구현할 수 있습니다. 동물 캐릭터의 특성상 지금까지는 강아지나 고양이와 같이 코와 입을 연결하여 그린 형태가 가장 보편적인 표현이었습니다. 요즘에는 의인화하여 사람과 같이 코와 입을 떼어서 그리거나 코와 입 중에 하나만 배치해서 보다 특색 있는 형태의 이목구비로 제작하는 것이 인기 있는 추세입니다.

볼

눈, 코, 입과 달리 볼은 필수적인 이목구비로 여겨지지는 않지만 볼의 유무에 따라서 캐릭터의 매력이 많이 달라지기도 합니다. 자칫 밋밋해 보이는 캐릭터에 볼을 그려주면 마치 생명을 불어 넣은 듯한 느낌을 줄 수 있습니다. 볼의 크기나 채색 방식에 따라서 각기 다른 느낌을 표현할 수도 있습니다. 가장 대표적인 표현 방법으로는 단순한 색 채우기로 볼을 드러내어 귀여운 이미지를 구현하는 것입니다. 또, 블러와 같은 브러시 표현으로 캐릭터의 얼굴에 양감이 자연스럽게 드러나게 합니다.

몸통형

몸통형은 얼굴형과 달리 제작에 앞서서 두 가지 요소를 고려해야 합니다. 가장 먼저 얼굴형과 몸통이 잘 어울리는지를 확인해야 합니다. 얼굴을 아무리 잘 완성했어도 몸통과의 밸런스, 느낌이 통일되지 않으면 그 매력은 떨어집니다. 두 번째는 '캐릭터의 응용 범위를 어디까지로 할 것인가'입니다. 우리가 흔히 캐릭터를 제작할 때는 단지 귀엽고 독창적인 캐릭터를 만드는 데에만 관심을 두다 보니 디테일만 많아집니다. 막상 다양하게 응용하고자 할 때는 어려움을 겪어서 중간에 포기하게 되는 경우가 생기기도 합니다. 단순히 외형을 매력적으로 만드는 것보다 캐릭터의 몸통 비율, 얼굴과의 균형을 고려하여 캐릭터를 쉽게 응용할 수 있는지를 검토해야 합니다. 이에 대한 고민은 작업 방향을 좌우하기 때문에 몸통형을 그릴 때는 이 두 가지 요소를 잘 고려합니다.

등변사다리꼴 몸통   직사각형 몸통   원형 몸통

항아리형 몸통   모찌형 몸통

등변사다리꼴 몸통

가장 많은 사랑을 받는 등변사다리꼴 몸통은 캐릭터의 가장 기본이 되는 몸통형입니다. 몸통의 아래로 갈수록 넓은 비율로 떨어지는 등변사다리꼴의 형태를 띠고 있어서 안정적인 느낌을 주기도 합니다. 몸통형 특성상 팔다리가 긴 동물에게 적합하며 다른 몸통형보다는 조금 푸짐하고 통통하다는 느낌을 줄 수 있습니다.

직사각형 몸통

직사각형 몸통은 등변사다리꼴 몸통과 비슷하지만 좀 더 슬림한 느낌을 표현할 수 있습니다. 몸통 아래가 직선으로 떨어지다 보니 다른 몸통형에 비해서 딱딱해 보이거나 경직되어 보일 수 있습니다. 상하체가 동일한 비율로 떨어지기 때문에 상하체의 경계가 없습니다. 캐릭터의 가랑이가 어디에 위치하냐에 따라서 다양한 느낌의 몸통을 표현할 수 있습니다.

원형 몸통

몸통형 중에서 통통한 캐릭터를 표현하기에 가장 좋습니다. 원형 몸통은 팔다리가 짧은 조류, 다람쥐, 햄스터 등과 같은 동물에 적합합니다. 단, 몸통형 특성상 몸통이 크고 팔다리는 짧기 때문에 캐릭터의 응용이 다소 제한적이며 다양한 포즈 구현이 어려울 수 있습니다.

항아리형 몸통

항아리형 몸통은 원형 몸통과 등변사다리꼴 몸통을 합친 형태로 둥글둥글한 형태를 구현하고 싶지만 어느 정도는 안정감 있고 서 있는 듯한 형태감을 내고 싶을 때 사용하면 좋습니다. 아웃라인이 원형보다는 슬림하게 떨어지기 때문에 팔을 안으로 넣지 않고 밖으로 빼고 있는 표현도 가능합니다.

모찌형 몸통

모찌형 몸통은 얼굴과 몸통이 경계 없이 하나로 연결되어 있어서 하나의 큰 찹쌀떡과 같은 느낌을 줍니다. 쫀득한 느낌을 내고 싶거나 상상력을 더해서 유동성 있게 캐릭터를 변형하고 싶을 때 모찌형 몸통으로 그려봅니다. 동물 캐릭터뿐만 아니라 창작 캐릭터에 사용하기에도 좋습니다. 다른 얼굴형을 모찌형 몸통에 조합해보기도 하면서 다양한 이미지를 구현해보고 나만의 창작 캐릭터를 만들어봅니다.

성격(개성)과 세계관

캐릭터의 외형을 만드는 데에 성격(개성)과 세계관은 어떤 영향을 미칠까요? 우리가 흔히 말하는 이미지라는 것이 있듯이 캐릭터도 성격에 따라서 이미지가 결정됩니다. 보기에만 귀엽고 매력 있는 캐릭터보다는 캐릭터의 성격과 세계관을 설정하고 이러한 성격이 외형에 반영되도록 제작한다면 훨씬 더 매력적이고 애정을 받는 캐릭터가 될 수 있습니다.

먼저 캐릭터의 성격을 정하는 가장 쉬운 방법은 나의 성격 혹은 나와 가까운 사람을 투영해서 캐릭터를 제작하는 것입니다. 캐릭터를 처음 제작할 때 가장 쉽게 접근할 수 있는 방법이기도 합니다. 남들이 잘 아는 나의 성격도 좋고 혹은 나만 알고 있는 나의 성향과 특징, 관심사 등을 조합하면 좋습니다. 또는 나와 반대되는 성격이나 취향을 가진 캐릭터를 구현해도 재미있습니다. 어떤 것이든 나에게 특징적인 것 혹은 반대되는 것을 캐릭터에게 투영해서 설정해봅니다.

예를 들어, 까칠하고 도도한 캐릭터를 만든다고 가정하면 둥글둥글 부드럽고 순하게 그리기보다는 새침한 입 모양, 살짝 경직된 자세, 무심한 듯한 시선 등을 고려하여 그려주는 것입니다. B 캐릭터가 C 캐릭터보다 훨씬 까칠할 것 같은 느낌이 드는 것도 그 이유입니다.

한편 내가 갖지 못한 성격적인 부분이나 특징을 캐릭터에 반영해봅니다. 캐릭터를 통해 나의 심리를 알아채기도 하고 또 다른 나의 분신처럼 여기는 것입니다. 내 성격이 까칠하고 도도한데 사실은 귀엽고 친숙한 성격을 꿈꾸고 있다면 캐릭터를 C와 같이 귀엽고 누구나 부담 없이 친밀하게 느낄 수 있는 이미지로 제작해보는 것입니다. 캐릭터에 성격을 부여하면 좀 더 캐릭터를 이해하기가 쉽고, 나중에 캐릭터를 보게 될 누군가도 재미를 느끼는 요소가 됩니다.

이처럼 단순히 캐릭터의 외형만 만드는 것보다 성격, 세계관을 반영하여 제작하면 더욱 쉽게 내가 원하는 이미지의 캐릭터를 만들 수 있고, 캐릭터의 성격과 이미지에 따른 팬층을 얻을 수도 있습니다.

Chapter 03

가이드를 활용해
나만의 캐릭터 제작하기

아무것도 없는 흰색 캔버스에 어떤 가이드도 없이 무엇인가를 그려야 한다면 막연하고 어려울 것입니다. 무에서 유를 만들어야 하는 부담감은 상당히 큰 압박으로 다가옵니다. 두부는 이런 어려움을 겪는 수많은 수강생들을 만나본 결과 누구나 캐릭터를 제작할 수 있는 가이드를 만들기로 결심합니다. 이번에는 두부가 만나본 수많은 수강생들의 개성 있는 캐릭터를 탄생시킨 캐릭터 제작 가이드 템플릿을 소개하겠습니다. 이 가이드를 통해 여러분도 나만의 캐릭터를 구상해봅니다.

두부의 캐릭터 비책, 캐릭터 제작 가이드 템플릿

앞 장을 읽고 왔다면 동물 캐릭터의 얼굴, 이목구비, 몸통, 성격 등에 대해서 어느 정도 구상이 되었을 것입니다. 이제 본격적으로 캐릭터를 제작해보겠습니다. 예제 파일로 제공하는 이 템플릿은 다양한 캐릭터의 가장 기본적인 틀을 만들어 모아둔 것입니다. 원하는 비율은 물론이고 이목구비 등을 조합해보면 대략적으로 원하는 이미지를 제작하는 데에 도움을 줄 것입니다.

캐릭터 제작 가이드 템플릿

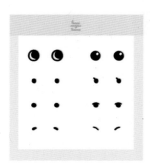

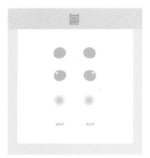

써보면 느낌 알지! 캐릭터 제작 가이드 템플릿 사용하기

예제 파일 | 캐릭터 제작 가이드 템플릿.psd

가이드 템플릿 열기

01 ❶ 캐릭터 제작 가이드 템플릿.psd 파일을 불러옵니다. ❷ 레이어 ■ 를 선택하면 [눈] 그룹부터 [E] 그룹까지 이목구비와 몸통 비율이 각각의 그룹으로 구성되어 있는 것을 확인할 수 있습니다. ❸ ❹ 임의로 [볼] 그룹과 [A] 그룹을 열어봅니다. 여러 세부적인 레이어로 구성되어 있습니다. 레이어를 사용할 때는 꼭 그룹을 열어서 확인하고 원하는 레이어를 선택해 사용합니다.

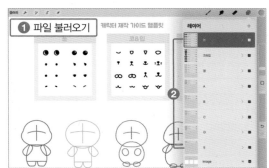
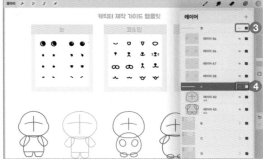

02 [A] 그룹을 보면 얼굴과 몸통 레이어가 분리되어 있는 것을 확인할 수 있습니다. 이 비율이 마음에 들면 그대로 사용합니다. 응용을 하고 싶다면 얼굴이나 몸통의 크기를 조절하거나 다른 그룹에 있는 몸통을 선택하고 원하는 얼굴형을 찾아 조합해 사용합니다.

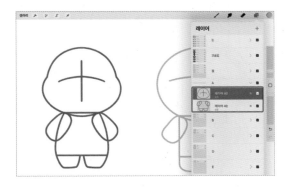

두부의 작업실

 구독 www.youtube.com/@dubu_studio

귀여운 동물 캐릭터, 그거 어떻게 그리는 건데?!
나만의 동물 캐릭터를 어려워서 못 그렸던 사람들 모두 모여라!
QR 코드로 접속하고 두부 작가의 재생 목록에서 학습해보세요.

몸통과 얼굴, 눈, 코, 입 조합하기

03 여기서는 [A] 그룹의 몸통과 [B] 그룹의 얼굴을 조합해보겠습니다. ❶ [A] 그룹의 얼굴 레이어의 체크 박스를 선택해 얼굴 가이드를 숨깁니다. ❷ [B] 그룹의 얼굴 레이어를 선택합니다. ❸ 변형 ↗을 선택하고 ❹ [A] 그룹의 몸통 위에 얼굴을 옮겨줍니다. ❺ 하단에 옵션창이 나타나면 [자유형태], [균등] 등을 활용하여 원하는 비율로 조절합니다.

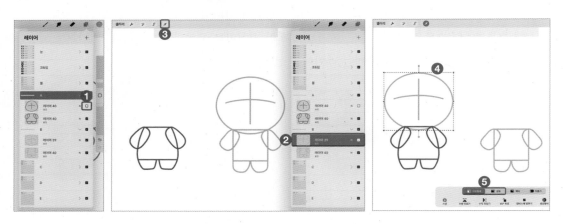

04 ❶ [눈] 그룹을 열고 ❷ 원하는 눈 모양 레이어를 선택합니다. ❸ 변형 ↗을 선택하고 ❹ 눈을 얼굴 중앙의 십자 가이드 선 쪽으로 옮깁니다. ❺ 마찬가지로 코와 입도 선택하고 적절한 위치로 옮깁니다.

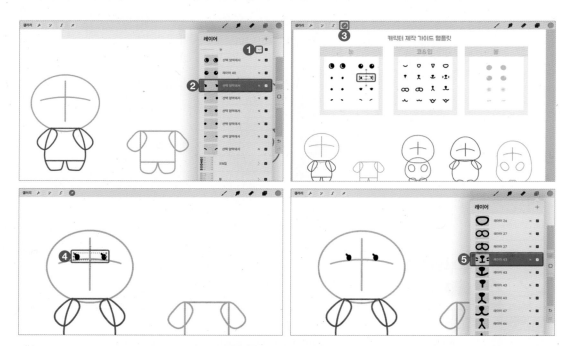

TIP 연습 때 사용한 이목구비 레이어를 나만의 캐릭터를 만드는 과정에서 그대로 사용하고자 한다면 사용한 레이어를 그룹 밖으로 옮깁니다. 얼굴 혹은 몸통을 스케치한 레이어와 위아래에 배치하거나 병합합니다. 이목구비 레이어가 개체별로 분리되어 있으면 관리하기가 어렵기 때문입니다.

05 각각의 그룹에서 원하는 이목구비 레이어를 선택하고 조합해봅니다. 기본적으로 제공되는 몸통 비율 외에도 다양한 형태의 동물 캐릭터 비율을 제작할 수 있습니다. 가이드 레이어를 그대로 따라 하는 방식이 아닌 대략적으로 캐릭터의 골격과 이미지만 만들어간다는 생각으로 나만의 템플릿을 만들어봅니다.

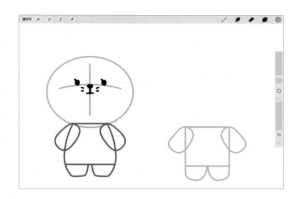

가이드 템플릿으로 나만의 캐릭터 제작하기

제작 가이드 템플릿을 활용해 예시로 코알라 캐릭터를 제작해보겠습니다. 코알라의 특징 중 큰 귀와 약간 졸리고 늘어지는 듯한 이미지를 반영해보겠습니다. 여러분도 제작할 동물 캐릭터와 특징을 정한 후 실습 원리를 따라 하면서 이후 작업을 진행합니다. 최소한 2회 이상의 스케치와 수정을 통해 점차 원하는 느낌을 만들어간다고 생각하면서 작업합니다. 1차로 가벼운 느낌의 대략적인 스케치를 그려준 후 그리기 도우미(대칭) 기능을 사용해 2차로 완성도를 더해주겠습니다.

TIP 이번에 제작하는 코알라 캐릭터는 앞으로 진행되는 실습에 계속하여 등장할 것입니다. 저작권 등록까지 모두 완료한 캐릭터로, 무단 복제, 수정 및 2차 가공 등을 전부 금지하니 이 점을 꼭 유의합니다. 따라서 실습 과정을 따라 하며 나만의 캐릭터를 구상하고 제작해봅니다.

몸통 비율 만들기

01 먼저 [A] 그룹의 몸통형을 변형하여 코알라의 몸통 비율을 만들어보겠습니다. ❶ [A] 그룹을 열고 얼굴 레이어를 선택합니다. ❷ 변형 ⟋을 선택하고 ❸ 얼굴 크기를 조금 줄입니다.

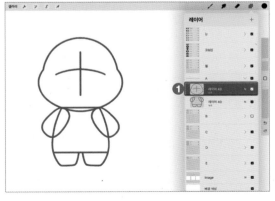

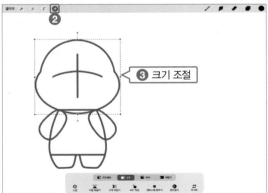

❸ 크기 조절

스케치하기

02 ❶ [A] 그룹의 얼굴 레이어의 [N]을 선택하고 ❷ [불투명도]를 **30%**로 줄입니다. ❸ 몸통 레이어도 [불투명도]를 **30%**로 조절합니다. ❹ 브러시 ✏를 선택하고 [브러시 라이브러리] 패널에서 ❺ [Class]-[펜슬 브러시]를 선택합니다. ❻ 색상 ●을 선택하고 [색상] 패널에서 ❼ 검은색을 선택합니다.

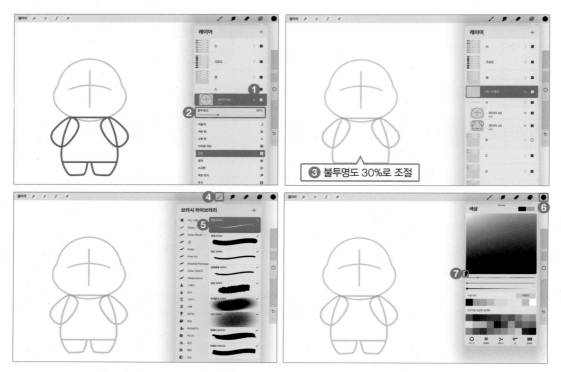

TIP 브러시는 어떤 브러시를 사용해도 무관하지만 어떤 형태든 처음 구상할 때는 자연스러운 형태로 그리는 것이 좋기 때문에 연필과 같이 선이 너무 깔끔하게 떨어지지 않는 질감의 브러시를 사용하는 것을 추천드립니다.

03 이제 본격적으로 스케치를 해보겠습니다. ❶ 레이어 ⬛를 선택하고 ❷ 새로운 레이어[+]를 선택해 새 레이어를 만듭니다. ❸ **1차 스케치**로 이름을 변경합니다. 이때 새 레이어가 그룹 안에 속하지 않도록 주의합니다.

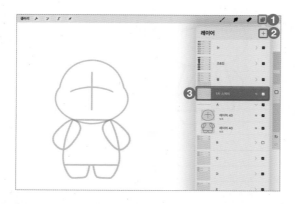

얼굴 그리기

04 얼굴 중앙에 위치한 십자선을 참고하여 이목구비와 전체적인 얼굴 형태를 그려보겠습니다. ❶ 십 자선 위에 눈, 코, 입을 그려줍니다. 이때 미간이나 중안부 길이 등을 고려하여 여러 형태로 그려봅니 다. ❷ 원하는 인상에 가까워지면 동물의 양쪽 귀 사이의 넓이를 그려줍니다. ❸ 한쪽 귀를 그리고 ❹ 반대쪽 귀를 그립니다. 전체적인 얼굴의 형태를 마무리합니다.

05 얼굴 형태를 다 그렸다면 이목구비와 얼굴의 균형을 확인합니다. 코알라의 이목구비가 얼굴에 비 해 작은 듯해서 조금만 더 키우고 살짝 위를 보는 듯한 느낌을 주겠습니다. ❶ 선택 ⌐을 선택하고 ❷ 옵션창에서 [올가미]를 선택합니다. ❸ 이목구비가 포함되도록 드래그합니다. ❹ 변형 ✓을 선택하고 ❺ 옵션창에서 [균등]을 선택합니다. ❻ 파란색 조절점을 이용하여 이목구비의 크기를 키워줍니다. ❼ 다음과 같이 이목구비의 위치를 옮겨 코알라가 살짝 위를 쳐다보는 느낌을 표현합니다.

TIP 이목구비뿐만 아니라 귀의 형태나 얼굴형 등 다시 그리기 힘든 부분들은 선택 ⌐과 변형 ✓을 적절히 활용하면 손쉽게 수정할 수 있습니다.

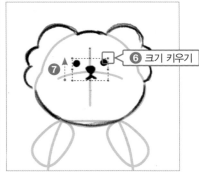

비율에 맞게 변형하기

꼭 가이드를 따라 할 필요는 없습니다. 내가 원하는 형태를 자유롭게 그려보는 것도 감을 익히는 데 매우 좋습니다. 가이드와 다른 형태로 그려나가다가 초기에 설정한 비율보다 크기가 작아졌거나 커졌다면 원래 설정해둔 비율에 맞도록 변형 ✐ 을 활용해 조절합니다.

아래의 두 이미지를 확인합니다. 왼쪽 이미지는 초기에 설정한 얼굴 비율보다 토끼의 얼굴을 작게 스케치한 모습입니다. 이때는 오른쪽 이미지와 같이 변형 ✐ 을 사용하여 초기에 설정한 얼굴 비율대로 다시 토끼의 얼굴을 키워주면 가이드대로 재설정해서 진행할 수 있습니다.

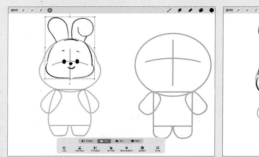 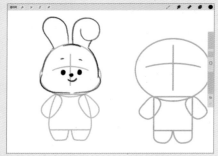

몸통 그리기

06 얼굴 구상을 마쳤다면 이어서 몸통을 그려보겠습니다. ❶ 한쪽 팔다리를 먼저 그리고 ❷ 반대쪽 팔다리를 그립니다.

TIP 처음부터 좌우 대칭을 맞춰서 그리려고 하면 어렵습니다. 2차 스케치를 할 때 새로운 툴을 활용해 대칭을 맞추는 작업을 할 것입니다. 따라서 1차 스케치를 할 때는 대칭을 의식하지 않고 부담 없이 그립니다.

두부작가의 꼼꼼한 NOTE 몸통 완성하기

몸통을 그릴 때도 꼭 가이드에 맞춰서 할 필요는 없습니다. 내가 원하는 형태로 변형해서 몸통을 그려봅니다. 특히 손발의 모양을 원형이나 젤리 모양 등으로 조금 더 귀엽게 표현해봅니다. 가랑이를 더 길게 그려서 다리를 길어 보이게 만들 수도 있습니다. 가이드에 나만의 디테일을 더해준다고 생각하며 작업합니다.

젤리 손발 디테일 | 원형 손발 디테일 | 유선형의 손발 디테일

07 [A] 그룹의 체크 박스를 선택해 가이드를 숨깁니다. 1차 스케치를 확인합니다. 조금은 엉성해 보이지만 캐릭터의 형태를 갖추었습니다. 처음부터 완벽하게 그리려고 하면 작업 과정이 고되고 지루해질 수 있습니다. 1차 스케치는 부담 없이 편안하게 그립니다.

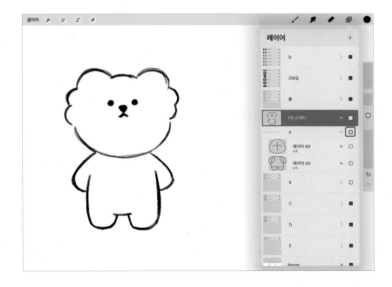

2차 스케치하기

08 1차 스케치를 바탕으로 2차 스케치를 하겠습니다. ❶ [A] 그룹의 체크 박스를 선택하고 다시 가이드를 보이게 합니다. ❷ [1차 스케치] 레이어의 [불투명도]를 **30%**로 조절합니다. ❸ 새로운 레이어 [+]를 선택해 새 레이어를 만들고 ❹ **2차 스케치**로 이름을 입력합니다.

TIP 2차 스케치는 1차 스케치를 보완한다고 생각하고 그립니다. 예를 들어, 눈이 너무 작은 것 같으면 눈을 크게, 턱이 너무 긴 것 같으면 턱을 줄여서 그려주는 식으로 수정합니다. 형태적인 부분의 디테일들을 조금씩 수정하면 1차 스케치보다는 훨씬 자연스러운 이미지가 됩니다. 좌우 대칭이 맞지 않은 캐릭터는 어색하고 엉성해 보입니다. 이 부분은 다음 과정을 참고하여 그리기 도우미(대칭) 툴을 사용해 2차 스케치를 진행해봅니다.

09 ❶ 동작 🔧을 선택하고 [캔버스]를 선택해 ❷ [그리기 가이드]의 토글을 켜줍니다. ❸ [그리기 가이드 편집]을 선택해 그리기 가이드 편집 모드로 들어갑니다.

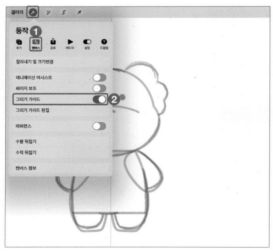 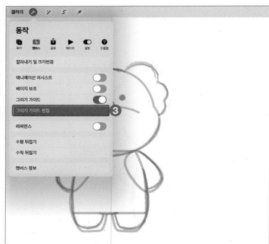

10 그리기 가이드에는 2D격자부터 대칭까지 4가지의 옵션이 있습니다. ❶ [대칭]을 선택합니다. ❷ 캔버스 중앙에 대칭의 기준이 되는 직선이 표시됩니다. 선 중앙에 있는 파란색 조절점을 캐릭터의 중앙으로 옮깁니다. ❸ [완료]를 선택합니다. ❹ [2차 스케치] 레이어를 선택했을 때 [그리기 도우미]가 체크되어 있고 ❺ 레이어 이름 아래에 '보조' 표시가 나타나면 잘 적용된 것입니다.

TIP 그리기 가이드 선의 파란색 조절점은 대칭의 기준이 되는 선을 움직일 때 사용하고, 초록색 조절점은 선의 기울기를 조절할 때 사용합니다. 레이어를 확인했을 때 '보조' 표시가 나타나도 [그리기 도우미]가 체크되어 있지 않다면 툴이 정상적으로 작동되지 않습니다. 그리기 도우미를 사용하고 싶지 않다면 레이어를 선택하고 [그리기 도우미]를 선택해 체크를 해제합니다. 그리기 가이드 선을 숨기고 싶다면 다시 동작 🔧 을 선택하고 [캔버스]를 선택해 [그리기 가이드]의 토글을 끕니다.

11 1차 스케치를 한 후에 보완하고 싶은 부분을 변형 툴로 수정하겠습니다. 예제의 경우 코알라의 다리가 조금 더 짧으면 귀여울 것 같다는 생각을 했습니다. 다리 비율을 조금만 더 줄이겠습니다. [A] 그룹과 [1차 스케치] 레이어를 다중 선택합니다. ❶ 선택 🅢 을 선택하고 ❷ 옵션창에서 [올가미]를 선택합니다. ❸ 하체 부분을 드래그합니다. 하체의 세로 길이만 줄일 것이므로 ❹ 변형 🔧 을 선택하고 옵션창에서 ❺ [자유형태]를 선택합니다. ❻ 파란색 조절점을 움직여 세로 길이만 줄여줍니다.

❸ 드래그

❻ 크기 줄이기

12 이제 2차 스케치를 해보겠습니다. 1차 스케치를 바탕으로 보완할 부분을 생각하며 새롭게 그립니다. ❶ [2차 스케치] 레이어를 선택하고 ❷ 먼저 이목구비를 그려줍니다. ❸ 이어서 얼굴과 몸통 순서로 외곽을 따라 스케치합니다.

볼 터치 및 디테일을 더해 마무리하기

13 볼 터치와 디테일을 넣어 입체감을 더해준 후 수정할 부분은 보완해서 마무리하겠습니다. ❶ [1차 스케치] 레이어와 [A] 그룹의 체크 박스를 선택해 숨깁니다. ❷ [볼] 그룹에서 원하는 볼 터치 레이어를 선택합니다. ❸ 변형 ↗ 을 선택하고 ❹ 원하는 위치로 볼 터치를 옮깁니다.

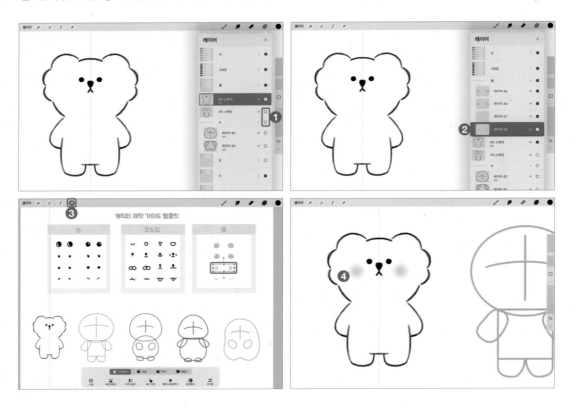

14 디테일을 더하고 싶은 부분과 수정하고 싶은 부분을 확인하고 그리기 가이드 기능을 해제하여 마무리하겠습니다. ① [2차 스케치] 레이어를 선택하고 ② [그리기 도우미]를 선택해 체크를 해제합니다. ③ 동작 🔧을 선택하고 [캔버스]를 선택해 ④ [그리기 가이드]의 토글을 끕니다.

 두부작가의 꼼꼼한 NOTE **캐릭터의 얼굴과 몸통, 따로 또 함께!**

캐릭터 얼굴과 몸통의 연결 유무에 따라 이미지가 많이 달라지기도 합니다. 얼굴과 몸통을 선으로 구분해서 완전히 분리된 형태처럼 보이게 할 수도 있고, 턱에 살짝 선을 잡아줘서 경계만 표시할 수도 있습니다. 혹은 구분선 없이 얼굴과 몸통을 연결할 수도 있습니다. 구분선에 따른 캐릭터의 변화를 이해하고 이후 상황에 맞춰서 선을 가감해줍니다.

1차 스케치와 2차 스케치를 비교해보면 2차 스케치가 캐릭터의 완성도가 높고 자연스러운 것을 확인할 수 있습니다. 따라서 1차 스케치에서 완벽하게 하려고 너무 많은 에너지를 소비하지 말고 차차 수정해나간 다는 생각으로 편하게 구상합니다. 이 책에서는 2차 스케치 과정까지 다루었지만 필요하다면 4~5차 스케치까지 진행해도 됩니다. 스케치를 수정해나가면서 원하는 방향으로 구상해봅니다.

1차 스케치   2차 스케치

턴어라운드 시트 제작하기

캐릭터 턴어라운드는 캐릭터의 전신 정면을 기준으로 정면, 반측면, 측면, 후면 등 총 네 가지의 포즈를 그려서 캐릭터의 입체적인 모습을 구상하는 작업입니다. 이 턴어라운드는 추후에 캐릭터를 저작권에 등록할 때 제출하기도 합니다. 응용 포즈 등 캐릭터를 활용해 도안을 만들 때도 계속해서 사용하기 때문에 얼굴, 몸통, 팔, 다리 등 형태별로 비율을 알아볼 수 있는 특별 가이드 선까지 추가해서 시트의 형태로 제작해보겠습니다.

정면 캐릭터 제작하기

앞서 그린 2차 스케치를 기반으로 정면, 반측면, 측면, 후면의 총 네 가지 포즈의 캐릭터를 제작하겠습니다. 모든 포즈는 정면을 기반으로 얼굴, 몸통 레이어를 분리하고 형태별로 비율을 알아볼 수 있는 특별 가이드 선을 추가해 제작하겠습니다.

01 최종 스케치 캐릭터를 새로운 캔버스로 옮겨 턴어라운드 시트를 제작해보겠습니다. ❶ 최종 스케치인 [2차 스케치] 레이어를 선택합니다. ❷ [복사하기]를 선택합니다.

02 왼쪽 상단의 [갤러리]를 선택해 프로크리에이트의 갤러리 화면으로 이동합니다. ❶ 새로운 캔버스 ➕를 선택하고 ❷ [사용자지정 캔버스]를 선택해 스크린 크기의 새 캔버스를 만듭니다. ❸ 동작 🔧을 선택하고 [추가]–[붙여넣기]를 선택합니다.

03 2차 스케치 캐릭터가 새 캔버스로 이동했습니다. 한 캔버스 안에 정면, 반측면, 측면, 후면까지 총 네 가지의 포즈를 배치할 것이므로 정면 캐릭터를 맨 왼쪽으로 옮기겠습니다. ❶ 변형 🔧을 선택하고 ❷ 캐릭터를 선택해 캔버스의 왼쪽 가장자리 중앙으로 옮깁니다. ❸ 옵션창에서 [스냅] 및 [자석] 토글을 켜주면 더욱 편리하게 이동할 수 있습니다. ❹ 선택 🔧을 선택하고 ❺ 옵션창에서 [올가미]를 선택합니다. ❻ 얼굴에 해당하는 부분만 드래그하고 ❼ 세 손가락으로 화면을 위에서 아래로 쓸어내립니다. ❽ [복사 및 붙여넣기] 패널에서 [자르기 및 붙여넣기]를 선택합니다.

두부작가의 꼼꼼한 NOTE | 세 손가락 쓸기 기능

세 손가락으로 화면을 쓸어내렸을 때 [복사 및 붙여넣기] 패널이 나타나지 않는다면 동작 🔧 을 선택하고 [설정]–[제스처 제어]를 선택합니다. [복사 및 붙여넣기]를 선택하고 [세 손가락 쓸기]의 토글을 켜줍니다.

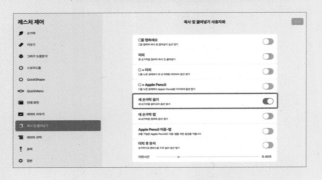

04 이제 시트를 활용도 높게 사용하기 위해서 시트마다 얼굴, 몸통 레이어를 분리하고 레이어별로 가이드를 그려주겠습니다. ❶ [레이어] 패널을 확인하면 선택한 얼굴 부분만 기존의 레이어에서 분리된 것을 확인할 수 있습니다. ❷ 분리된 레이어의 이름을 각각 **얼굴**, **몸통**으로 변경하고 ❸ [얼굴] 레이어를 선택합니다. ❹ 색상 ● 을 선택하고 [색상] 패널에서 ❺ 눈에 띄는 색을 선택합니다. 여기서는 빨간색을 선택했습니다.

05 가이드 선의 역할은 캐릭터의 얼굴, 몸통의 관절을 정확하게 보고 이해하기 위한 용도입니다. 따라서 생략된 캐릭터의 관절을 구분해주는 구분선으로 이해합니다. ❶ 캐릭터의 얼굴과 몸통의 경계 부분에 선을 그어줍니다. ❷ 이어서 [몸통] 레이어를 선택하고 ❸ 팔다리와 몸통의 경계를 구분한다는 생각으로 선을 그어줍니다. ❹ 팔의 온전한 부피까지 가늠해 선을 그어줍니다. ❺ 얼굴과 몸통의 가이드 작업이 끝나면 그룹으로 묶고 **정면**으로 이름을 입력합니다.

두부작가의 꼼꼼한 NOTE ── **가이드(구분선)를 정확하게 그리는 방법** ──────────────────○

❶ 가이드 선은 캐릭터의 스케치와 구분되도록 빨간색과 같이 눈에 잘 띄는 선명한 색으로 그립니다.

❷ 가이드 선은 실제 캐릭터의 형태가 아닌 캐릭터의 관절, 형태를 가늠하기 위한 참고용임을 이해하고 그립니다.

❸ 얼굴의 가이드 선은 예제처럼 몸통과의 경계선이 없는 경우에만 추가합니다.

❹ 몸통의 가이드 선은 팔다리를 제외한 몸통에 해당하는 부분에만 경계를 그립니다.

❺ 팔다리는 몸통과 무관하게 팔다리 자체의 부피감 전체를 생각하며 경계를 나눕니다.

06 캐릭터 턴어라운드는 제자리에서 캐릭터가 회전하는 것처럼 옆모습과 뒷모습을 만들기 때문에 높이가 변하지 않도록 수평으로 작업하는 것이 중요합니다. 수평선을 그어주겠습니다. [정면] 그룹 위에 새 레이어를 만듭니다. ❶ 캐릭터의 머리 높이에 맞춰 선을 긋고 펜슬을 떼지 않고 잠시 기다립니다. 이때 한 손가락을 화면에 함께 터치하면 수평선으로 바뀝니다. ❷ 직선이 그려진 레이어를 복제하고 ❸ 변형 ↗을 선택한 후 ❹ 옵션창에서 [스냅]을 선택합니다. ❺ [자석] 토글을 켜고 캐릭터의 머리 위에 그린 선을 아래로 이동합니다. ❻ 다음과 같이 중요한 형태에 맞춰 수평선을 배치합니다.

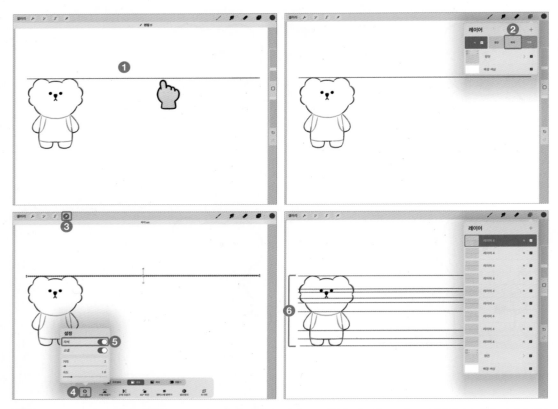

TIP 한곳에 서 있는 캐릭터가 왼쪽으로 조금씩 회전하는 모습을 사진으로 분할해 찍는다는 느낌으로 작업합니다. 같은 자리에 서서 회전하는 것이므로 높이는 변하지 않습니다. 반측면부터는 정면과 달리 입체감이 드러나야 자연스럽기 때문에 약간의 원근감과 부피감을 생각하며 작업합니다.

07 배치한 수평선을 가이드로 삼아 반측면, 측면, 후면 작업을 해보겠습니다. ❶ 추가한 여러 개의 수평선 레이어를 손가락으로 꼬집는 것처럼 모아 병합합니다. ❷ 작업에 방해되지 않도록 [불투명도]를 **30%**로 조절합니다. ❸ [정면] 그룹을 복제하고 **반측면**으로 이름을 변경합니다. ❹ 변형 ↗을 선택하고 옵션창에서 [스냅]을 선택합니다. ❺ [자석] 토글을 켜고 정면 캐릭터와 겹치지 않게 오른쪽으로 이동합니다.

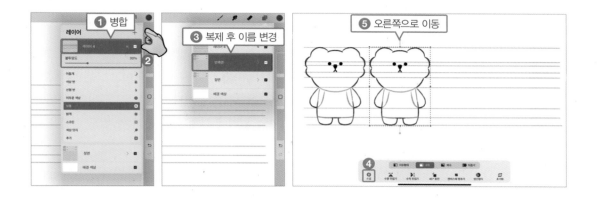

08 최대한 캐릭터의 이미지와 형태를 비슷하게 유지하면서 입체적으로 구상하기 위해서 [반측면] 그룹을 조금씩 변형한 후에 다시 형태를 그려나가는 식으로 진행하겠습니다. ❶ [반측면] 그룹에서 [얼굴] 레이어를 선택합니다. ❷ 선택 🄢 을 선택하고 ❸ [올가미]를 선택해 ❹ 이목구비만 포함되도록 드래그합니다. ❺ 변형 ⤢ 을 선택하고 이목구비를 왼쪽으로 조금만 옮깁니다. ❻ 다음 작업에 방해되지 않도록 [얼굴] 레이어의 불투명도를 줄이고 ❼ [반측면] 그룹 안에 새 레이어를 추가합니다.

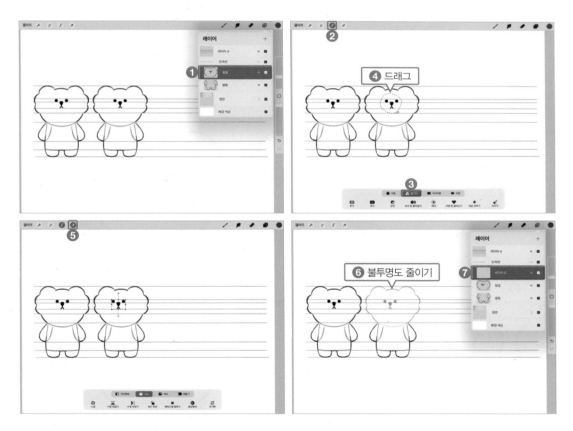

반측면 캐릭터 제작하기

09 정면에서 반측면으로 시점이 바뀌면서 생기는 원근감과 입체감을 반영해 전반적인 형태를 수정하겠습니다. 왼쪽으로 살짝 돌면서 왼쪽 형태는 오른쪽에 비해 상대적으로 작게 보이고 오른쪽의 형태는 왼쪽보다 더 많이 보여야 합니다. ❶ 왼쪽 눈은 정면에서 보이는 눈보다 조금 작게 그리되 너무 큰 차이가 나지 않게 그립니다. ❷ 오른쪽 눈은 원래의 크기와 위치에 그립니다. ❸ 코와 입도 시점을 반영해 왼쪽은 조금 작고 짧게 그려 이목구비를 완성합니다.

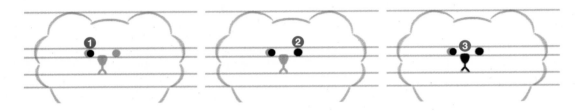

10 이제 얼굴의 나머지 형태를 수정해보겠습니다. ❶ [얼굴] 레이어의 불투명도를 **100%**로 조절하고 얼굴형만 남기고 이목구비를 지웁니다. ❷ **09**에서 그린 이목구비 레이어와 얼굴형만 남아 있는 레이어를 병합합니다. ❸ 선택 ⑤을 선택하고 ❹ [올가미]를 선택해 왼쪽 귀를 드래그합니다. ❺ 변형 ↗을 선택하면 선택한 왼쪽 귀에 변형 상자가 나타납니다. ❻ 노란색 조절점을 회전해서 변형하고자 하는 형태의 기준을 정확하게 설정합니다.

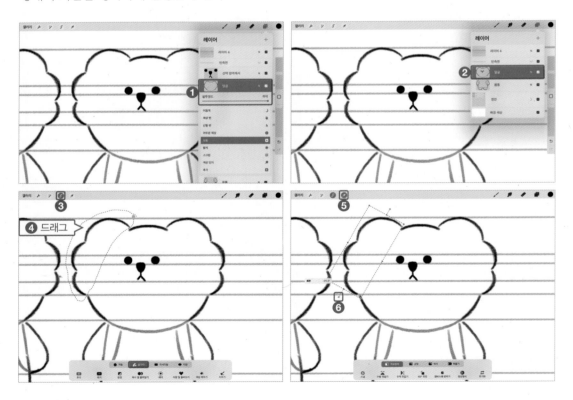

11 ① 같은 방법으로 왼쪽 얼굴 부분의 면적도 조금만 줄입니다. ② 이번에는 [몸통] 레이어를 선택합니다. ③ 선택 🅢 을 선택하고 [올가미]를 선택해 ④ 왼쪽 팔의 라인이 포함되도록 드래그합니다. ⑤ 변형 ⬈ 을 선택하고 조절점으로 원하는 만큼 크기나 부피를 줄여서 자연스럽게 만듭니다.

올가미 툴을 활용해 영역을 지정할 때 주의할 점

선택 🅢 을 선택하고 옵션창에서 [올가미]를 선택해 원하는 부분을 드래그하면 영역이 지정됩니다. 수강생이 가장 어려워하는 부분이 캐릭터의 팔만 영역을 지정하는 것입니다. 영역을 지정할 때는 팔의 형태를 지정하는 것이 아니라 팔의 형태에 해당하는 라인만 따라서 선택해야 합니다. 즉, 몸통 가이드 선을 함께 선택하지 않도록 주의합니다.

변형 ⬈ 으로 형태를 수정할 때 보통 옵션창의 네 가지 옵션 중 자유형태와 균등을 가장 많이 선택합니다. 비율을 유지하면서 조절할 때는 [균등]을 선택하고, 내가 원하는 비율로 조절할 때는 [자유형태]를 선택합니다. 가로 폭만 줄이거나 세밀하게 비율을 조절해야 하는 경우에는 [자유형태]를 선택하고 작업합니다.

12 이제 오른쪽의 전반적인 형태를 수정해보겠습니다. ❶ 선택 🖊 을 선택하고 [올가미]를 선택해 ❷ 오른쪽 팔의 라인이 포함되도록 드래그합니다. ❸ 변형 🖊 을 선택하고 ❹ 옵션창에서 [수평 뒤집기]를 선택합니다. ❺ 앞서 선택한 오른쪽 팔이 수평으로 뒤집힌 것을 확인할 수 있습니다. ❻ 이 상태에서 초록색 조절점을 왼쪽으로 회전해서 팔의 각도를 만들어준 후 오른쪽 어깨에 잘 붙도록 배치합니다.

13 같은 방식으로 왼쪽, 오른쪽 다리를 수정합니다. ❶ [올가미]를 선택하고 ❷ 왼쪽 다리의 라인이 포함되도록 드래그합니다. ❸ 변형 🖊 을 선택하고 ❹ [자유형태]를 선택해 ❺ 가로 폭만 줄입니다. 왼쪽 다리의 수정이 끝나면 ❻ [올가미]를 선택하고 오른쪽 다리의 라인이 포함되도록 드래그합니다. ❼ [자유형태]를 선택해 가로 폭만 늘려서 왼쪽 다리보다는 오른쪽 다리가 더 보이는 느낌으로 수정합니다.

14 마지막으로 반측면 형태에서 조금 더 자연스럽게 다듬어야 할 부분을 수정하고 실제 형태에 해당하는 라인과 가이드 선을 구분해주겠습니다. 실제 형태에 해당하는 라인은 검은색으로, 가이드 선에 해당하는 형태는 빨간색으로 다시 수정합니다.

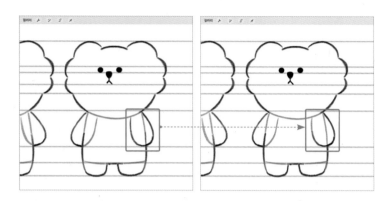

 두부작가의 꼼꼼한 NOTE 　반측면 제대로 확인하기

반측면 형태의 경우 왼쪽 팔은 몸통 뒤로 넘어가서 팔이 반 정도만 보이고 오른쪽 팔은 몸통 위로 올라오면서 팔이 전체적으로 다 보일 때 자연스럽습니다. 또한 팔의 형태를 라인으로만 표현하면 부피감이 줄어들기 때문에 캐릭터에 겨드랑이가 있다고 생각하고 그려줍니다. 왼쪽 팔의 경우 몸통 쪽에 붙어 있는 안쪽은 겨드랑이가 있는 부분까지만 라인을 그리고 바깥쪽은 어깨에 붙도록 그립니다. 오른쪽 팔도 안쪽은 겨드랑이가 있는 부분까지만 표현하고 바깥쪽은 어깨와 붙기 때문에 온전하게 다 그립니다.

가이드 선을 지운 반측면의 실제 형태

측면 캐릭터 제작하기

15 다음으로 측면 시트를 만들어보겠습니다. ❶ [정면] 그룹을 복제합니다. ❷ 변형 ↗ 을 선택하고 다음과 같은 위치로 옮깁니다. ❸ 복제한 그룹을 [반측면] 그룹 위로 옮기고 **측면**으로 이름을 변경합니다.

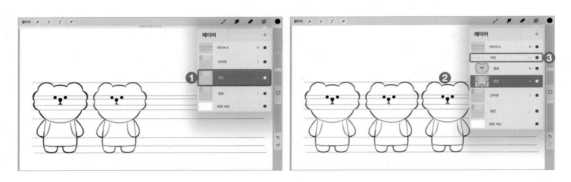

16 이제 정면 시트를 변형해서 측면 시트를 구상하겠습니다. ❶ [측면] 그룹이 선택된 상태에서 변형 ↗ 을 선택하고 ❷ [자유형태]를 선택해 ❸ 가로 폭만 줄입니다. ❹ [측면] 그룹에서 [몸통] 레이어를 선택합니다. ❺ [자유형태]로 몸통의 가로 폭을 조금 더 줄입니다.

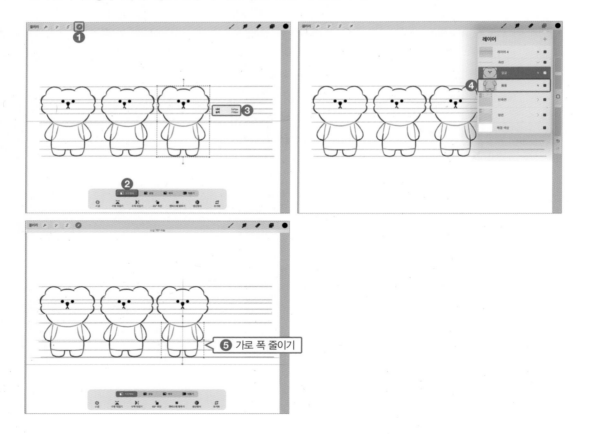

❺ 가로 폭 줄이기

두부작가의 꼼꼼한 NOTE

복제한 정면 시트의 가로 폭만 줄이는 이유

정면에서 측면으로 움직이면 몸의 부피감이 달라집니다. 사람의 경우 정면에 비해 측면은 가로 부피감이 다소 줄어들고 키(높이)는 변하지 않습니다. 얼굴과 옆통수는 가로 부피감이 크게 차이가 나지 않지만 몸통의 경우 가로 부피감이 줄어듭니다. 전체적인 부피감을 줄이고 몸통은 한번 더 줄여줍니다.

17 측면은 정면과는 이미지가 많이 달라지기도 하고 부피감 자체에서 변화가 큽니다. 예제의 캐릭터처럼 얼굴과 귀의 경계선이 없는 경우 형태 가늠이 어려울 수 있습니다. 임시로 가이드 선을 추가합니다. ❶ [측면] 그룹의 [얼굴] 레이어를 선택합니다. ❷ 빨간색으로 얼굴과 귀의 경계선을 임의로 그려줍니다.

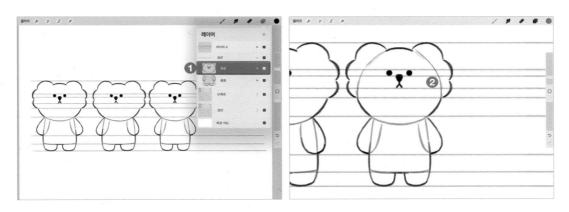

18 정면에서 왼쪽으로 90도 돌아서면 왼쪽에 해당하는 형태는 몸통에 가려져서 대부분 보이지 않게 됩니다. 보통 왼쪽 눈, 귀, 팔은 보이지 않고 코와 입은 반 정도 보이고 귀와 발은 크기와 길이에 따라서 살짝 보입니다. ❶ 먼저 왼쪽 귀와 눈을 지웁니다. ❷ [몸통] 레이어를 선택하고 왼쪽 팔과 다리를 지웁니다.

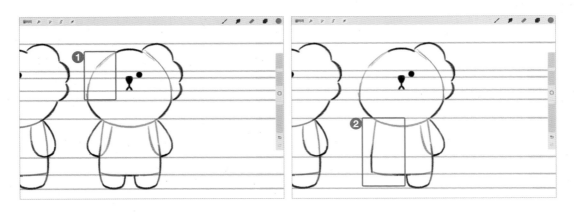

19 몸통에 가려져 보이지 않는 왼쪽 형태를 지웠다면 이제는 얼굴의 오른쪽 형태를 재배치하겠습니다. **❶** [얼굴] 레이어를 선택하고 선택 ⑤ 을 선택한 후 [올가미]를 선택합니다. **❷** 코와 입 부분이 포함되도록 드래그합니다. **❸** 이어서 변형 ↗ 을 선택하고 얼굴의 왼쪽 가장자리로 옮깁니다. **❹ ❺** 같은 방법으로 눈, 귀 등 오른쪽에 있던 형태와 디테일을 얼굴의 중앙 부분으로 옮깁니다.

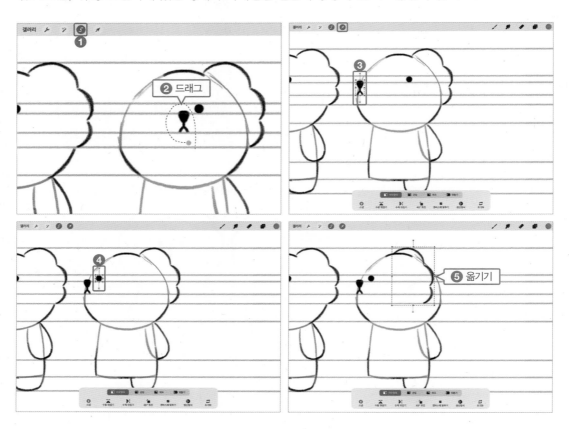

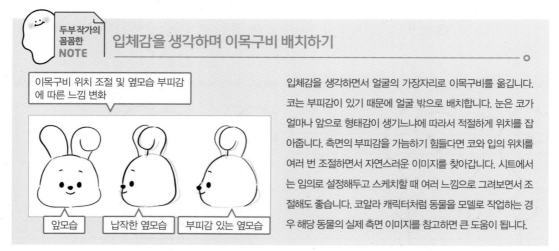

두부 작가의 꼼꼼한 NOTE | **입체감을 생각하며 이목구비 배치하기**

이목구비 위치 조절 및 옆모습 부피감에 따른 느낌 변화

앞모습 / 납작한 옆모습 / 부피감 있는 옆모습

입체감을 생각하면서 얼굴의 가장자리로 이목구비를 옮깁니다. 코는 부피감이 있기 때문에 얼굴 밖으로 배치합니다. 눈은 코가 얼마나 앞으로 형태감이 생기느냐에 따라서 적절하게 위치를 잡아줍니다. 측면의 부피감을 가늠하기 힘들다면 코와 입의 위치를 여러 번 조절하면서 자연스러운 이미지를 찾아갑니다. 시트에서는 임의로 설정해두고 스케치할 때 여러 느낌으로 그려보면서 조절도 좋습니다. 코알라 캐릭터처럼 동물을 모델로 작업하는 경우 해당 동물의 실제 측면 이미지를 참고하면 큰 도움이 됩니다.

20 몸통의 형태도 얼굴과 같은 방법으로 재배치합니다. ❶ [몸통] 레이어를 선택하고 선택 ⑤ 을 선택한 후 [올가미]를 선택합니다. ❷ 팔의 라인이 포함되도록 드래그하고 ❸ 변형 ↗ 을 선택해 ❹ 몸통의 가운데 쪽으로 옮깁니다. ❺ 팔의 형태에 따라 초록색 조절점을 움직여 각도를 조절합니다. 자연스러운 형태로 배치합니다.

21 다리도 팔과 마찬가지로 중앙으로 옮깁니다. ❶ [올가미]를 선택해 ❷ 다리의 라인을 드래그합니다. ❸ 변형 ↗ 을 선택하고 ❹ 다음과 같이 다리를 가운데로 옮깁니다.

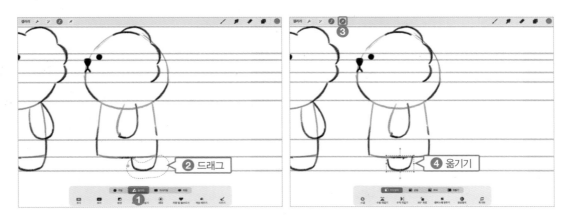

22 이제 변형한 시트를 참고해 캐릭터의 측면 모습을 직접 스케치하겠습니다. ❶ [측면] 그룹의 [몸통] 레이어를 선택합니다. ❷ [불투명도]를 **30%** 이하로 조절합니다. ❸ [측면] 그룹 안에 맨 위로 새로 스케치할 [얼굴]과 [몸통] 레이어를 추가합니다. ❹ 측면 얼굴 외곽에 해당하는 형태를 시작으로 ❺ 눈, 코, 입 등을 [얼굴] 레이어에 그려줍니다. 이때 하단의 시트를 그대로 따라 그리는 것이 아니라 입체감을 넣어서 자연스러운 형태로 다시 그려주는 것이 중요합니다.

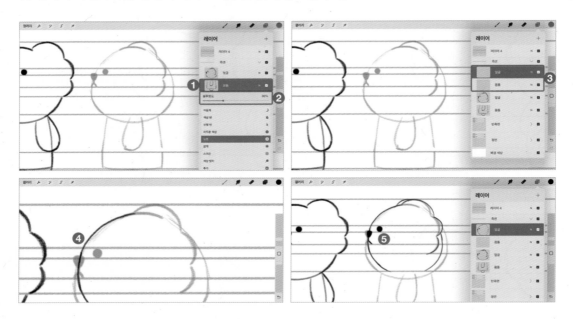

23 이제 몸통을 스케치하겠습니다. ❶ 22에서 새로 만든 [몸통] 레이어를 선택하고 ❷ 측면의 몸통 외곽에 해당하는 형태를 시작으로 다리와 꼬리 등 디테일을 스케치합니다. 몸통의 경우 부피감을 잘 살려주는 것이 중요하며 측면에서만 보이는 디테일이나 형태를 주의해서 그립니다. ❸ 가이드로 그렸던 측면 시트 레이어의 체크 박스를 선택해 숨기고 ❹ 새로 스케치한 측면의 형태를 확인한 후 어색해 보이는 부분이 없도록 다듬습니다.

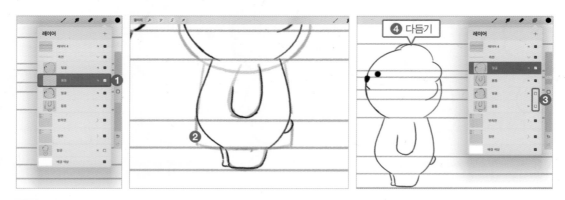

TIP 귀와 다리의 경우 형태에 따라 측면이더라도 반대편 형태가 살짝 보이는 경우가 있습니다. 예제의 이미지처럼 반대편 형태를 살짝 그려주면 보이지 않는 부분에 대한 설명이 되어서 보다 자연스럽게 느낄 수 있습니다.

24 측면의 형태가 완성되었다면 마지막으로 가이드 선을 넣어서 마무리하겠습니다. ❶ ❷ [얼굴], [몸통] 레이어를 각각 선택해서 실제 형태를 제외하고 관절의 구분을 위한 가이드 선을 추가합니다. ❸ 새로 만든 [얼굴], [몸통] 레이어를 제외한 기존에 만들어두었던 [얼굴], [몸통] 시트 레이어는 삭제합니다.

후면 캐릭터 제작하기

25 마지막으로 후면 시트를 만들어주겠습니다. ❶ [정면] 그룹을 복제합니다. ❷ 복제한 그룹을 [측면] 그룹 위로 옮기고 **후면**으로 이름을 변경합니다. ❸ [자석] 토글을 켜고 측면 시트의 오른쪽으로 복제한 시트를 옮깁니다. ❹ [얼굴], [몸통] 레이어에서 정면에 해당하는 디테일은 지워주고 ❺ 꼬리나 무늬 등 더해줘야 하는 디테일은 추가합니다.

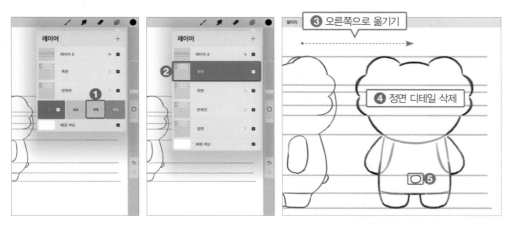

TIP 정면 시트를 완전한 정면이 아닌 약간 측면으로 돌아선 모습으로 그린 캐릭터의 경우라면, 후면 시트를 수평 뒤집기를 사용해서 한번 더 돌아선 느낌으로 만들어줍니다.

PNG 파일로 저장하기

26. 완성한 캐릭터 시트를 배경이 투명한 PNG 파일로 저장하겠습니다. ❶ 가이드 선 레이어를 숨기고 정면부터 후면까지 다듬어야 할 부분이 없는지 확인합니다. ❷ [레이어] 패널에서 [정면] 그룹의 [얼굴] 레이어를 제외한 모든 레이어의 체크 박스를 선택해 해제합니다. ❸ 동작 🔧 을 선택하고 ❹ [공유]-[PNG]를 선택합니다. ❺ [이미지 저장]을 선택합니다. 저장한 이미지는 아이패드의 [사진]에 저장됩니다.

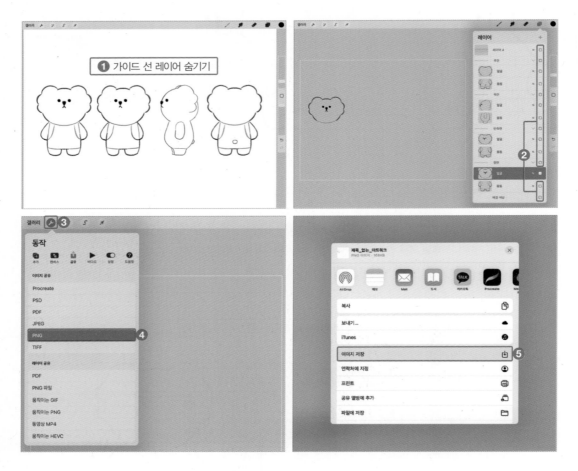

27 같은 방식으로 모든 캐릭터 시트를 PNG 파일로 저장합니다. 이때 모든 시트는 반드시 얼굴만 저장을 따로 하고 얼굴과 몸통이 함께 있는 형태도 따로 저장합니다. 오른쪽 그림처럼 정면, 반측면, 측면, 후면 모습을 각각 얼굴, 얼굴과 몸통으로 잘 분리해서 아이패드의 [사진]에 저장합니다.

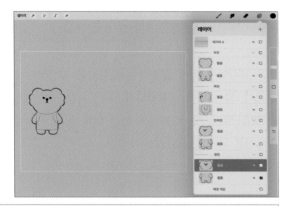

981장의 사진, 62개의 비디오

두부작가의 꼼꼼한 NOTE

PNG 파일로 저장해야 하는 이유

제작한 캐릭터 시트는 앞으로 캐릭터를 활용한 모든 그림의 기반이 될 예정입니다. 따라서 시트를 잘 활용하기 위해서는 배경이 투명한 상태여야 제한 없이 활용할 수 있습니다. 만약 JPG(배경이 있는 파일)로 저장하게 될 경우 배경 때문에 시트를 다양하게 활용할 수 없습니다. 두 파일의 차이는 선택 ⑤ 툴을 활용해 바로 확인할 수 있습니다. 선택 ⑤ 을 선택하고 레이어를 선택하면 배경이 없는 PNG 파일은 캐릭터 형태 자체가 영역으로 선택됩니다. 반면, JPG 파일은 배경도 함께 선택되어서 캐릭터를 수정하고 싶을 때 활용하기가 어려운 것을 알 수 있습니다.

PNG 파일로 저장해 캐릭터만 선택된 모습   JPG 파일로 저장해 배경이 선택된 모습

캐릭터에 어울리는 색을 정하는 방법

색은 그림에 있어서 전체적인 분위기를 결정하는 아주 중요한 요소입니다. 색에 따라서 캐릭터의 성격, 분위기, 인상 등이 결정됩니다. 색은 처음 정한 메인 컬러로 꼭 작업해야 하는 것은 아닙니다. 상황에 따라 색을 변경하면 캐릭터의 기분 변화 등을 표현할 수 있습니다. 코알라 캐릭터와 어울리는 색을 찾아 캐릭터를 완성하겠습니다.

TIP ▶ 캐릭터 색 정하기 및 채색하기의 전반적인 내용은 **PART 04**의 **Chapter 01** 색상 고민은 이제 그만! 예쁜 색만 골라서 쉽게 채색하지(164쪽)와 연결되어 있습니다. 해당 내용을 함께 학습한 후 캐릭터 색을 정하는 것을 추천합니다.

메인 컬러 정하기

메인 컬러는 캐릭터 전신의 60~70% 정도의 비율을 차지하는 색을 말합니다. 사람이라면 피부, 동물이라면 전체적인 털 색상이라고 할 수 있습니다. 서브 컬러가 없는 경우 형태를 표현하는 라인이나 이목구비를 제외한 전반적인 색을 메인 컬러로 정합니다.

메인 컬러를 정하는 두 가지 방법에 대해서 소개하겠습니다.

첫째, 캐릭터의 모델이 되는 동물(사물)의 색 혹은 의미가 담긴(좋아하는) 색으로 메인 컬러의 후보군을 정합니다. 캐릭터의 메인 컬러는 보통 실제 동물의 색을 참고하거나 본인이 좋아하는 색이나 특정 색에 의미를 부여해서 정하면 쉽게 작업할 수 있습니다.

예제 캐릭터의 경우 실제 코알라의 색상을 참고한 베이지색 계열의 회색을 메인 컬러의 후보군으로 정했습니다.

#cdc3c0

둘째, 메인 컬러의 후보군을 정하고 나면 비슷한 컬러를 나열해서 비교합니다. 예를 들어, 립스틱을 구매할 때 '하늘 아래 같은 분홍색은 없다'라는 말이 있습니다. 얼핏 보면 같은 분홍색으로 보여도 비교해보면 각기 다른 분홍색이라는 말입니다. 이처럼 비슷한 색상도 채도와 명도에 조금만 차이를 주면 각기 다른 느낌과 인상을 표현할 수 있습니다. 따라서 먼저 메인 컬러와 비슷한 컬러를 고른 후 비교해보고 가장 어울리는 색으로 메인 컬러를 정합니다.

예제 캐릭터의 경우 메인 컬러의 후보군이었던 베이지색 계열의 회색에서 채도와 명도를 조금씩 조절했습니다. 총 세 개의 후보군을 나열한 모습입니다. 이 중 세 번째 컬러(e0d1ca)를 메인 컬러로 결정합니다.

#cdc3c0   #eddfd5   #e0d1ca

서브 컬러 정하기

서브 컬러는 캐릭터의 메인 컬러를 제외한 컬러입니다. 무늬가 있는 동물의 경우 전체적인 털 색상을 제외한 무늬의 색이 서브 컬러가 될 수 있습니다. 특정 복장이나 사물 등을 지니고 있는 경우 해당 형태도 서브 컬러로 정합니다.

서브 컬러를 정하는 두 가지 방법에 대해서 소개하겠습니다.

첫째, 메인 컬러와 비슷한 채도와 명도의 값을 가지고 있는 다른 색상의 컬러로 서브 컬러를 정하는 방법입니다. 유사색을 활용해 서로 잘 어울리는 색 조합을 만들 수 있습니다. 무난하게 어울리는 느낌을 낼 수 있습니다.

예제 캐릭터의 경우 앞서 메인 컬러로 선정한 색(#e0d1ca)과 비슷한 톤 내에서 서브 컬러를 정했습니다. 캐릭터의 콘셉트를 '요리하는 코알라'로 정해 복장에 해당하는 색을 서브 컬러로 했습니다. 모두 다른 색이지만 메인 컬러의 톤에서 크게 벗어나지 않는 톤으로 구성한 모습입니다.

TIP 서브 컬러에 무채색(흰색, 회색, 검은색) 계열의 색을 사용하면 어느 배색이든 상관없이 잘 어울리는 색 조합을 구성할 수 있습니다.

둘째, 메인 컬러와 대비되는 색으로 변화를 줍니다. 메인 컬러와 대비되는 보색을 서브 컬러로 정하는 방법입니다. 한눈에 들어오는 색 조합이기 때문에 명쾌하고 매력적인 느낌을 낼 수 있습니다. 서브 컬러가 여러 색일 경우 보색뿐만 아니라 유사색도 함께 사용하면 폭넓게 색을 조합할 수 있습니다.

예제 캐릭터의 경우 메인 컬러로 선정한 색(#e0d1ca)과 대비되는 색상, 즉 보색을 위주로 서브 컬러를 정했습니다. 무채색과 함께 구성해서 색이 너무 과하지 않되 대비가 눈에 잘 들어오도록 색 조합을 구성 했습니다. 비슷한 톤과 달리 조금 더 명확한 느낌을 줄 수 있습니다.

 두부작가의 꼼꼼한 NOTE | **캐릭터 배색이 중요한 이유**

생각보다 어려운 캐릭터 배색, 이쯤되면 이런 생각이 들 수 있습니다. "그냥 아무 색이나 원하는 색으로 하면 안 되나요?" 하나의 작품(그림)은 라인, 색상, 구도 등 다양한 요소로 이루어져 있지만 이 중에서 가장 중요한 것을 꼽으라고 하면, 색상이라고 해도 과언이 아닙니다. 색상은 그림에서 결정적으로 중요한 역할을 합니다. 예제의 이미지와 같이 서로 조화로운 색을 사용했을 때의 캐릭터 분위기와 배색을 느껴봅니다. 또, 아무 색이나 섞어서 구성했을 때의 느낌은 어떤가요? 캐릭터 자체가 주는 분위기나 안정감, 감성이 완전히 다르게 느껴지는 것을 확인할 수 있습니다. 따라서 캐릭터의 아이덴티티, 더 나아가서 브랜드 이미지까지 좌우할 수 있는 캐릭터 색상의 경우 배색을 고려하면서 신중하게 결정하는 것을 추천합니다.

캐릭터 배색이 어울리는 모습

캐릭터 배색이 어울리지 않는 모습

캐릭터 채색하고 컬러 팔레트 만들기

앞서 선정한 메인 컬러와 서브 컬러를 사용해서 캐릭터를 채색해보겠습니다. 특히 캐릭터 색상의 경우 자주 사용할 것이므로 팔레트에 저장해두고 편리하게 사용하는 법을 알아보겠습니다.

기본 채색하기

01 캐릭터의 기본이 되는 정면 전신 시트를 불러와 라인부터 채색까지 순차적으로 캐릭터를 채색해 보겠습니다. 스크린 크기의 새 캔버스에서 ❶ 동작 🔧을 선택하고 ❷ [추가]-[사진 삽입하기]를 선택합니다. ❸ 캔버스에 정면 전신 시트를 불러옵니다.

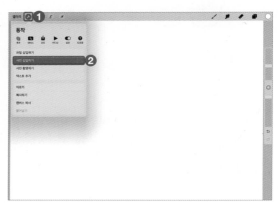
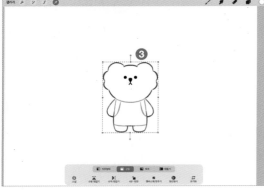

02 먼저 캐릭터의 외형에 해당하는 라인을 그려주겠습니다. ❶ [레이어] 패널에서 정면 전신 시트 레이어의 [불투명도]를 **30%**로 조절합니다. 라인 드로잉에 방해 받지 않을 정도의 투명도입니다. ❷ 이어서 [레이어] 패널 맨 위에 라인 드로잉을 진행할 새 레이어를 추가합니다. ❸ 캐릭터의 외형을 따라 라인을 그립니다. 브러시는 내가 진행하고 싶은 질감의 브러시를 선택해서 진행합니다. 여기서는 [매끈 브러시]를 사용했습니다.

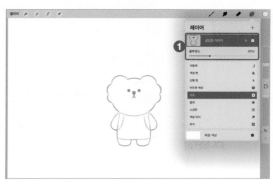

03 다음으로 채색을 진행하겠습니다. 가장 기본적인 방법인 컬러 드롭으로 진행하며, 채색을 다르게 하고 싶은 부분별로 레이어를 생성해서 작업하겠습니다. ❶ 캐릭터의 라인 드로잉을 마쳤다면 정면 시트 레이어(삽입한 이미지)의 체크 박스를 선택해 숨깁니다. ❷ 라인을 그린 레이어 아래에 채색을 진행할 새 레이어를 추가합니다.

04 ❶ 색상●을 선택하고 ❷ [색상] 패널에서 원하는 색을 선택합니다. 예제에서는 캐릭터의 메인 컬러로 사용할 색(#e0d1ca)을 선택했습니다.

05 ❶ 캐릭터의 메인 컬러로 다음과 같이 캐릭터의 윤곽선 안쪽을 빈틈 없이 그립니다. ❷ 색상 ● 을 캐릭터 안쪽으로 드래그하여 색을 채웁니다.

06 다른 부분도 앞선 과정과 동일하게 레이어를 추가해가며 채색합니다. ❶ 라인을 그린 레이어 아래에 새 레이어를 추가합니다. ❷ 먼저 허리 부분 안쪽을 원하는 색으로 빈틈 없이 그립니다. ❸ 색상 ● 을 허리 안쪽으로 드래그하여 색을 채웁니다.

07 이렇게 다른 부분도 채색을 진행합니다. 추후에 다양한 채색법을 적용할 때 가장 기본이 되는 것이 레이어의 분리입니다. 예제처럼 레이어를 분리해서 작업하는 연습을 꾸준히 합니다.

캐릭터 컬러 팔레트 만들기

08 앞에서 사용한 캐릭터의 메인 컬러와 서브 컬러의 팔레트를 만들어보겠습니다. 컬러 팔레트로 캐릭터의 색을 저장하면 언제든지 필요할 때 사용할 수 있습니다. ❶ 색상 ●을 선택하고 ❷ [색상] 패널 하단의 [팔레트]를 선택합니다. ❸ 새로운 팔레트[+]를 선택하면 나타나는 [새로운 팔레트 생성]을 선택하면 ❹ 빈 팔레트가 새로 생성됩니다. ❺ 이어서 캐릭터의 메인 컬러를 스포이드로 추출한 후 ❻ 팔레트의 첫 번째 칸을 선택하면 해당 색이 저장됩니다.

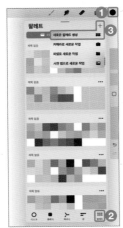

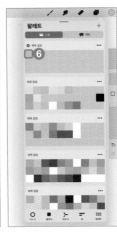

09 ① 같은 방식으로 서브 컬러 등 캐릭터 컬러에 해당하는 색을 순차적으로 팔레트에 저장합니다.
② 저장이 끝나면 [제목 없음]을 선택하고 원하는 이름으로 팔레트 이름을 정합니다. 이 작업까지 마치고 나면 [색상] 패널에서 다른 모드를 사용할 때도 내가 저장한 팔레트의 색 중 하나를 선택하면 바로 해당 팔레트가 열립니다. 자주 사용하는 색을 모아둔 팔레트가 열리므로 편리하게 캐릭터를 채색할 수 있습니다.

 두부작가의 꼼꼼한 NOTE **흰색의 캐릭터나 사물을 칠할 때는 어떻게 할까?**

캔버스의 배경색은 기본적으로 흰색으로 설정되어 있습니다. 흰색의 캐릭터나 사물을 칠할 경우에는 색이 보이지 않아 난감할 때가 있습니다. 물론 배경에 다른 색을 적용해 흰색을 사용해도 좋지만 이런 경우 배경색으로 인해 배색할 때 방해가 될 수 있습니다. 이때는 배경 레이어의 체크 표시를 해제해서 배경을 잠시 숨기면 편하게 채색할 수 있습니다. 배경을 숨겼을 때 보이는 회색의 빈 공간은 무채색이므로 상대적으로 채색 작업 시 방해를 많이 받지 않을 것입니다.

Chapter 04

캐릭터 저작권 등록하기

캐릭터 시장은 더욱 더 커지고 있습니다. 캐릭터를 활용한 다양한 굿즈가 쏟아져 나오고 있고, 이모티콘 등이 상업화되면서 캐릭터 시장에 뛰어드는 사람이 많아지고 있기 때문입니다. 이에 비슷한 느낌의 캐릭터도 심심찮게 볼 수 있습니다. 순수하게 내 아이디어를 가지고 나만의 캐릭터를 제작하는 사람도 있지만 다른 사람의 캐릭터를 도용하는 사람들이 많기 때문입니다. 저작권뿐만 아니라 금전적인 이익을 위해서라도 내 캐릭터를 법적으로 안전하게 보호해야 합니다. 이번에는 캐릭터의 도용을 막고 창작자의 권리를 보호할 수 있는 캐릭터 저작권 등록 방법에 대해 알아보겠습니다.

캐릭터 저작권 등록, 꼭 필요할까?

캐릭터를 활용해 다양한 굿즈를 만들고 판매가 이루어지면 캐릭터 자체가 수익을 창출하는 메인 디자인의 역할을 하게 됩니다. 캐릭터 디자인은 SNS와 웹사이트 등 각종 플랫폼에서 노출되기 때문에 제3가 도용할 위험이 많습니다. 어딘가에서 내 캐릭터와 유사하거나 거의 동일한 디자인이 사용 및 판매될 수 있습니다. 캐릭터 디자인 도용으로 인한 분쟁이 발생했을 때 캐릭터 저작권을 누가 먼저 출원했는지가 매우 중요합니다. 정당한 권리를 행사하기 위해서는 캐릭터 저작권 등록을 꼭 해야 합니다.

캐릭터 저작권 등록하기

1. 한국저작권위원회 홈페이지 방문하기(copyright.or.kr)

01 ① 한국저작권위원회 홈페이지에 접속합니다. ② 하단의 메뉴 중 [저작권등록]을 선택합니다.

02 [저작권등록] 페이지에서 [등록신청]-[권리 등록]-[저작권(일반) 등록]을 선택합니다.

2. 회원가입 후 기본 인적 사항 작성하기

03 한국저작권위원회 통합회원으로 가입합니다. ❶ 다음과 같은 페이지로 이동하면 [온라인 등록신청]을 클릭하고 ❷ '등록하실 저작물이 이미 등록되어 있습니까?'에 [아니오]를 선택합니다. ❸ 다음 단계로 이동합니다.

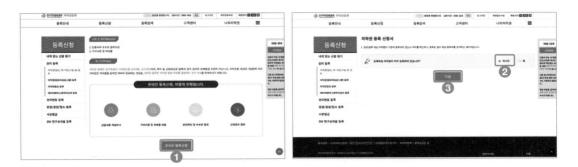

04 신청인(등록권리자)의 기본 인적 사항을 작성합니다. 다음 단계로 이동합니다.

3. 저작권 등록 신청명세서 작성하기

05 저작권 등록을 진행할 저작물에 대한 정보를 작성합니다. ❶ [제호(제목)]에는 캐릭터 이름을 입력하고 ❷ [종류]는 [미술저작물] – [응용미술] – [캐릭터]를 선택합니다. ❸ [내용]에는 캐릭터의 외형과 성격, 특성 및 세계관 등을 자세하게 입력합니다.

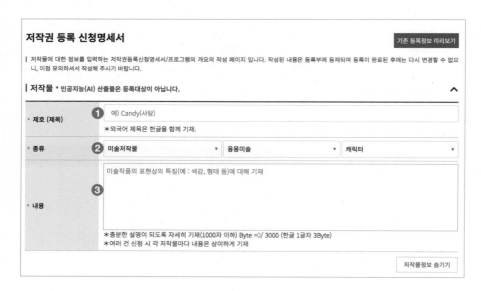

06 다음은 등록사항을 작성합니다. [공표여부]는 SNS, 개인 채널, 웹사이트 등 기록이 남는 곳에 캐릭터를 활용한 작업물을 업로드한 적이 있는지에 대한 여부를 체크합니다. ❶ 캐릭터를 처음 제작하는 경우라면 [아니오]를 선택하고, ❷ 이미 제작한 캐릭터로 기록이 남는 곳에 업로드한 적이 있다면 [예]를 선택합니다. ❸ 이어서 캐릭터의 창작 완료 날짜를 선택합니다.

07 마지막으로 저작권 등록을 진행할 캐릭터의 이미지를 업로드합니다. 앞서 제작한 턴어라운드 시트 형태를 기반으로 채색까지 완벽하게 마무리한 정면, 반측면, 측면, 후면 이미지를 업로드합니다.

저작권 등록에 업로드한 이미지

4. 결제 진행 및 정보 확인

캐릭터 이미지를 모두 업로드했다면 결제 방법 등 앞서 기입한 정보를 확인합니다. 캐릭터 저작권 등록 신청을 마무리합니다. 등록 심사 완료는 신청일로부터 1~2주 정도 소요되며 비용은 캐릭터당 약 2~3 만원 정도가 발생합니다.

5. 등록된 캐릭터 저작권 확인하기

캐릭터의 저작권 등록이 완료되면 한국저작권위원회 홈페이지에서 확인합니다. ❶ 다음과 같이 [나의 저작권]을 클릭하고 ❷ [나의 등록정보]를 선택합니다. ❸ [나의 등록정보] 페이지에서 저작권 등록이 잘 되어 있는지 확인하고 관리할 수 있습니다.

다양한 캐릭터
표현으로 응용하기

증명사진이 딱딱해 보이고 어색해 보이는 이유는 정적인 모습과 무표정에 가까운 표정과 분위기 때문입니다. 캐릭터의 턴어라운드 역시 정적인 상태입니다. 이제 여기에 표정, 동작, 주변 개체 등을 추가해서 다양하고 매력적인 캐릭터로 만들어보겠습니다.

Chapter 01

다양한 감정을 담은 표정, 동작 그리기

캐릭터의 표정은 외적인 인상과 이미지에 많은 영향을 줍니다. 또, 캐릭터의 감정을 1차적으로 표현할 수 있는 가장 직관적이면서도 좋은 수단입니다. 이런 표정을 구현하는 데 있어서 두부가 만나본 수강생 대다수는 어려움을 호소했습니다. 캐릭터의 표정이 너무 과장되게 표현되어서, 이목구비 비율이 많이 달라져 같은 캐릭터로 보이지가 않아서, 동세의 변화가 전혀 없이 표정에만 디테일을 더해서 등 이유는 다양합니다. 이번 챕터에서는 이러한 문제없이 어떻게 하면 감정을 잘 담으면서도 자연스러운 표정을 구현할 수 있는지 배워보겠습니다.

이목구비를 활용한 감정 표현

표정은 감정을 드러냅니다. 캐릭터는 이목구비, 특히 눈과 입의 변화로 감정 상태를 짐작할 수 있습니다. 기쁜 감정은 눈이나 눈썹을 반달처럼 그리고 입꼬리를 올려주면 쉽게 표현할 수 있습니다. 반대로 입꼬리를 아래로 내리고 눈썹을 사선 방향으로 그리면 화난 표정을 표현할 수 있습니다. 이목구비를 변형할 때는 처음 만들어둔 기준이 되는 캐릭터(시트)의 이목구비 비율을 생각하면서 그립니다. 캐릭터의 이목구비에 조금씩 변화를 줘서 세밀하게 감정을 표현합니다. 과하지 않게 자연스럽게 그립니다.

동세를 활용한 감정 표현

캐릭터는 표정 변화뿐만 아니라 행동(동작)의 동적인 묘사까지 더해 더욱 생생한 감정 표현이 가능합니다. 화가 나서 머리가 삐쭉 서기도 하고 슬퍼서 귀가 축 쳐지거나 놀라서 귀가 들썩거리기도 합니다. 이렇게 감정으로 인해 겪는 신체의 변화까지 더해서 그려봅니다.

한편, 화가 나거나 부끄러워서 얼굴이 붉어지고, 춥거나 당혹스러움에 얼굴이 파랗게 질리는 등 채색을 활용해 감정 전달을 할 수도 있습니다. 단, 과하게 표현되지 않도록 신경 써가며 작업합니다.

Chapter 02

캐릭터 시트를 활용해 인사하는 캐릭터 그리기

본격적으로 캐릭터에 사실적인 움직임을 더해 다양한 포즈를 만들어보겠습니다. 아직은 캐릭터의 형태와 친밀하지 않고 비율 감각도 떨어지기 때문에 앞서 만든 캐릭터 시트를 활용해서 다양한 포즈를 구현해볼 것입니다. 처음에는 가장 쉬운 인사하는 포즈부터 시작해 차차 내가 원하는 다양한 포즈까지 그릴 수 있도록 단계별로 배워보겠습니다.

캐릭터 포즈 응용 전에 시트에 대해 알아보자

캐릭터의 포즈를 만들기 위해서는 먼저 시트를 잘 활용해야 합니다. 선택 툴, 올가미 툴을 능숙하게 사용할 수 있도록 많은 연습을 해야 합니다. 이 툴만 잘 다루어도 캐릭터의 포즈를 자연스럽게 그릴 수 있을 것입니다.

시트를 활용하는 이유

수강생 중 많은 분들이 "내가 만든 캐릭터를 똑같이 그릴 수가 없어요. 그릴 때마다 캐릭터가 달라져요."라는 말을 했습니다. 초보자의 경우 캐릭터를 제작하는 것도 쉽지 않은데 그 캐릭터를 동일한 형태 혹은 다양한 포즈를 상상해서 그리는 것은 당연히 더 어려운 일입니다. 이런 문제를 해결하기 위해 관절별로 캐릭터의 형태를 확인할 수 있는 시트를 제작하게 되었고, 선택 툴을 활용해 관절을 돌려보면서 캐릭터를 내 마음대로 변형해볼 수 있는 '형태 미리 보기' 개념을 만들게 되었습니다.

시트를 활용해 다양한 캐릭터 포즈를 드로잉한 모습

시트 활용 방법

먼저 그리고자 하는 포즈를 구상하거나 관련된 레퍼런스를 찾습니다. 레퍼런스가 꼭 있어야 하는 것은 아니지만 복잡한 포즈일수록 레퍼런스를 보고 그리는 것이 많은 도움이 됩니다. 이후 포즈를 구현하기에 적합한 시트를 불러온 후 포즈와 비슷하게 시트를 변형합니다. 이 과정을 통해 포즈를 그리기 전 대략적인 확인이 가능합니다. 시트 변형을 마치면 최종적으로 시트의 포즈와 비율을 참고해서(밑그림 삼아서) 그 위에 새로 캐릭터를 그립니다.

포즈 구상하고(레퍼런스 찾기) 포즈를 구현하기에 적합한 시트 불러오기

변형한 시트를 참고해서 본 캐릭터 드로잉

시트 변형

채색 및 마무리

시트 사용 시 주의할 점

선택 툴로 시트를 변형하며 원하는 포즈를 만드는 것도 좋지만 어디까지나 내 캐릭터의 비율과 형태에 익숙해질 때까지만 사용하길 권합니다. 시트 변형은 입체가 아닌 선으로만 구현된 캐릭터를 임의로 변형하는 과정으로, 입체감이 떨어지고 부자연스러운 느낌을 줄 수 있기 때문입니다. 또한 시트 변형으로 구현할 수 있는 포즈에는 한계가 있습니다. 시트 활용에 어느 정도 익숙해지면 스스로 입체적으로 가이드를 잡아서 다양한 형태를 구사할 수 있는 역량을 기르도록 합니다.

가이드를 잡아서 복잡한 형태의 캐릭터 동작을 구현한 모습

인사하는 캐릭터 그리기

예제 파일 | 캐릭터 턴어라운드 시트 반측면.psd

얼굴 위치 바꾸기

01 캐릭터 포즈 만들기의 첫 번째로 인사하는 캐릭터를 만들어보겠습니다. 먼저 캐릭터 시트를 변형합니다. 스크린 크기의 새 캔버스에서 ❶ 동작 🔧을 선택하고 ❷ [추가]−[사진 삽입하기]를 선택합니다. ❸ 캔버스에 반측면 전신 시트를 불러옵니다. 적당한 크기로 키워서 배치합니다.

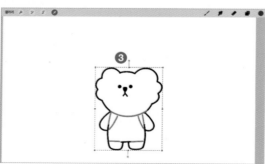

02 인사하면 상대방을 보기 위해 얼굴도 살짝 돌아갑니다. 이 부분을 표현해보겠습니다. ❶ 선택 ⑤ 을 선택하고 ❷ 옵션창에서 [올가미]를 선택합니다. ❸ 회전할 얼굴이 포함되도록 드래그합니다. ❹ 변형 ⬈ 을 선택해 얼굴 부분만 잘 선택되었는지 확인합니다.

03 ❶ 변형 상자가 나타나면 초록색 조절점을 오른쪽으로 살짝 회전합니다. 오른쪽으로 살짝 갸우뚱하는 느낌으로 살짝만 회전합니다. ❷ 회전한 얼굴을 아주 조금만 오른쪽으로 옮깁니다.

> **TIP** 회전한 얼굴을 오른쪽으로 이동하는 이유가 있습니다. 얼굴, 팔 등 관절을 움직이거나 회전할 때는 움직임이 일어난 쪽으로 무게 중심이 더 쏠리기 때문입니다. 아주 미세하게 움직인 쪽으로 얼굴을 옮기면 한결 자연스러운 느낌을 낼 수 있습니다.

팔 포즈 바꾸기

04 이번에는 인사를 하기 위해 팔을 들어올려보겠습니다. ❶ 선택 5 을 선택하고 ❷ [올가미]를 선택해 ❸ 왼쪽 팔의 라인이 포함되도록 드래그합니다. ❹ 변형 ↗ 을 선택해 회전하려고 하는 팔만 잘 선택되었는지 확인합니다.

올가미 툴로 관절을 선택할 때 주의할 점

두부작가의
꼼꼼한
NOTE

올가미 툴로 관절을 선택할 때는 시트의 가이드 선을 참고해 관절에 해당하는 라인만 포함되도록 드래그해야 합니다. 왼쪽 팔 전부를 선택한다고 가정할 때 왼쪽 이미지와 같이 드래그하면 팔 전체를 잘 선택한 것 같아도 팔 안에 있는 몸통 선도 함께 선택되어 변형했을 때 지저분해지고 몸통을 가늠하기가 어려워집니다. 따라서 오른쪽 이미지와 같이 팔의 형태에 해당하는 라인만 잘 드래그하여 선택해야 합니다.

05 ❶ 선택된 팔은 초록색 조절점을 활용해 오른쪽으로 회전해준 후 ❷ 이동합니다. 이때 팔을 몸통에 붙여주는데 팔의 윗부분은 어깨에 붙는다는 느낌으로, 팔의 아랫부분은 겨드랑이에 붙는다는 느낌으로 배치합니다.

두부작가의 꼼꼼한 NOTE 팔을 어디에 붙여야 할지 모르겠어요

캐릭터 시트는 팔 관절만 따로 옮겨야 하는 일이 많고, 몸통 어디에 붙여야 할지 고민도 많습니다. 이때는 사람의 신체 구조를 잘 생각해보면 이해가 쉽습니다. 상체를 기준으로 팔의 가장자리 형태선은 어깨를 따라 이어져 있고 안쪽 형태선은 겨드랑이와 연결되어 있습니다. 따라서 캐릭터의 팔은 얼굴과 상체가 시작되는 어깨 위치에 잘 붙여야 어색하지 않습니다. 왼쪽 그림은 목이 없다고 가정했을 때이며, 목이 있는 경우 목이 끝나는 지점과 어깨가 시작되는 부분에 이어 붙입니다.

변형한 시트 위에 캐릭터 그리기

06 변형을 마친 시트를 참고하여 새 캐릭터를 그려보겠습니다. ❶ 변형한 시트는 밑그림 참고용으로 사용할 것이기 때문에 라인 드로잉에 방해가 되지 않도록 시트에 해당하는 레이어의 [불투명도]를 **20%**로 조절합니다. ❷ [레이어] 패널 맨 위에 새 레이어를 만들고 이름을 **라인**으로 변경합니다. ❸ 브러시 ✏️를 선택하고 [Class]−[펜슬 브러시]를 선택합니다.

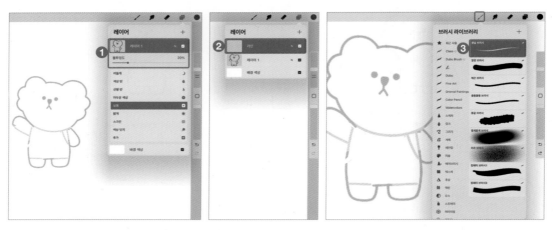

TIP 펜슬 브러시를 사용하는 이유가 있습니다. 캐릭터의 포즈 연습을 하는 동안에는 자연스러운 움직임과 드로잉을 연습해야 하므로 형태가 말끔하게 떨어지는 브러시보다는 자연스러운 느낌을 살릴 수 있는 펜슬 브러시를 사용하는 것입니다. 캐릭터의 형태를 라인으로 그릴 때는 라인 드로잉에 적합한 브러시라면 어떤 것을 사용해도 무방합니다.

07 이제 시트 레이어를 참고해 형태를 그려보겠습니다. ❶ 얼굴부터 천천히 그립니다. ❷ 이목구비의 경우 인사를 하는 캐릭터의 느낌을 살려 반가운 느낌이 표현되도록 웃는 표정으로 그립니다. 시트의 이목구비 비율을 참고해서 동일한 비율로 표현합니다.

08 이번에는 변형된 팔을 그려보겠습니다. 시트를 변형한 부분은 그대로 따라 그리기보다는 변형된 각도나 시점을 반영해 자연스럽게 그립니다. 꼭 비율을 신경 쓰면서 그립니다. ❶ 시트를 참고해 자연스럽게 손을 흔드는 팔을 그립니다. ❷ 내리고 있는 다른 쪽 팔을 그리기 전에 팔의 위치를 몸통의 앞이나 뒤 중에서 어디에 놓을지 생각하고 몸통 선을 먼저 그립니다. ❸ 나머지 부분도 그리고 형태를 완성합니다.

몸통을 앞에? 팔을 앞에? 어떻게 배치해야 할까요?

사람도 포즈에 따라 몸통보다 팔이 앞에 위치해 있을 때도 있고, 뒤에 위치해 있을 때도 있습니다. 캐릭터도 마찬가지입니다. 구현하고자 하는 포즈를 잘 살펴보고 팔을 몸통보다 앞에 둘지, 뒤에 둘지 잘 고민해서 위치에 따라 선의 경계를 잘 표현해봅니다.

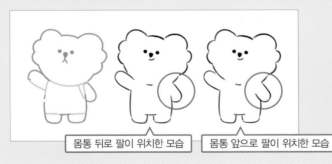

몸통 뒤로 팔이 위치한 모습　　　　몸통 앞으로 팔이 위치한 모습

09 라인 드로잉이 완성된 캐릭터를 확인해보겠습니다. ❶ 레이어 ◼를 선택하고 [레이어] 패널에서 시트 레이어의 체크 박스를 선택해 숨깁니다. ❷ 완성된 형태를 확인하고 어색한 부분이 있다면 수정합니다.

10 정면, 반측면 시트를 열고 비슷한 포즈들을 연습해봅니다. 포즈 연습 단계는 캐릭터의 형태 자체를 익히고 연습하는 시간이므로 채색은 하지 않았습니다. 여러분은 자유롭게 채색해 마무리해도 좋습니다.

Chapter 03

다양한 사물과 함께
캐릭터 연출하기

사물과 캐릭터를 한 공간에 배치해서 그린다는 것은 매우 까다로운 일처럼 느껴집니다. 이번에는 도형을 활용해 사물을 쉽게 보는 법, 단순화하는 법 등을 배워볼 것입니다. 다양한 팁을 통해 캐릭터와 어울리는 사물을 보다 쉽게 그리는 법에 대해 알아보겠습니다.

캐릭터와 어울리는 사물 드로잉 노하우

캐릭터를 어느 정도 그릴 수 있게 되면 캐릭터와 어울리는 사물 드로잉에 도전하게 됩니다. 캐릭터는 비슷한 이미지를 반복해 그리기 때문에 손에 익어 익숙해지면 어렵지 않지만, 사물은 매번 새로운 형태를 구현해 그리기 때문에 매번 도전하는 마음이 듭니다. 특히 시점, 투시 등 복잡하고 어려운 미술 개념이 등장하면 사물 드로잉은 더욱 힘든 작업처럼 느껴집니다. 한 개의 캐릭터가 기준일 때와 달리 책상과 의자만 더해져도 머리가 복잡해집니다. 캐릭터와 책상 그리고 의자까지 시점이 모두 맞아야 그림이 편안하고 자연스럽게 느껴지기 때문에 캐릭터만큼 사물도 많이 연습하는 것을 추천합니다.

캐릭터와 어울리는 사물 드로잉, 세 가지 순서만 지키면 뚝딱!

1. 캐릭터의 시점과 비슷한 시점의 레퍼런스 찾기

여러 형태의 사물을 한 화면에 구성하려면 시점, 원근, 투시 등 회화의 다양한 원리를 이해하고 적용해야 합니다. 이렇게 기본을 지키며 구성하면 좋겠지만 사물 드로잉의 1차적 목적은 형태가 많이 엇나가지 않는 선에서 캐릭터와 어울리게 그리는 것입니다.

초보자라면 간단하게 '시점(눈높이와 보는 방향)을 캐릭터의 눈높이와 비슷하게 설정하고 그린다' 정도의 개념만 이해하고 작업해봅니다. 마치 내가 화면 밖에서 캐릭터의 눈높이와 같은 눈높이에서 상황을 보고 있다고 설정하고 그림을 그리면 됩니다. 캐릭터의 눈높이보다 아래에 위치한 사물은 윗면, 옆면이 보이고 더 아래에 위치한 사물일수록 윗면이 더 많이 보이게 됩니다. 반대로 바닥 표면과 접하지 않는 물체가 눈높이보다 위에 위치한다면 옆면과 바닥면이 보이고, 눈높이보다 더 위에 위치한 사물일수록 바닥면이 더 많이 드러납니다.

이 개념을 이해하고 사물의 레퍼런스를 찾거나 이미지를 떠올려 그림을 그린다면 형태가 어긋날 확률은 많이 줄어듭니다. 예를 들어, 캐릭터보다 아래에 위치한 책상을 그리는 경우 책상의 옆면, 윗면이 보이는 레퍼런스를 찾고 캐릭터보다 위에 위치한 전등을 그리는 경우 등의 옆면, 아랫면이 보이는 레퍼런스를 찾습니다.

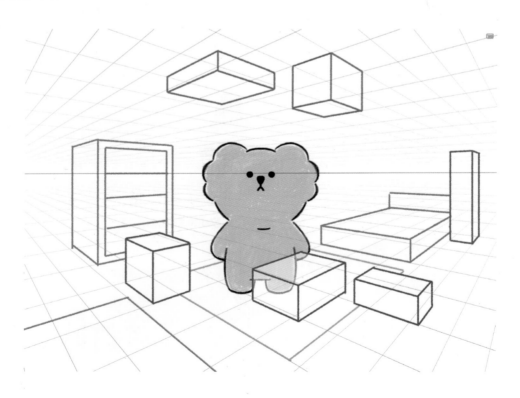

2. 레퍼런스를 참고해서 도형으로 가이드 잡기

첫 번째로 원, 세모, 네모, 사다리꼴, 직선 등 간단한 도형을 활용해서 레퍼런스 위에 가이드를 잡는 방법입니다.

사진 레퍼런스가 없다면 실제 사물을 참고하거나 최대한 구조를 떠올려가며 파악합니다. 사물을 레고로 조립한다고 생각하고 '이걸 조립해서 만들면 어떤 기준으로 분리될까'라고 접근하면 조금 더 이해가 쉬울 것입니다. 구조적으로 사물을 먼저 파악한 후 원, 세모, 네모, 사다리꼴, 직선 중 가장 비슷한 도형으로 다음과 같이 레퍼런스 위에 대략적인 비율을 잡아줍니다. 구, 원기둥, 원뿔, 직육면체를 활용해 가이드를 잡으면 입체적인 사물 표현이 가능합니다.

두 번째는 사물의 비율과 디테일을 재해석해야 합니다.

빈 공간에 레퍼런스 가이드를 참고해서 내가 재해석한 사물의 비율대로 다시 가이드를 잡습니다. 레퍼런스 가이드의 비율이 바로 드로잉에 사용해도 무리가 없다면 그대로 진행해도 됩니다. 하지만 대부분의 사물은 캐릭터의 비율과 어울리지 않는 경우가 더 많습니다. 따라서 사물의 비율은 최대한 캐릭터와 잘 어울리도록 단순하게 재해석해서 새로 잡는 것을 추천합니다. 어느 정도 픽션을 가미해서 실제보다는 단순하게, 캐릭터의 비율에 걸맞는 사물 비율과 디테일을 고려하는 것이 핵심입니다.

3. 가이드를 따라 큰 형태 → 작은 형태 → 디테일 순서로 그리기

마지막으로 가이드를 따라 큰 형태부터 작은 형태, 디테일 순서로 그립니다. 구조적으로 사물을 파악한 만큼 형태를 그릴 때도 구조적으로 그려야 합니다. 예제의 케이크를 그린다고 가정해보겠습니다. 이때 스프링클 장식을 먼저 그리는 것이 아니라 케이크 받침대와 케이크 시트 → 큼직한 크림 → 작은 크림 → 체리 → 스프링클과 같은 순서로 그려야 형태감이 더욱 잘 살아납니다. 따라서 가이드를 잡은 후에도 구조를 잘 파악해 스케치를 합니다.

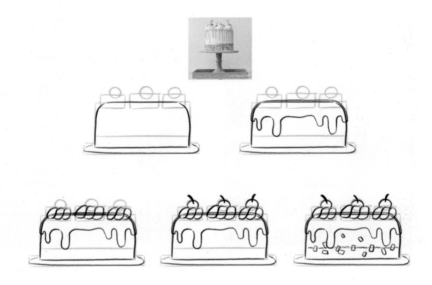

사물을 귀엽고 단순하게 그리는 진짜 꿀팁 두 가지

1. 레퍼런스를 멀리 떨어져서 본 것처럼 그리기(feat. 단순화)

캐릭터와 어울리는 사물을 그리기 위해 가장 중요한 것 중 하나가 바로 단순화입니다. 생각보다 많은 사람이 캐릭터와 사물을 각기 다른 그림체로 그리는 경우가 많습니다. 캐릭터는 귀엽게 단순화했는데, 사물은 화면에서 튀어나올 것처럼 사실적이고 디테일하게 그리거나 캐릭터와 어울리지 않는 스타일을 사용한 경우입니다. 이것은 캐릭터와 사물을 연결해서 보지 않고 분리된 개체로 인식하기 때문입니다. 이문제를 어느 정도 해결하려면 레퍼런스를 멀리 떨어져서 본 것처럼 그려봅니다. 예를 들어, 우리가 꽃을 가까이서 봤을 때는 꽃잎도 한 장씩, 수술이나 잎사귀가 아주 디테일하게 보이는 반면, 멀리서 봤을 때는 꽃이 큼직한 형태와 덩어리로만 보입니다. 이처럼 참고하는 레퍼런스를 실제로 굉장히 작게 줄여서 본다거나 멀리서 찍은 듯한 사진 등을 활용해서 단순화된 상태의 레퍼런스를 참고하면 사물 드로잉에 도움이 됩니다.

꽃을 단순화해 그린 모습   꽃을 사실적으로 그린 모습

2. 둥글둥글! 라운딩하면서 그리기

실습하며 따라 그린 코알라 캐릭터의 형태는 둥글둥글하고 자연스러운 선으로 이루어져 있습니다. 사물도 이와 비슷한 느낌으로 그려주는 것이 중요합니다. 간혹 책상, 의자 등 각진 구조의 형태나 원형 테이블 등 직선이나 곡선 형태가 도드라지는 사물의 경우 그 느낌을 그대로 살려 너무 반듯한 직선이나 곡선으로 라인을 그리는 경우가 있습니다. 각진 형태라도 왜곡하지 않는 선에서 모서리나 형태 자체를 살짝 둥글려서 자연스러움을 더해주면 귀엽고 입체감 있는 느낌으로 완성할 수 있습니다.

각진 형태 그대로 그린 모습   둥글둥글 라운딩해서 그린 모습

TIP ▶ 특히 프로크리에이트에서 직선, 원형의 자동 완성 기능을 활용하지 않도록 주의합니다. 자칫하면 부자연스러워 보일 수 있습니다.

실전! 캐릭터와 어울리는 사물 드로잉 실습하기

예제 파일 | 사물드로잉.psd

먼저 간단한 형태의 사물을 그려보겠습니다. 사물 드로잉을 처음 연습할 때는 캐릭터 없이 단일 개체로 충분히 연습합니다. 그런 다음 두세 개 정도의 사물을 한 공간에 배치하는 형태로 점차 늘려가며 그려봅 니다.

간단한 형태의 사물 그려보기

01 예제 파일로 제공된 레퍼런스를 참고해서 아이스크림, 화병, 나무, 쇼파와 같은 간단한 형태의 사 물을 그려보겠습니다. ❶ **사물드로잉.psd** 파일을 불러옵니다. ❷ 레이어 ■를 선택하고 ❸ [레이어] 패널 에서 [교안] 레이어 위에 레퍼런스 가이드를 그릴 새 레이어를 추가합니다.

02 새 레이어에 도형으로 레퍼런스 가이드를 잡아주겠습니다. ❶ 사물을 구조적으로 본다는 생각으로 원, 세모, 네모, 사다리꼴, 직선 중 가장 비슷한 도형으로 가이드를 잡습니다. 실제로 참고할 형태만 표시합니다. ❷ 레퍼런스 가이드 레이어의 [불투명도]를 **50%**로 조절합니다.

03 이제 레퍼런스 가이드를 참고해 실제 사용할 사물 가이드를 그려보겠습니다. ❶ 레이어 ▣를 선택하고 ❷ [레이어] 패널 맨 위에 사물 가이드를 그릴 새 레이어를 추가합니다. ❸ 사물을 원하는 비율로 재해석해서 도형으로 가이드를 잡습니다. 쇼파의 경우 1인용으로 재해석했기 때문에 팔걸이 부분을 반대쪽도 추가했습니다.

04 최종 스케치를 위한 레이어를 추가하겠습니다. ❶ 사물 가이드 레이어의 [불투명도]를 **20%**로 조절합니다. ❷ [레이어] 패널 맨 위에 사물 스케치를 진행할 새 레이어를 추가합니다.

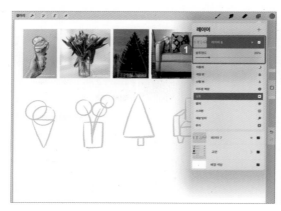
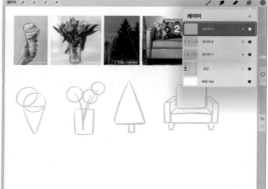

05 ❶ 가이드를 따라 큰 형태부터 작은 형태, 디테일 순으로 스케치합니다. 반듯한 직선이나 곡선을 최대한 사용하지 않고 자연스럽게 라운딩하면서 둥글둥글한 형태로 직접 그립니다. ❷ 스케치를 완성한 후 사물 가이드 레이어를 숨깁니다. 사물 드로잉 연습 단계에서는 스케치로만 연습해도 충분합니다. 나아가 간단하게 채색으로 마무리하고 싶다면 원하는 색으로 사물을 완성합니다.

커피 테이블과 여러 가지 사물 함께 그리기

예제 파일 | 커피 테이블 그리기.psd

개별 개체로 사물을 그리는 연습을 충분히 했다면 여러 가지 사물이 조화를 이루고 있는 형태도 연습합니다. 한 화면 안에 두 가지 이상의 개체가 어우러지면 시점과 원근에 민감하게 반응합니다. 이번 단계부터는 사물 드로잉이 어렵게 느껴질 수 있습니다. 하지만 우리는 원근이 정확하게 맞는 그림이 아니라, 사물과 캐릭터가 자연스럽게 조화를 이루면 충분하다는 방향성을 기억하고 진행합니다. 그런 다음 나만의 방법이나 노하우를 찾아가며 계속 연습할 것을 권합니다.

커피 테이블 그리기

01 예제 파일로 제공된 레퍼런스를 참고해서 음료와 디저트가 함께 놓여 있는 커피 테이블을 그려보겠습니다. ❶ **커피 테이블 그리기.psd** 파일을 불러옵니다. ❷ 레이어 ▣를 선택하고 ❸ [레이어] 패널에서 [교안] 레이어 위에 레퍼런스 가이드를 그릴 새 레이어를 추가합니다.

❶ 파일 불러오기

02 새 레이어에 도형으로 레퍼런스 가이드를 잡아주겠습니다. **①** 사물을 구조적으로 본다는 생각으로 원, 세모, 네모, 사다리꼴, 직선 중 가장 비슷한 도형으로 가이드를 잡습니다. 실제로 참고할 형태만 표시합니다. **②** 레퍼런스 가이드 레이어의 [불투명도]를 **50%** 전후로 조절합니다.

03 이제 레퍼런스 가이드를 참고해 실제 사용할 사물 가이드를 그려보겠습니다. **①** 레이어 ▣ 를 선택하고 **②** [레이어] 패널 맨 위에 사물 가이드를 그릴 새 레이어를 추가합니다. **③** 사물을 원하는 비율로 재해석해서 도형으로 가이드를 잡습니다. 가이드를 잡을 때는 큰 사물에서 작은 사물 순으로 그립니다. 개체별로 레이어를 분리해서 작업하고 위치나 크기 등을 조절합니다.

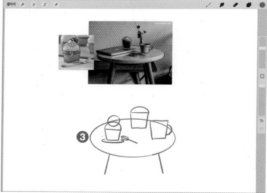

04 최종 스케치를 진행하겠습니다. ❶ 사물 가이드 레이어의 [불투명도]를 **30%**로 조절합니다. ❷ [레이어] 패널 맨 위에 사물 스케치를 진행할 새 레이어를 추가합니다. 큰 형태부터 작은 형태, 디테일 순으로 스케치합니다. 꼭 개체별로 레이어를 분리해서 작업합니다. ❸ 스케치를 완성한 후 사물 가이드 레이어를 숨깁니다. 사물 드로잉 연습 단계에서는 스케치로만 연습해도 충분합니다. 채색으로 마무리하고 싶다면 원하는 색으로 사물을 완성합니다.

Chapter 04

캐릭터 시트와 사물을 활용해
물 주는 캐릭터 그리기

앞서 한 가지 캐릭터 시트로 간단한 포즈 변형을 하는 법에 대해 알아봤다면 이번에는 레퍼런스에 가이드를 그려 활용하는 법과 두 가지 시트를 결합해서 포즈 시트를 다양하게 활용하는 법을 익혀보겠습니다.

레퍼런스와 포즈 시트 활용해 드로잉하기

예제 파일 | 물 주는 캐릭터.psd

복잡한 포즈의 경우 얼굴과 몸통이 각기 다른 시점에서 보일 수 있습니다. 시점에 따라 적합한 시트를 활용하면 좋습니다.

레퍼런스 불러와 따라 그리기

01 ❶ 레퍼런스로 활용할 예제 파일을 불러옵니다. 조금 더 쉽게 작업하기 위해 레퍼런스에 가이드를 그리겠습니다. ❷ 브러시 ✏를 선택하고 ❸ [펜슬 브러시]를 선택합니다. ❹ 레퍼런스 이미지에 그려도 눈에 잘 띄는 색을 선택합니다.

02 레퍼런스에 가이드를 그리겠습니다. ❶ 레이어 ▣를 선택하고 ❷ 새로운 레이어[+]를 선택해 새 레이어를 만듭니다. ❸ 레퍼런스에 원형으로 얼굴을 그려주고 이목구비에 따라 십자선을 곡선으로 그려줍니다. ❹ 이어서 몸통은 사각형 혹은 등변사다리꼴로 형태를 잡아줍니다.

03 ❶ 다음으로 팔 관절을 각도에 맞춰 직선으로 잡아주고 손은 원형으로 그려줍니다. ❷ 다리도 각도에 맞춰 직선으로 잡아준 후 발은 원형으로 그려줍니다.

04 이제 작업한 가이드를 레퍼런스 옆으로 옮겨 조금 더 잘 볼 수 있도록 하겠습니다. ❶ 변형 ✐을 선택하고 변형 상자를 ❷ 가이드 선이 잘 보이도록 옆으로 옮깁니다.

포즈 시트 활용해 그리기

05 PART 2에서 제작한 턴어라운드 시트를 활용해 포즈를 변형해주겠습니다. 레퍼런스의 경우 얼굴과 몸통의 시점이 측면에 가깝지만 얼굴의 경우 캐릭터의 이미지를 더 잘 살릴 수 있는 반측면을 불러와서 작업겠습니다. ❶ 동작 ✐을 선택하고 ❷ [추가]-[사진 삽입하기]를 선택합니다. ❸ 몸통에 해당하는 측면 전신 시트를 불러옵니다. ❹ 같은 방식으로 반측면 얼굴 시트도 불러옵니다.

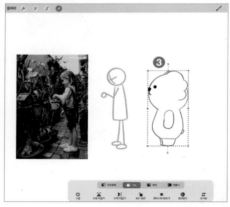

06 측면 전신 시트에서 몸통만 남기고 얼굴은 삭제하겠습니다. ❶ 선택 s 을 선택하고 ❷ [올가미]를
선택해 ❸ 측면 전신에서 얼굴 부분만 드래그합니다. ❹ 그 상태에서 세 손가락으로 화면을 쓸어내립
니다. ❺ [복사 및 붙여넣기] 패널이 나타나면 [자르기]를 선택해 얼굴 부분만 잘라냅니다.

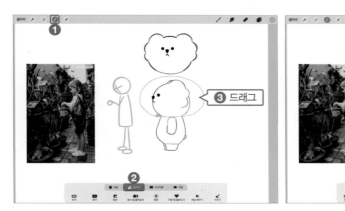
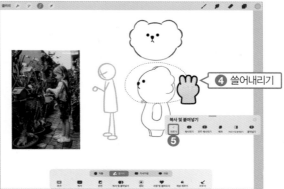

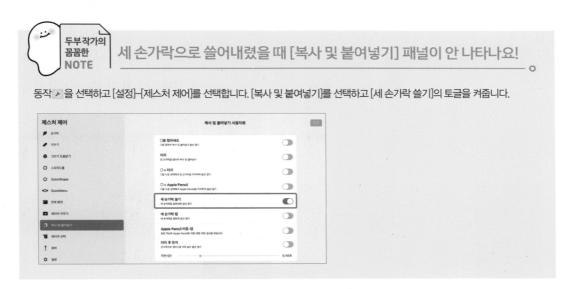

두부작가의
꼼꼼한
NOTE

세 손가락으로 쓸어내렸을 때 [복사 및 붙여넣기] 패널이 안 나타나요!

동작 ✦ 을 선택하고 [설정]-[제스처 제어]를 선택합니다. [복사 및 붙여넣기]를 선택하고 [세 손가락 쓸기]의 토글을 켜줍니다.

07 이제 얼굴을 옮겨 전반적인 틀을 만들어보겠습니다. ❶ 반측면 얼굴 시트 레이어를 선택하고 ❷ 측면 몸통 시트 위로 옮깁니다. ❸ 변형 ◢ 을 선택하고 레퍼런스와 가이드를 참고해서 왼쪽 아래로 얼굴을 살짝 기울여줍니다.

08 이어서 이목구비를 옮겨서 왼쪽 아래를 쳐다보는 느낌을 더해주겠습니다. ❶ [올가미]로 ❷ 이목구비(얼굴 시트 레이어)에 해당하는 부분만 드래그합니다. ❸ 변형 ◢ 을 선택하고 ❹ 이목구비를 왼쪽 아래를 쳐다보는 것처럼 보이도록 조금만 옮깁니다. 레퍼런스 가이드 기울기와 십자선을 참고해서 조절합니다.

09 이번에는 팔다리를 변형해서 포즈 시트를 완성하겠습니다. ❶ [올가미]로 ❷ 팔(몸통 시트 레이어)에 해당하는 부분만 드래그합니다. ❸ 변형 ⬈을 선택하고 ❹ 초록색 조절점을 활용해 선택된 팔을 회전합니다. 레퍼런스 가이드를 참고해서 몸통 측면에 가깝게 배치합니다.

 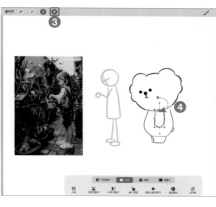 

10 ❶ 이어서 [올가미]로 ❷ 팔꿈치 아래쪽에 해당하는 부분을 드래그합니다. ❸ 변형 ⬈을 선택하고 ❹ 초록색 조절점을 활용해 선택된 팔을 회전합니다. 마치 팔을 꺾고 있는 모습처럼 만듭니다.

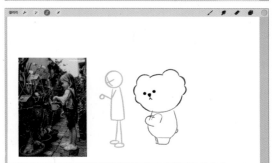

두부작가의 꼼꼼한 NOTE 레퍼런스 가이드! 헷갈리지 않게 제대로 활용하는 법

레퍼런스 가이드를 활용하다 보면 나도 모르게 가이드의 비율과 위치를 그대로 따라 하기가 쉽습니다. 하지만 가이드는 대략적인 위치와 기울기를 참고하는 역할로만 사용합니다. 레퍼런스는 대부분 사진 자료이기 때문에 사진 특성상 시점으로 인한 형태의 왜곡이 생기는 것은 물론 사진 속 모델이 내가 제작한 캐릭터의 비율과 많은 차이가 납니다.

예제의 이미지를 살펴보면 똑같은 가이드를 참고했는데 첫 번째 캐릭터는 가이드와 최대한 비슷하게 그렸음에도 캐릭터의 비율에는 맞지 않아 오히려 어색해진 모습이고, 두 번째 캐릭터는 가이드의 팔 위치와는 조금 다르지만 캐릭터의 비율에 맞게 잘 위치해서 자연스러운 모습입니다. 이처럼 내 캐릭터의 비율에 맞게 재해석해서 그려줄 때 보다 자연스러운 느낌으로 캐릭터를 표현할 수 있습니다.

11 다음으로 안쪽에 위치한 다리(캐릭터의 오른쪽 다리)가 보이도록 그리겠습니다. ❶ [올가미]로 ❷ 안쪽 다리(몸통 시트 레이어)에 해당하는 부분을 드래그합니다. ❸ 변형 ↗을 선택하고 ❹ 선택된 다리를 조금 더 바깥쪽으로 옮깁니다. 안쪽 다리가 부피감 있게 잘 보이도록 배치합니다.

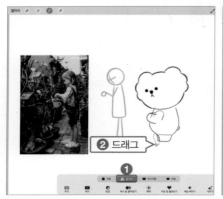
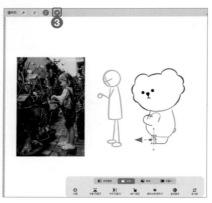

12 이제 손에 들고 있는 물뿌리개도 추가해서 전체적인 틀을 마무리하겠습니다. 물뿌리개의 틀은 레퍼런스를 참고해서 간단하게 표현하겠습니다. ❶ [레이어] 패널 맨 위에 새 레이어를 추가합니다. ❷ 캐릭터 시트와 겹치지 않는 색을 선택하고 ❸ 빈 공간에 물뿌리개의 틀을 그립니다. ❹ 변형 ⤢ 을 선택하고 ❺ 물뿌리개를 다음과 같은 각도로 배치합니다.

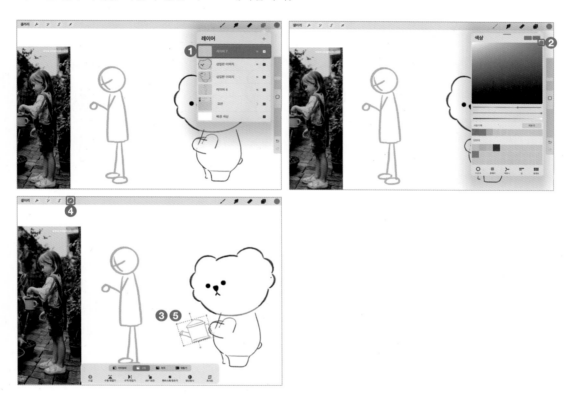

13 시트를 완성했다면 시트를 바탕으로 스케치를 진행하겠습니다. ❶ 시트에 해당하는 레이어를 병합합니다. ❷ 스케치에 방해가 되지 않도록 병합한 레이어의 불투명도를 **25%**로 조절합니다.

캐릭터 스케치하기

14 이제 시트를 참고해 스케치에 들어가겠습니다. ❶ 레이어 ▣ 를 선택하고 ❷ 새로운 레이어[+]를 선택해 새 레이어를 만듭니다. ❸ [펜슬 브러시]로 얼굴 형태를 따라 그립니다. ❹ 이어서 이목구비도 그립니다. 화분에 물을 주면서 신난 모습으로 입을 웃는 형태로 변형해서 그려줍니다.

15 다음으로 변형된 몸통의 형태를 그려주겠습니다. ❶ 물뿌리개를 잡고 있는 것처럼 보이도록 동그 란 찐빵의 형태로 손을 그립니다. ❷ 이어서 팔을 연결해서 그립니다. 이때 팔의 형태에 해당하는 선을 전체적으로 다 그려주면 구체 관절 인형처럼 보일 수 있습니다. 따라서 팔이 몸통과 연결되어 보이도 록 어깨를 완전히 선으로 막아서 그리지 않도록 주의합니다. ❸ 다리 등 남은 형태도 그려서 스케치를 마무리합니다.

두부작가의 꼼꼼한 NOTE | 사물(소품)을 잡은 손을 자연스럽게 그리는 법

캐릭터가 손으로 물체를 잡고 있는 모습은 매우 흔한 포즈입니다. 보통의 캐릭터는 손과 팔이 자연스럽게 연결되어 있기 때문에 손을 다양하게 구현하기가 어려울 수 있습니다. 하지만 몇 가지 규칙만 지킨다면 생각보다 쉽게 포즈를 만들어낼 수 있습니다.

❶ '손 = 찐빵'만 기억하기

손에 무언가를 쥔 포즈는 주먹을 쥐고 있는 형태를 상상하면 쉽습니다. 주먹을 쥐고 있는 손의 형태를 찐빵을 그리듯 그려 주면 되는데, 마치 원이 살짝 눌려 있는 듯한 자연스러운 형태로 그립니다. 이때 원은 자동 완성 기능을 사용하거나 해서 매끈한 원으로 그려지지 않도록 주의합니다.

매끈한 원으로 그려서 부자연스러운 형태 | 찐빵처럼 그려서 자연스러운 형태

❷ 사물을 잡는 손과 사물의 각도를 비슷하게 맞추기

손을 찐빵으로 잘 그렸어도 손에 쥐고 있는 사물의 각도와 맞지 않다면 손이 꺾여 있는 것처럼 보이거나 부자연스러울 수 있습니다. 손에 쥐고 있는 사물의 각도를 먼저 파악한 후 사물에 찐빵을 풀로 붙인다는 느낌으로 사물과의 각도를 맞춰서 그립니다.

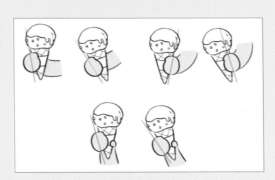

16 사물(소품)의 경우 새로 레이어를 추가해서 진행하겠습니다. ❶ [레이어] 패널 맨 위에 새 레이어를 추가합니다. ❷ ❸ 시트를 따라서 위에서부터 아래로 물뿌리개 형태를 스케치합니다.

17 마지막으로 스케치를 마무리하겠습니다. ❶ 형태가 겹치는 부분은 지우개 ✏로 지우고, 부족한 부분은 보완합니다. ❷ 아래의 시트 레이어를 숨긴 후 ❸ 물뿌리개와 캐릭터 레이어를 병합하고 마무리합니다.

포즈 연습 단계에서는 스케치로만 연습해도 충분합니다. 간단하게 채색을 하고 싶다면 원하는 색으로 화분에 물을 주는 캐릭터를 사랑스럽게 완성해봅니다.

Chapter 05

다양한 캐릭터와 소품을 활용해 상황 연출하기

캐릭터 드로잉을 더욱 풍성하게 만들어주는 요소에는 여러 가지가 있지만 그중 메인 캐릭터의 친구인 서브 캐릭터를 빼놓을 수 없습니다. 서브 캐릭터는 메인 캐릭터를 돋보이게 하고 스토리텔링을 더욱 풍성하게 만들어줍니다. 이번에는 서브 캐릭터와 더불어 사물, 간단한 주변 환경 등을 그려주어 상황을 연출해보겠습니다.

캐릭터와 소품 드로잉하기

예제 파일 | 피크닉.psd

그림 구성 이해하기

전체 구성 | 피크닉을 하고 있는 캐릭터

캐릭터 | 책을 보고 있는 메인 캐릭터, 음식이 담긴 접시를 들고 있는 서브 캐릭터

사물 | 피크닉 매트, 바게트와 식빵이 담긴 바구니, 와인 병과 와인 잔, 흩어져 있는 꽃잎

두부의 작업실

 www.youtube.com/@dubu_studio

귀여운 캐릭터 그림, 누구나 그릴 수 있다고요? 아무도 알려주지 않는 아이패드 드로잉의 모든 것!
피크닉 하는 귀여운 동물 친구들 스케치부터 채색까지 알아보세요.
QR 코드로 접속하고 두부 작가의 재생 목록에서 학습해보세요.

01 예제 파일로 제공된 레퍼런스를 참고해서 피크닉을 하고 있는 캐릭터를 그려보겠습니다. 이번에는 레퍼런스에 가이드를 잡지 않고 바로 진행하겠습니다. 이 과정이 어렵다고 느껴진다면 앞 장과 같이 레퍼런스 가이드를 잡고 진행하면 됩니다. **피크닉.psd 파일**을 불러옵니다.

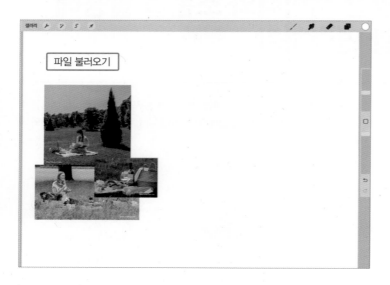

책을 보고 있는 메인 캐릭터 그리기

02 책을 보고 있는 메인 캐릭터를 그려주겠습니다. 피크닉 매트에 앉아 고개를 약간 숙이고 책을 보고 있는 모습입니다. ❶ 동작 🔧 을 선택하고 ❷ [추가]-[사진 삽입하기]를 선택합니다. ❸ 캔버스에 반측면 전신 시트를 불러옵니다.

 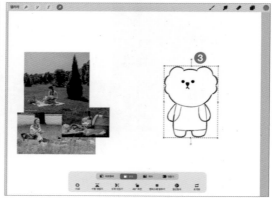

캐릭터 얼굴 그리기

03 먼저 고개를 약간 숙여 책을 보고 있는 얼굴을 그리겠습니다. ❶ 선택 ⑤ 을 선택하고 ❷ [올가미]를 선택해 ❸ 얼굴 부분이 포함되도록 드래그합니다. ❹ 변형 ↗ 을 선택하고 ❺ 변형 상자의 초록색 조절점을 왼쪽으로 살짝 회전합니다. ❻ 얼굴을 왼쪽으로 살짝 이동해서 무게 중심을 옮긴 후 아래로 내려서 몸통과 얼굴의 턱 부분이 살짝 겹치게, 고개를 숙인 모습을 표현해줍니다.

04 ❶ 시선은 아래를 향하도록 [올가미]를 선택해 ❷ 이목구비만 포함되도록 드래그합니다. ❸ 변형 ↗ 을 선택하고 ❹ 왼쪽 아래로 이목구비를 옮깁니다.

몸통 그리기

05 이제 피크닉 매트에 앉아 있는 몸통 형태를 그려보겠습니다. 시트를 변형하지 않고 직접 가이드를 잡아 진행해보겠습니다. ❶ 레이어 ▣를 선택하고 ❷ [레이어] 패널에서 반측면 전신 시트 레이어를 선택합니다. 스케치에 방해를 받지 않을 정도로 [불투명도]를 **30%**로 조절합니다. ❸ [레이어] 패널 맨위에 가이드를 그릴 새 레이어를 추가합니다.

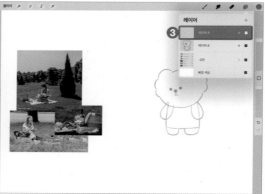

06 캐릭터의 눈높이 시점에서 캐릭터를 보고 있다고 가정해봅니다. 엉덩이를 깔고 바닥에 앉아 있으니 발바닥이 둥글게 보일 것입니다. 원기둥의 바닥면 모양을 떠올려보고 캐릭터의 시점을 상상하며 가이드를 잡아보겠습니다. ❶ 측면 전신 시트를 참고해 캐릭터의 몸통 비율을 잡습니다. ❷ 찐빵 모양으로 발바닥을 그립니다. 캐릭터가 전체적으로 왼쪽을 보고 있는 반측면 형태이므로 발바닥도 이에 맞춰줍니다. ❸ 다리는 원통형이라고 생각하고 몸통과 엉덩이의 위치, 형태를 가늠하며 잘 연결합니다.

07 이어서 책을 잡고 있는 팔을 그려보겠습니다. ❶ 레이어 를 선택하고 ❷ [레이어] 패널 맨 위에 책 가이드를 그릴 새 레이어를 추가합니다. ❸ 네모를 활용해 간단하게 책의 형태를 그립니다. 변형 ◢ 툴을 활용해 책의 크기나 위치 등을 조절해주는 것도 좋습니다.

08 다시 **06**에서 작업한 몸통을 그린 가이드 레이어를 선택합니다. 책을 잡고 있는 팔 모양을 그려보 겠습니다. ❶ 찐빵 모양으로 책을 잡고 있는 손을 그립니다. ❷ 몸통과 손을 자연스럽게 연결합니다.

캐릭터 그린 레이어 병합하기

09 가이드가 완성되었다면 가이드 레이어와 시트를 병합하겠습니다. ❶ 반측면 전신 시트 레이어를 선택합니다. ❷ 지우개 ✎ 를 선택해 ❸ 가이드와 겹쳐서 필요 없는 부분은 지웁니다. ❹ 정리된 레이어를 손가락으로 꼬집는 것처럼 모아 병합합니다.

음식이 담긴 접시를 들고 있는 서브 캐릭터 그리기

01 이번에는 서브 캐릭터를 만드는 방법에 대한 간단한 팁을 알아보며 실습해보겠습니다. 서브 캐릭터는 메인 캐릭터와 전혀 다른 동물이나 형태로 제작할 수 있습니다. 여기서는 메인 캐릭터의 기본 틀을 활용해서 기존의 코알라 캐릭터와 비슷한 느낌으로 곰 캐릭터를 제작해보겠습니다. ❶ 동작 ⚲ 을 선택하고 ❷ [추가]-[사진 삽입하기]를 선택합니다. ❸ 캔버스에 정면 전신 시트를 불러옵니다. ❹ 정면 전신 시트 레이어의 [불투명도]를 **30%**로 조절합니다.

몸통 그리기

02 메인 캐릭터의 전신 시트를 기반으로 서브 캐릭터를 그려주겠습니다. 새 레이어에 서브 캐릭터를 구상한 후 포즈를 잡아주는 순서로 진행합니다. 서브 캐릭터는 피크닉 매트에 앉아서 음식이 담긴 접시를 들고 있는 포즈로 진행할 것입니다. 곰돌이 캐릭터로 그려보겠습니다. ❶ [레이어] 패널 맨 위에 서브 캐릭터를 구상할 새 레이어를 추가합니다. ❷ 정면 전신 시트에서 크게 벗어나지 않는 선에서 서브 캐릭터의 얼굴과 몸통 비율을 구상합니다. 몸통은 조금만 슬림하게 그리고 얼굴과 귀는 다음과 같이 곰의 형태로 가볍게 그립니다. ❸ 이어서 앉아 있는 하반신 포즈를 만들기 위해 발 모양을 찐빵 모양으로 그리고 몸통과 다리를 연결합니다. 캐릭터의 시점에서 캐릭터를 바라보고 있다는 상상을 하며 그립니다.

03 다음으로 음식이 담긴 접시를 들고 있는 상반신 포즈를 그려주겠습니다. ❶ 먼저 서브 캐릭터의 손 위에 음식이 담긴 접시를 그립니다. ❷ 이어서 접시를 받치고 있는 찐빵 모양의 손을 그리고 어깨부터 손까지 팔을 연결합니다. ❸ 반대쪽 손은 가만히 주먹을 쥐고 있는 모습으로 표현합니다. 찐빵 모양으로 손을 그리고 어깨부터 손까지 팔을 연결합니다. 꼭 개체별로 레이어를 분리해서 작업합니다.

레이어 정리하기

04 마지막으로 보완할 부분은 보완한 후 레이어를 정리해서 서브 캐릭터의 형태를 마무리하겠습니다. ❶ 추가하거나 보완이 필요한 부분을 정리합니다. ❷ 각각의 레이어를 선택해서 겹치는 형태는 지우고 최종적으로 사용할 형태만 남깁니다. ❸ 서브 캐릭터의 형태를 그린 각 레이어를 병합합니다.

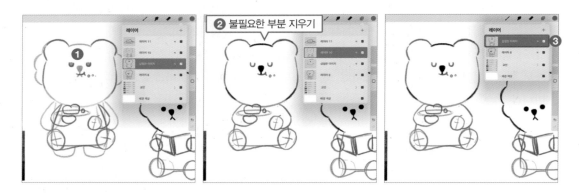

그리기 가이드로 3차원 공간 만들기

01 다음은 피크닉 매트와 기타 사물들을 그려주겠습니다. 바닥 면적과 맞닿아 있는 사물이나 개체가 많을수록 시점을 파악하기가 힘듭니다. 이런 경우에는 그리기 가이드를 활용해서 캔버스를 3차원 공간으로 인식하고 작업하면 도움이 됩니다. ❶ 동작 🖋을 선택하고 [캔버스]를 선택해 ❷ [그리기 가이드]의 토글을 켜줍니다. ❸ [그리기 가이드 편집]을 선택해 그리기 가이드 편집 모드로 들어갑니다. ❹ [원근]을 선택하고 ❺ 메인 캐릭터의 눈높이와 같은 위치에 펜슬로 화면을 콕 찍습니다. 점이 만들어집니다.

TIP 눈높이와 같은 선상에서 화면을 한번 콕 찍어주면 점이 만들어집니다. 이 점을 소실점이라고 합니다.

그리기 가이드의 원근을 활용해서 3차원 공간 만들기

그리기 가이드의 네 가지 옵션 중 원근은 점이 한 개면 1점 투시, 점이 두 개면 2점 투시 등 소실점을 여러 개 생성해서 다양한 원근과 공간감을 표현할 수 있습니다. 또, [옵션]을 선택하면 [가이드 옵션] 세부 메뉴가 나타나고, [그리기 도움받기] 토글을 켜면 가이드 선 (투시가 들어간 선)에 맞춰서 형태가 그려집니다. 이 방법으로 그림의 완성도를 높이고 시점과 형태를 정확하게 그릴 수 있습니다. 하지만 단순하고 자유로운 그림체를 구사하는 캐릭터 드로잉에서는 이렇게 투시에 딱딱 맞춰 작업하면 그림이 다소 회화처럼 보일 수 있습니다. 이 책에서는 그리기 도움받기는 사용하지 않고 3차원의 공간감만 파악하는 정도로 사용하겠습니다.

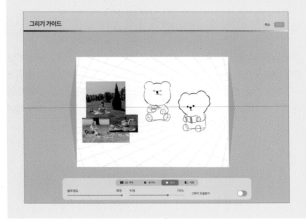

3차원 공간 만들기

02 이제 소실점을 두 개 생성해서 3차원 공간을 만들어보겠습니다. 첫 번째로 찍은 점을 기준으로 생성된 가로 선 위에 두 번째 점을 찍어볼 것입니다. 이때 캔버스 밖의 회색 공간에 점을 찍습니다. ❶ 먼저 캔버스의 오른쪽 바깥쪽에 점을 찍습니다. 이때 파란색 가로 선 위에 맞춰서 찍되, 예제처럼 캔버스에서 아주 조금 떨어진 지점에 찍습니다. ❷ 마찬가지로 왼쪽도 동일하게 점을 찍습니다. ❸ **01**에서 처음에 찍었던 점을 선택하고 [삭제]를 선택합니다.

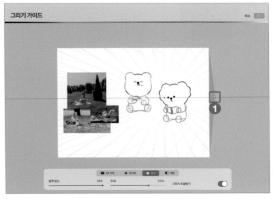 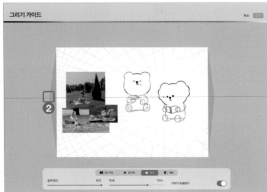

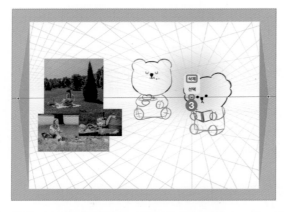

TIP 소실점을 쉽게 만드는 방법이 있습니다. 3차원의 공간은 소실점 두 개로 만드는데, 처음부터 소실점 두 개를 캐릭터 눈높이에 맞춰서 생성하기는 어렵습니다. 따라서 먼저 캐릭터의 눈 바로 옆에 점을 찍어서 눈높이에 맞는 기준 선을 만들어준 다음 그 선에 맞춰서 실제로 사용할 두 개의 소실점을 양쪽으로 찍어줍니다. 그런 다음 처음 기준 선을 지워주는 방식으로 진행합니다. 캔버스의 바깥쪽에 양쪽으로 찍는 소실점은 캔버스에서 멀어질수록 투시가 심해지기 때문에 자연스러운 공간감을 위해서는 캔버스에서 너무 멀지 않게 찍어야 합니다.

피크닉 매트 그리기

03 다음으로 가이드를 참고해서 피크닉 매트와 기타 사물을 그려주겠습니다. 소실점 두 개를 생성했다면 ❶ 오른쪽 상단에 있는 [완료]를 선택합니다. ❷ [레이어] 패널 맨 위에 피크닉 매트를 그려줄 새 레이어를 추가합니다. ❸ 가이드를 참고해서 바닥 면적에 놓여 있는 느낌이 들도록 다음과 같이 피크닉 매트를 그립니다.

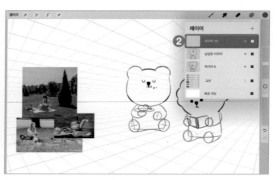

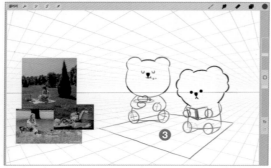

바게트와 식빵이 담긴 바구니, 와인 병과 와인 잔 그리기

04 피크닉 매트와 같은 방식으로 나머지 사물도 각각 새 레이어를 추가하고 개체별로 레이어를 분리하여 그립니다. ❶ [레이어] 패널 맨 위에 새 레이어를 추가하고 ❷ 음식이 담긴 바구니를 그립니다. ❸ 같은 방식으로 와인 병과 와인 잔을 그립니다.

흩어져 있는 꽃잎 그리기(생략 가능)

05 캐릭터와 사물의 스케치를 모두 마쳤습니다. ❶ 캐릭터와 사물이 조화롭게 잘 어울리는지 확인해 보고 위치를 적절하게 재배치합니다. ❷ 빈 공간을 꾸밀 수 있는 요소가 있다면 추가합니다. 여기서는 흩어져 있는 꽃잎을 추가로 그려 넣었습니다.

❶ 사물 위치 적절히 배치

❷ 꽃잎 추가로 그리기

두부작가의 꼼꼼한 NOTE | 개체는 어떻게 배치하면 좋을까?

개체는 캐릭터와 적절하게 잘 어우러질 수 있도록 배치합니다. 같은 선상에 놓여 있는 사물은 없는지, 너무 동일한 간격을 두고 배치하지는 않았는지 등 다양한 요소를 고려해야 합니다. 자연스럽고 공간감이 살아나는 배치를 할 수 있도록 충분히 연습합니다.

❶ 개체끼리 같은 선상에(가로축 혹은 세로축) 놓거나 동일한 간격으로 배치하지 않기

❷ 세 개 이상의 개체는 묶고 떨어트리기를 적절하게 사용하기(세 개일 때는 한 개/두 개로 나눠서 배치)

❸ 애매하게 겹치지 않도록 배치하기(형태가 완전히 겹쳐지거나 아예 떨어트려놓기)

❹ 모서리 부분이나 형태가 끝나는 지점에 배치하지 않기

레이어 정리하기

06 마지막으로 개체별로 레이어를 정리한 후 병합해서 마무리하겠습니다. ❶ [레이어] 패널에서 각 레이어를 선택해 개체별로 수정할 부분이 있는지 확인합니다. ❷ 캐릭터와 사물 레이어를 병합해 가이드 레이어를 하나로 만듭니다. ❸ 스케치에 방해를 받지 않을 정도로만 불투명도를 조절합니다.

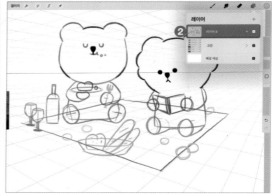

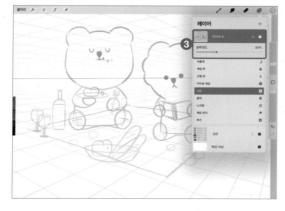

스케치 시작하기

01 이제 스케치를 진행하겠습니다. ❶ [레이어] 패널 맨 위에 새 레이어를 추가합니다. ❷ 책을 보고 있는 메인 캐릭터를 스케치합니다. 먼저 손과 발을 찐빵 모양으로 그리고 손으로 잡고 있는 책을 그립니다. 이어서 손과 어깨가 연결되도록, 발은 가랑이와 엉덩이와 잘 연결되도록 그립니다.

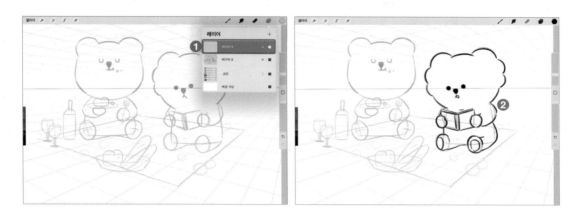

02 ❶ 같은 방식으로 [레이어] 패널 맨 위에 새 레이어를 추가합니다. ❷ 음식이 담긴 접시를 들고 있는 서브 캐릭터를 스케치합니다. 먼저 손으로 잡고 있는 접시와 포크를 그리고 찐빵 모양으로 손과 발을 그립니다. 이어서 손과 어깨가 연결되도록, 발은 가랑이와 엉덩이와 잘 연결되도록 그립니다.

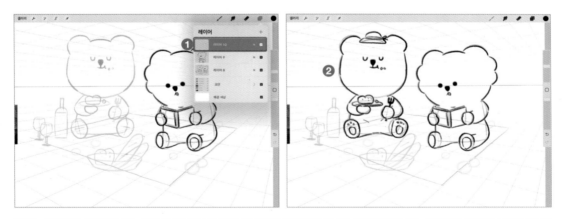

TIP 발바닥에 캐릭터에 맞는 적당한 무늬를 넣어주면 더 귀여운 발바닥이 됩니다. 바닥에 앉아 있는 캐릭터를 정면에서 바라보고 있다고 상상합니다. 발 모양을 찐빵으로 잡아준 후 발바닥 무늬를 넣어주면 귀여움과 자연스러움이 더해집니다.

03 계속해서 바게트와 식빵이 담긴 바구니, 와인 병과 와인 잔, 피크닉 매트를 스케치합니다. 이때 꼭 개체별로 레이어를 분리해서 작업합니다. 사물은 큰 형태부터 작은 형태, 디테일 순으로 그립니다.

 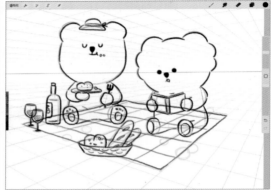

04 ❶ [레이어] 패널 맨 위에 흩어져 있는 꽃잎을 그릴 새 레이어를 추가합니다. ❷ 흩어져 있는 꽃잎을 스케치합니다. 모든 개체의 스케치가 끝나면 각 레이어를 선택해서 겹쳐져 있는 부분, 불필요한 부분은 지웁니다.

 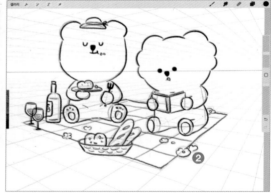

05 레이어를 정리해준 후 그림을 마무리하겠습니다. ❶ 필요한 형태만 남겨둔 각각의 스케치 레이어를 병합합니다. ❷ 가이드 레이어의 체크 박스를 선택해 가이드를 숨깁니다. ❸ 동작 🔧 을 선택하고 [캔버스]를 선택해 ❹ [그리기 가이드]의 토글을 끕니다.

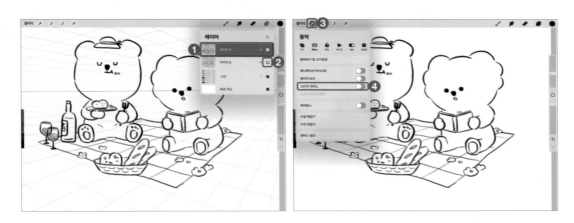

포즈 연습 단계에서는 스케치로만 연습해도 충분합니다. 간단하게 채색을 하고 싶다면 원하는 색으로 피크닉을 하고 있는 메인 캐릭터와 서브 캐릭터를 귀엽게 완성해봅니다.

PART
04

캐릭터
예쁘게 채색하기

캐릭터 드로잉을 처음 시작할 때는 선으로 형태를 표현하는 것이 가장 어렵지만 시간이 지날수록 결국 채색과 색상 고르는 것이 그림을 만드는 핵심인 것을 알게 됩니다. 이처럼 중요하면서도 어려운 채색, 어떻게 하면 내가 원하는 색상을 사용하면서 대중적이고 이론적으로도 어울리는 색상을 찾을 수 있을까요? 그 방법을 알아보겠습니다.

Chapter 01

색상 고민은 이제 그만!
예쁜 색만 골라서 쉽게 채색하자

나만의 캐릭터로 다양한 포즈도 만들고 귀여운 그림을 그려낼 수 있을 즈음이면 색상에 대한 고민이 시작됩니다. 형태를 만들어내는 것도 중요하지만 그림의 전체적인 분위기와 느낌을 좌우하는 요소에 색상은 빠질 수 없습니다. 이번에는 색에 대한 기초 지식과 캐릭터와 어울리는 배색 방법을 배워보겠습니다.

프로크리에이트의 색상 모드를 통해 알아보는 색의 기초 지식

색의 개념이나 조화로운 배색을 할 수 있는 방법을 간략하게 알아보겠습니다. 특별히 색감을 선택하는 부분에 있어서는 프로크리에이트의 다섯 가지 색상 모드를 잘 활용하면 보다 쉽게 접근할 수 있습니다. 이를 활용해서 기본적으로 알아야 하는 색에 대한 간단한 개념과 캐릭터와 어울리는 색감을 손쉽게 찾아내고 조합하는 법을 익혀보겠습니다.

채색하기 전에 꼭 알아야 하는 색에 대한 기초 개념

색의 세 가지 속성은 색상, 명도, 채도입니다. 색은 이 세 가지 속성의 차이로 구별됩니다. 색은 크게 유채색과 무채색(검은색, 흰색, 회색과 같이 밝기만 있고 색상과 채도가 없는 색)으로 나뉩니다. 이 외에도 색이 같은 동색, 비슷한 유사색, 반대되는 보색 등의 개념이 있습니다.

색상(Hue)

색상은 색 자체가 갖는 고유 특성을 말합니다. 빨강, 노랑, 파랑 등 우리가 구분할 수 있는 수많은 색 자체를 의미합니다. 이 색들을 둥근 원의 형태로 배치한 것이 색상표이며, 프로크리에이트 색상 모드 중 디스크 모드와 가장 흡사합니다.

채도(Saturation)

채도는 색의 선명하고 탁함의 정도를 의미합니다. 다른 색이 섞이지 않은 순색에 가까울수록 채도가 높고(선명하고) 다른 색이 섞이며 흐려지고 탁해질수록 채도가 낮아집니다.

명도(Lightness)

색의 밝고 어두운 정도를 의미합니다. 흰색에 가까울수록 명도가 높고 검은색에 가까울수록 명도가 낮아집니다.

색의 톤(색조)

톤(Tone)이란 색의 속성인 색상, 명도, 채도 중 명도와 채도를 합친 개념으로 쉽게 말해 색의 강약에 대한 개념입니다. 우리가 흔히 말하는 밝은 톤, 어두운 톤, 파스텔 톤 등이 바로 톤에서 나온 말입니다. 이 톤을 제대로 사용해야 손쉽게 배색할 수 있기 때문에 아주 중요한 개념이라고 할 수 있습니다. 대표적으로 13개의 톤이 있는데 캐릭터 드로잉에서는 비비드 톤, 라이트 톤, 소프트 톤이 많이 쓰입니다. 톤을 살펴보면서 내가 어떤 톤을 좋아하고 잘 쓰는지 파악하고 톤별로 색상을 저장해두는 것도 배색하는 데에 많은 도움이 됩니다.

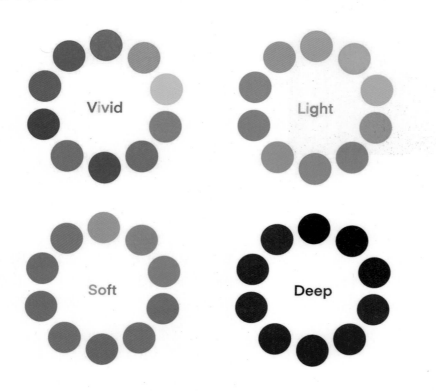

가장 많이 쓰는 프로크리에이트 색상 모드, 클래식 모드와 하모니 모드

프로크리에이트는 디스크 모드, 클래식 모드, 하모니 모드, 값 모드, 팔레트 모드 등 총 다섯 가지의 색상 모드가 있습니다. 각 모드의 특징을 내 작업물에 어떤 식으로 활용하느냐에 따라서 앞으로의 색상 작업을 보다 편하게 진행할 수 있습니다. 여기서는 가장 많이 사용할 클래식 모드와 하모니 모드에 대해서 알아보겠습니다.

클래식 모드

클래식 모드는 두부가 작업할 때 주로 사용하는 모드입니다. 한눈에 색조, 명도, 채도를 포괄적으로 볼 수 있는 디스크 모드와 달리 선택한 색상의 스펙트럼을 더욱 세세하게 살펴보고 조절 및 선택할 수 있는 모드입니다. 사각형의 컬러 피커 영역에서 색상을 선택하면 채도와 명도를 한눈에 보고 조절할 수 있습니다. 컬러 피커 아래에 순서대로 색조, 채도, 명도로 구성된 세 가지 슬라이더 바를 활용하면 더욱 미세하게 조절할 수 있습니다.

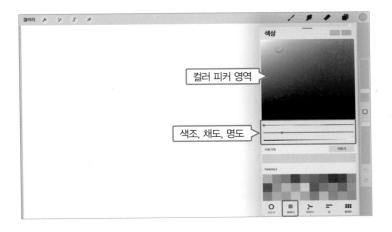

하모니 모드

클래식 모드가 현재 사용할 색상을 선택하는 기능이었다면 하모니 모드는 현재 선택한 색상과 유사한 색 또는 반대되는 색 등 현재 선택된 색상과의 다양한 조합을 찾아주는 색상 기능입니다. 하모니 모드에서는 왼쪽 상단에 나타나는 텍스트를 선택하면 보색, 보색 분할, 유사, 삼합, 사합 등 총 다섯 가지 옵션이 나타납니다. 이 다섯 가지 기능이 색상 고민을 덜어줄 수 있는 키라고 할 수 있습니다. 기능에 대한 자세한 사용법은 172쪽 **핵심만 콕콕! 일러스트 배색 방법**에서 알아보겠습니다.

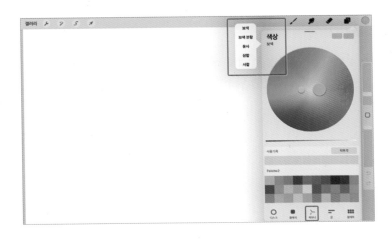

팔레트의 다양한 기능 알아보기

필요할 때마다 색을 찾아서 작업하는 것도 좋지만 미리 저장해둔 색상을 언제든지 불러와 사용할 수 있다면 훨씬 편리할 것입니다. 이러한 기능을 제공하는 것이 팔레트 모드입니다. 팔레트 모드는 디스크 모드, 클래식 모드, 하모니 모드, 값 모드를 사용할 때도 항상 하단에 있습니다. 다른 모드를 사용할 때도 언제든지 필요한 색상을 불러올 수 있도록 함께 사용하는 기능입니다. 이렇게 특정 색상을 미리 저장해두고 사용할 수 있는 기능 외에도 다양하게 사용할 수 있는 부가적인 기능도 많습니다. 이 중에서 가장 많이 사용되는 기능 위주로 살펴보겠습니다.

새로운 팔레트 생성하고 색을 추가하는 법

❶ 색상●을 선택하고 ❷ [팔레트]를 선택합니다. ❸ 팔레트 모드에서 새로운 팔레트[+]를 선택하고 ❹ [새로운 팔레트 생성]을 선택합니다. ❺ 팔레트 안의 비어 있는 작은 네모를 선택하면 현재 선택되어 있는 색상이 저장됩니다.

외부 앱을 활용해 커스텀 팔레트 만들기

팔레트 모드에서 새로운 팔레트[+]를 선택하면 [새로운 팔레트 생성] 외에도 [카메라로 새로운 작업], [파일로 새로운 작업], [사진 앱으로 새로운 작업] 메뉴가 있습니다. 이 세 가지 메뉴는 외부 앱을 활용해 커스텀 팔레트를 제작하는 방법입니다.

카메라로 새로운 작업

[카메라로 새로운 작업]을 선택하면 카메라 앱이 실행됩니다. 아이패드 카메라로 직접 원하는 이미지를 촬영하면 이미지에 있는 색상 값이 그대로 추출되어 팔레트에 자동으로 저장됩니다. 즉석에서 원하는 색을 커스텀 팔레트로 만들기에 좋은 기능입니다.

파일로 새로운 작업

아이패드에 있는 [파일], [사진]에서 원하는 이미지를 가져와 커스텀 팔레트로 만들 수 있습니다.

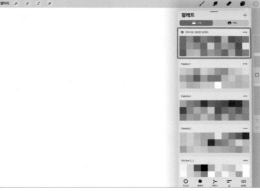

사진 앱으로 새로운 작업

[카메라로 새로운 작업]을 선택하면 즉석에서 이미지를 촬영해 커스텀 팔레트로 만들 수 있었습니다. [사진 앱으로 새로운 작업]을 선택하면 아이패드에 저장되어 있는 이미지를 커스텀 팔레트로 만들 수 있습니다. 단, [사진]에 저장된 이미지는 해상도 문제로 정확한 색상을 추출하기가 어렵습니다. 이미지를 불러와 사용할 때는 색상을 잘 확인하고 채도와 명도를 조금씩 조절하면 더 산뜻한 색감을 만들 수 있습니다.

색상 팔레트 추천 사이트

앞서 알아본 방식처럼 원하는 색상을 팔레트로 가져오는 방법도 있지만 배색이 잘 되어 있는 색상 팔레트를 추천해주는 사이트도 있습니다. 원하는 색을 고르기가 힘들거나 번거로운 경우에는 이런 사이트를 활용해 팔레트를 많이 저장해둡니다. 특히, 자주 사용하는 색 위주로 정리해두면 더욱 편리합니다.

어도비 컬러(color.adobe.com/ko/create/color-wheel)

단색, 보색, 보색 분할 등 다양한 배색 조합을 추천해주는 사이트

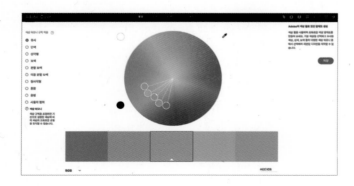

paletton(paletton.com/)

단색, 보색, 보색 분할 등 다양한 배색 조합을 추천해주는 사이트

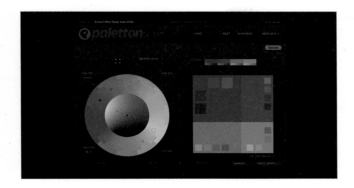

컬러 헌트(colorhunt.co/)

잘 어울리는 다양한 색 조합을 추천해주는 사이트

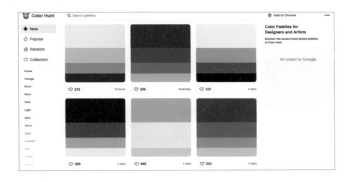

LOLCOLORS(webdesignrankings.com/resources/lolcolors/)

잘 어울리는 다양한 색 조합을 추천해주는 사이트

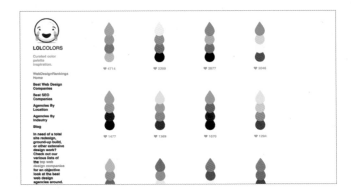

Web Gradient(webgradients.com/)

어울리는 그라데이션의 색 조합을 추천해주는 사이트

핵심만 콕콕! 일러스트 배색 방법

하모니 팔레트를 활용한 기본 배색법

하모니 모드는 보색, 보색 분할, 유사, 삼합, 사합으로 구성되어 있어서 선택한 색상과 유사한 색 또는 반대되는 색 등 다양한 색 조합을 찾아주는 기능입니다. 하모니 모드를 잘 활용하면 내가 만든 캐릭터와 어울리는 색 조합을 쉽게 찾을 수 있습니다. 하모니의 다섯 가지 조합에 클래식 모드를 활용한 단색 조합까지 총 여섯 가지 배색법에 대해서 알아보겠습니다. 예제는 파란색(#72b8e6)을 기준으로 작업했습니다.

보색 | 색상 휠에서 서로 반대편(맞은편)에 위치한 색상입니다. 색조는 동일하지만 반대편 지점에 위치해 있어서 색상 간의 대비는 큽니다.

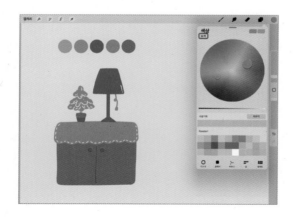

보색 분할 | 보색과 그 주변의 유사색을 함께 사용하는 방법입니다. 보색만큼의 효과적인 대비를 볼 수는 없지만 편안한 느낌으로 색의 조화를 줄 수 있습니다.

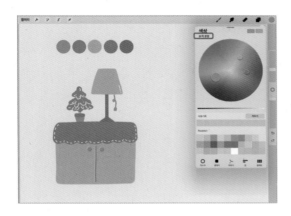

유사 | 색상 휠에서 인접해 있는 색입니다. 인접한 색상은 잘 혼합되기 때문에 안정감과 자연스러운 느낌을 줍니다.

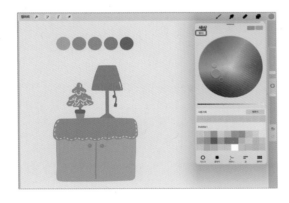

삼합 | 색상 휠에서 거리가 동일한 간격으로 배치된 세 가지 색상을 사용합니다. 큰 대비 없이 조화로운 느낌을 낼 수 있습니다.

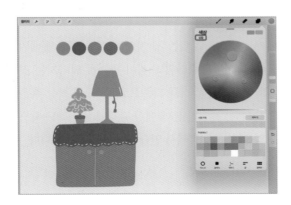

사합 | 색상 휠에서 정사각형의 각 꼭지점에 위치한 네 가지 색상을 사용합니다. 다른 느낌의 네 가지 색을 사용해서 다양한 느낌을 연출할 수 있습니다.

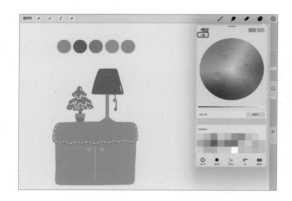

클래식 모드를 활용한 단색 | 한 가지 단일 색상에서 채도와 명도에만 변화를 줍니다. 색상은 동일하기 때문에 무난하게 서로 어울리는 느낌을 낼 수 있습니다.

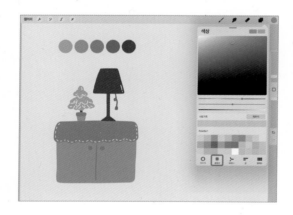

실전! 쉽게 따라 할 수 있는 세 가지 배색법

프로크리에이트의 팔레트 기능을 활용해서 실전에서 쉽게 따라 할 수 있는 세 가지 배색법에 대해 배워보겠습니다. 다음 보기와 같이 어떤 색상으로 배색하느냐에 따라 캐릭터의 느낌이 완전히 달라지는 것을 확인할 수 있습니다. 꼭 다양한 색상을 사용하지 않더라도 메인 컬러를 기준으로 한 가지 색상 혹은 대비되거나 유사한 색상을 활용해서 손쉽게 배색할 수 있습니다. 특별히 톤에 대한 감각이 없더라도 하모니의 다섯 가지 모드만 잘 이해하면 보다 쉽게 채색할 수 있습니다. 반복해서 연습하는 것을 추천합니다.

한 가지 색상으로 변화를 준 배색법 | 채도를 통일한 색 조합 | 색상의 대비를 준 색 조합

한 가지 색상으로 변화를 준 배색법

한 가지 단일 색상에서 채도와 명도에만 변화를 줍니다. 메인 컬러 한 가지를 정하고 채도와 명도에 변화를 주어 채색합니다.

• 메인 컬러(캐릭터 색상 혹은 메인으로 설정한 한 가지 컬러)에서 채도와 명도에 변화만 준 세 가지 이상의 색을 선택합니다. 원하는 색 조합을 만들어줍니다.

• **배색에 사용된 색 조합** | #ddd0c8(메인 컬러), #e89082, #f1b8af, #c6695a, #775853

TIP 흰색, 회색, 검은색과 같은 무채색을 섞어서 배색하면 안정적으로 배색할 수 있습니다.

채도를 통일한 색 조합

색 조합만 두고 보면 서로 모두 다른 색이지만 채도와 명도의 값을 비슷하게 맞춘 상태에서 색상에 변화만 줍니다. 동일한 톤(파스텔 톤)으로 구성되어 있기 때문에 편안하고 안정적인 느낌을 줍니다. 메인 컬러 한 가지를 정해서 그 컬러와 비슷한 채도와 명도의 값을 가지고 있는 다른 색상으로 조합하는 방법입니다. 유사색 등을 활용하면 보다 더 잘 어울리는 색을 조합할 수도 있습니다.

• 같은 톤(채도, 명도가 비슷한 색상들)으로 구성된 색 조합을 사용합니다. 매력적인 배색을 추천해주는 색상 팔레트 사이트를 활용해서 작업하면 더욱 쉽게 작업할 수 있습니다.

• **배색에 사용된 색 조합** | #ddd0c8(메인 컬러), #d9d7f1, #fffdde, #e7fbbe, #ffcbcb

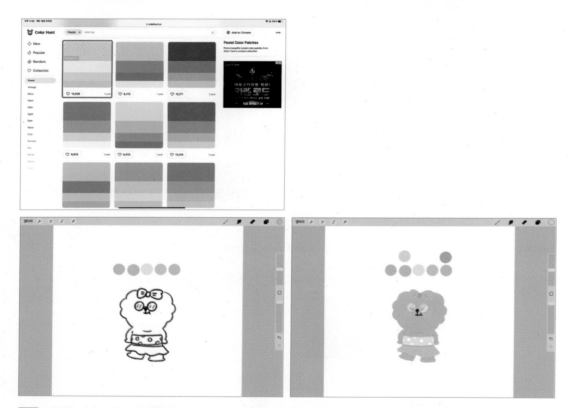

TIP 채색을 하다가 색상이 조금 더 필요한 경우가 있습니다. 기존의 배색에서 한두 가지 색의 명도만 살짝 변경한 색을 추가합니다. 보다 폭넓게 배색해보는 것입니다.

색상의 대비를 준 색 조합

대비가 뚜렷한 색을 조합하면 한눈에 명쾌하고 매력적인 느낌을 낼 수 있습니다. 메인 컬러와 그 컬러의 보색으로 구성하는 방법입니다.

• 하모니 모드에서 보색 또는 보색 분할을 활용해 메인 컬러(캐릭터 색상 혹은 메인으로 설정한 한 가지 색)를 찾습니다. 이 메인 컬러와 반대되는 컬러를 사용해 원하는 색 조합을 만듭니다.

• **배색에 사용된 색 조합** | #ddd0c8(메인 컬러), #ede5be, #cdbeed, #bedded, #deedbe

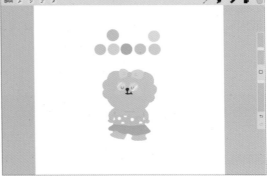

 두부작가의 꼼꼼한 NOTE

쉽게 따라 할 수 있는 배색법을 적용해 채색한 스티커 개체

꽃이라는 테마로 메인 컬러를 몇 가지로 정해 배색한 그림입니다. 전체적으로 톤도 잘 맞고 부드러운 통일감 있는 분위기를 연출하고 있습니다. 이처럼 배색법을 잘 활용하고 연습해서 한 화면을 조화롭게 구성할 수 있는 채색 역량을 기르도록 합니다.

Chapter **02** ─────────────────────────────────○

채색하기 전에 꼭 알아야 하는
레퍼런스, 클리핑 마스크

○───○

프로크리에이트로 편리하게 채색을 하는 기능은 여러 가지가 있지만 그중에 가장 중요한 기능 두 가지만 꼽는다면 바로 레퍼런스 기능과 클리핑 마스크 기능입니다. 이 두 가지 기능은 다양한 레이어 기능을 활용한 그림 효과를 구현하는 데에 아주 기본이 되면서도 중요한 기능으로 이번 챕터에서 확실하게 익히도록 합니다.

레이어의 기준이 되는 고급 기능, 레퍼런스

레퍼런스 기능이란?

레퍼런스(Reference)는 참고, 참조의 뜻으로, 레퍼런스 기능을 적용한 레이어는 다른 모든 레이어의 기준이 됩니다. 쉽게 설명하면, 특정 레이어에 레퍼런스 기능을 적용하면 해당 레이어의 그림이 다른 레이어에도 모두 동일하게 그려져 있다고 인식됩니다. 레퍼런스 기능이 적용되지 않은 레이어에도(다른 그림이 그려져 있다고 해도) 레퍼런스 기능을 적용한 레이어의 그림이 그려져 있는 것으로 인식되기 때문에 모든 기능이 레퍼런스를 적용한 레이어를 기준으로 활성화됩니다.

레퍼런스 기능을 라인 레이어에 적용하면 다른 레이어에도 라인 레이어에 그려진 그림이 그려져 있다고 인식합니다. 즉, 아무것도 그려져 있지 않은 빈 레이어에도 마치 라인 레이어의 그림이 있는 것처럼 인식해 컬러 드롭으로 색상을 채울 수 있습니다. 이와 같은 원리로 라인 드로잉에 레퍼런스 기능을 활용해 보겠습니다. 단, 컬러 드롭은 라인이 모두 막혀 있는 상태에서만 사용할 수 있으므로 라인이 모두 막혀 있는지의 유무에 따라 각기 다른 방식으로 작업합니다.

라인이 빈틈 없이 막혀 있어 개체에만 레퍼런스 기능이 적용됨

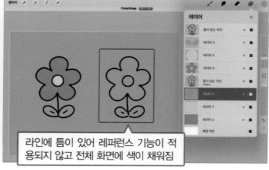

라인에 틈이 있어 레퍼런스 기능이 적용되지 않고 전체 화면에 색이 채워짐

레퍼런스 기능 활용하기

예제 파일 | 레퍼런스 기능-막힌 라인.psd

라인이 막혀 있는 레이어에 레퍼런스 기능 활용하기

01 사방이 모두 라인으로 막혀 있는 형태의 경우 컬러 드롭을 사용할 수 있습니다. ❶ **레퍼런스 기능-막힌 라인.psd** 파일을 불러옵니다. ❷ 레이어 ▣ 를 선택하고 ❸ [레이어] 패널에서 라인 레이어(틈이 없는 라인)를 선택한 후 ❹ [레퍼런스]를 선택합니다. 레이어 이름 아래에 레퍼런스 글자가 표시됩니다.

02 원하는 색을 컬러 드롭을 활용해 꽃잎에 먼저 채색해보겠습니다. ❶ 라인 레이어 아래에 채색을 진행할 새 레이어를 추가합니다. ❷ 색상 ● 을 선택하고 ❸ [색상] 패널에서 원하는 색을 선택합니다. ❹ 컬러 드롭으로 꽃잎을 채색합니다.

TIP 레퍼런스 기능을 사용하지 않았을 때는 빈 레이어에 컬러 드롭으로 색을 떨어트려놓으면 전체 캔버스에 색이 채워집니다. 레퍼런스 기능을 라인 레이어에 적용했기 때문에 라인 레이어가 기준이 되었고, 선이 막혀 있는 꽃잎 부분만 색이 채워졌습니다.

두부의 작업실
구독 www.youtube.com/@dubu_studio

아이패드 드로잉의 실전은 채색이에요.
색칠할 때 정말 필요한 알짜배기 기능만 눌러담은 프로크리에이트 채색법!
QR 코드로 접속하고 두부 작가의 재생 목록에서 학습해보세요.

03 같은 방식으로 각각 레이어를 추가해서 나머지 부분도 채색합니다. 레퍼런스 기능을 적용하면 라인의 두께 부분을 제외하고 색이 채워지기 때문에 형태 사이에 자연스럽게 틈이 생깁니다. 즉, 채색한 개체끼리 틈을 두고 떨어져 있기 때문에 채색한 레이어는 순서에 상관없이 편하게 작업할 수 있습니다.

라인이 막혀 있지 않은 레이어에 레퍼런스 기능 활용하기

예제 파일 | 레퍼런스 기능—열린 라인.psd

04 사방이 모두 라인으로 막혀 있지 않은 형태의 경우 컬러 드롭을 사용할 수 없습니다. 막혀 있는 형태의 라인 레이어를 별도로 만들고 레퍼런스를 적용해 채색해야 합니다. ❶ **레퍼런스 기능—열린 라인.psd** 파일을 불러옵니다. ❷ 레이어 ▣를 선택하고 [레이어] 패널에서 ❸ 라인 레이어(틈이 있는 라인)를 복제합니다. 레퍼런스 기능을 적용하기 위한 별도의 레이어를 만들었습니다.

두부작가의 꼼꼼한 NOTE | 레퍼런스 기능과 컬러 드롭으로 개체에 색을 채우는 조건

컬러 드롭은 사방으로 선이 막혀 있는 형태에 색을 드래그하여 채우는 기능입니다. 따라서 색을 채워 넣을 외곽선이 막혀 있지 않으면 뚫려 있는 틈 사이로 색이 빠져나가서 전체 캔버스에 색이 채워집니다. 라인이 있는 그림에서 레퍼런스 기능과 컬러 드롭 기능을 함께 사용해서 채색을 진행할 경우, 라인이 반드시 막혀 있어야 컬러 드롭과 함께 사용할 수 있습니다.

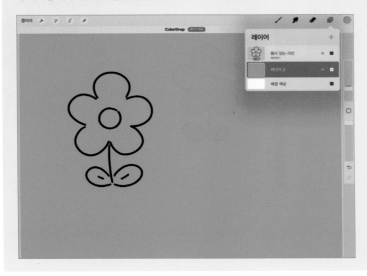

05 ❶ 복제한 라인 레이어가 선택된 상태에서 막혀 있지 않은 꽃 형태 부분을 선으로 막아줍니다. ❷ 틈이 보이는 곳이 없는지 확인한 후 복제한 라인 레이어에 레퍼런스 기능을 적용합니다.

06 빈틈 없이 사방을 모두 막았기 때문에 이제 컬러 드롭을 활용해 꽃을 채색할 수 있습니다. ❶ 복제한 라인 레이어 아래에 새 레이어를 추가합니다. ❷ 컬러 드롭으로 꽃잎을 채색합니다. ❸ 같은 방식으로 각각 레이어를 추가해서 나머지 부분도 채색합니다. 꽃잎, 꽃 중앙, 잎사귀 등 총 세 개의 레이어로 분리해서 작업합니다.

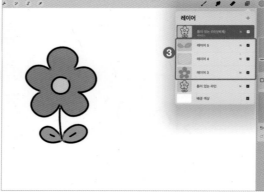

07 ❶ 복제해서 선으로 막아준 라인 레이어는 채색을 모두 마쳤으면 지워줍니다. ❷ 라인 레이어(틈이 있는 라인)의 위치는 [레이어] 패널의 맨 위로 옮기고 마무리합니다.

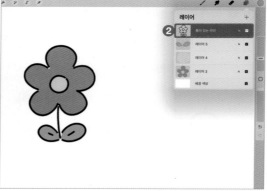

라인이 사방으로 막힌 그림과 막혀 있지 않은 그림 비교하기

라인이 있는 채색법은 형태를 직관적으로 보여주기 때문에 그림이 깔끔하고 선명하게 보입니다. 하지만 라인이 곧 또렷한 경계가 되어 그림이 답답하게 보일 수 있습니다. 라인을 어떻게 그렸느냐에 따라서 평면적으로 보일 수 있다는 단점도 있습니다. 라인이 있는 그림을 그릴 때는 라인 사이에 틈을 남겨두면 이러한 단점을 보완할 수 있습니다.

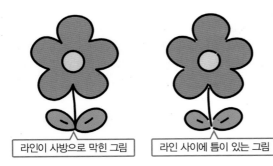

라인이 사방으로 막힌 그림   라인 사이에 틈이 있는 그림

그리기와 채색을 더 쉽게! 클리핑 마스크

예제 파일 | 클리핑 마스크 기능.psd

클리핑 마스크 기능이란?

클리핑 마스크는 상위 레이어가 하위 레이어 영역 안으로 들어가는 기능입니다. 예를 들어, [A] 레이어의 위에 [B] 레이어를 만들어서 클리핑 마스크 기능을 적용하면 [B] 레이어에서 그리는 그림은 [A] 레이어에 그려진 영역에만 그려집니다.

클리핑 마스크 기능을 활용해서 채색하기

클리핑 마스크는 상위 레이어의 그림이 하위 레이어의 그림 안에서만 그려지므로 내가 원하는 영역에만 그림을 그릴 수 있게 됩니다. 캐릭터 드로잉에서는 보통 캐릭터에 무늬를 넣거나 옷에 도트나 줄무늬 등 큰 형태 안에 귀속된 형태를 그려야 할 때 사용하면 편리합니다. 여러 가지 사물이 겹쳐져 있을 때에도 특정 형태에만 클리핑 마스크를 적용할 수 있습니다.

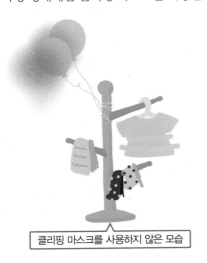

클리핑 마스크를 사용하지 않은 모습

클리핑 마스크를 사용한 모습

01 클리핑 마스크 기능을 활용해서 사물별로 다양한 효과를 넣어주겠습니다. ❶ **클리핑 마스크 기능**.psd 파일을 불러옵니다. ❷ 레이어 🗐를 선택하고 [레이어] 패널을 확인하면 개체별로 레이어가 잘 분리되어 있습니다. 클리핑 마스크는 레이어가 잘 분리되어 있어야 원하는 국소 영역에만 다양한 효과를 넣어줄 수 있습니다.

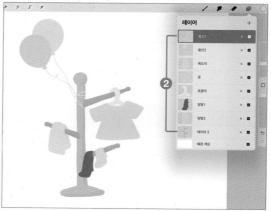

02 먼저 러프 브러시를 활용해서 연보라색 풍선에 입체감을 넣어보겠습니다. ❶ 브러시 ✎를 선택하고 ❷ [브러시 라이브러리]에서 [러프 브러시]를 선택합니다. ❸ 색상 ●을 선택하고 ❹ [색상] 패널에서 연보라색 풍선(풍선1)보다 조금 어두운 색을 선택합니다.

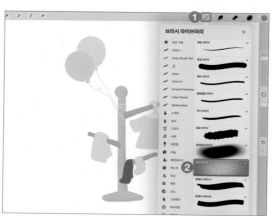
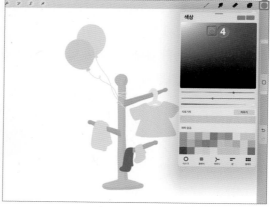

03 ❶ [레이어] 패널에서 [풍선1] 레이어 위에 새 레이어를 추가합니다. ❷ 추가한 새 레이어를 선택하고 [클리핑 마스크]를 선택합니다. ❸ 클리핑 마스크 기능이 적용되면 아래 레이어를 향하는 화살표 모양이 나타납니다. 이 표시는 해당 레이어에 그리는 그림이 화살표가 향한 하단의 레이어 그림에만 그려진다는 것을 의미합니다. ❹ 풍선1 위에 색을 칠해봅니다. 러프 브러시 특성상 밖으로 많이 퍼져나가는데 클리핑 마스크 기능을 활용했기 때문에 풍선1에만 색이 채워집니다.

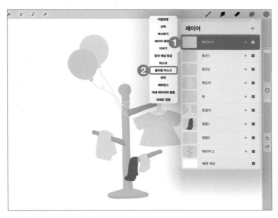

두부작가의 꼼꼼한 NOTE 클리핑 마스크를 적용하지 않고 채색한다면?

클리핑 마스크를 적용하지 않고 03 과정을 진행한다면 다음과 같이 풍선 바깥 부분까지 채색됩니다. 이는 클리핑 마스크를 적용했다가 해제했을 때도 동일하게 나타나는 현상입니다. 이 경우 풍선을 제외한 부분은 따로 지워야 하기 때문에 번거로운 것은 물론이고 풍선 부분도 깔끔하지 않게 채색됩니다. 클리핑 마스크를 활용해주는 것이 좋습니다.

04 같은 방식으로 클리핑 마스크 기능을 적용해서 옷 레이어 위에 줄무늬 효과를 넣어보겠습니다. ❶ 깔끔한 줄무늬를 표현하기 위해서 [깔끔 브러시]를 선택하고 ❷ 원하는 색상을 선택합니다. 여기서는 노란색 계열을 선택했습니다. ❸ [옷] 레이어 위에 새 레이어를 추가하고 클리핑 마스크를 적용한 후 옷에 줄무늬를 그립니다.

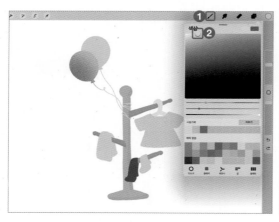
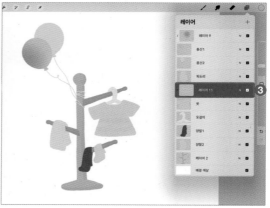

05 이번에는 [양말1] 레이어에 두 개 이상의 클리핑 마스크 레이어를 만들어보겠습니다. ❶ [양말1] 레이어 위에 새 레이어를 추가하고 클리핑 마스크를 적용합니다. ❷ 행거 뒤로 넘어간 양말 부분을 더 진한 색으로 칠합니다. ❸ [양말1] 레이어와 클리핑 마스크를 적용한 레이어 사이에 새 레이어를 추가합니다. 추가한 레이어를 확인하면 자동으로 클리핑 마스크가 적용되는 것을 확인할 수 있습니다.

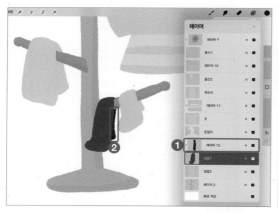

06 이렇게 두 개 이상 생성된 클리핑 마스크 레이어는 모두 일반 레이어(양말1)를 기준으로 적용됩니다. 다수의 클리핑 마스크 레이어는 서로 연관성이 없으며 위아래 개념만 갖습니다. 이 개념을 적용해 뒤로 넘어간 양말 색상 레이어(레이어12)처럼 양말1 위에 도트 무늬를 추가하겠습니다. ❶ 도트 무늬의 색을 선택합니다. 여기서는 분홍색 계열을 선택했습니다. ❷ 클리핑 마스크 레이어(레이어 13)가 선택된 상태에서 도트 무늬를 표현합니다. 채색을 진행하면 양말1 상단에 동일하게 클리핑 마스크 기능이 적용되지만 도트 무늬를 작업한 레이어(레이어13)가 뒤로 넘어간 양말 색상 레이어(레이어12)보다 하단에 있기 때문에 도트 무늬가 일정 부분 가려지는 것을 확인할 수 있습니다.

07 앞서 배운 개념을 이해하고 나머지 소품도 클리핑 마스크를 적용해 나만의 방식으로 꾸며봅니다. [레이어] 패널을 열어보면 레이어를 분리했기 때문에 원하는 곳에 개별적으로 클리핑 마스크 기능을 잘 활용할 수 있었습니다. 클리핑 마스크 기능은 채색의 퀄리티를 높여주고 작업을 깔끔하게 진행할 수 있도록 도와줍니다.

Chapter 03

또랑또랑, 눈에 띄는 캐릭터 채색하기

캐릭터를 채색하는 방법에는 여러 가지가 있지만 대표적으로 외곽선의 유무에 따라 두 가지의 채색법으로 나눌 수 있습니다. 그중 첫 번째로 외곽선이 있는 유테(테두리가 있는) 채색 방법에 대해 배워보겠습니다.

돋보이고 싶을 때, 캐릭터의 외곽선을 살려 채색하기

예제 파일 | 튜브를 타고.psd

앞서 배운 레퍼런스와 클리핑 마스크 기능을 활용해 유테 채색을 해보겠습니다. 이번에는 단순히 색칠하는 시간을 단축해주는 것뿐만 아니라 이 기능들을 어떻게 사용하면 더욱 채색이 풍성해지는지 그 응용법도 함께 알아보겠습니다. 한땀 한땀 직접 채색하는 것보다 훨씬 편리하게 작업할 수 있을 뿐만 아니라 한층 높아진 퀄리티의 채색을 만들 수 있을 것입니다.

유테 채색에 사용할 스케치 불러오기

01 캐릭터 유테 채색은 '튜브를 타고' 포즈 시트를 활용해 진행하겠습니다. ① [동작 🔧]–[추가]–[사진 삽입하기]를 선택해 ② 포즈 시트인 **튜브를 타고.psd** 파일을 불러옵니다. ③ 레이어 🗂를 선택하고 ④ 레이어의 [불투명도]를 20%로 조절합니다.

캐릭터의 외곽선 진행하기

02 포즈 시트를 참고해 내 캐릭터가 튜브 위에 누워 있는 모습을 스케치합니다. ① 포즈 시트 위에 새 레이어를 추가한 후 ② [펜슬 브러시]로 튜브 위에 누워 있는 캐릭터를 스케치합니다. ③ 스케치를 완성한 후 포즈 시트 레이어를 삭제합니다. ④ 본격적인 드로잉에 방해되지 않게 스케치 레이어의 [불투명도]를 30%로 조절합니다.

03 스케치를 따라 외곽선을 그려주겠습니다. 형태를 그리는 작업이 어려울 경우 예제와 같이 시트 변형 → 스케치 → 라인 드로잉 순으로 작업을 합니다. 이 과정이 익숙해지면 시트 변형 → 라인 드로잉으로 진행합니다. ❶ 레이어 🗐를 선택하고 ❷ [레이어] 패널에서 스케치 레이어 위에 새 레이어를 추가합니다. ❸ 외곽선을 그릴 브러시를 선택합니다. 여기서는 [매끈 브러시]를 사용했습니다. 브러시 중 원하는 브러시를 선택해서 진행하되 질감이나 효과가 많이 들어간 브러시는 피합니다. ❹ 형태별로 레이어를 분리하여 스케치를 따라 외곽선을 그립니다.

두부작가의 꼼꼼한 NOTE

라인 드로잉에서는 브러시 포인트가 중요하다고?

외곽선을 드로잉할 때는 브러시 포인트에 따라 라인의 굵기가 달라집니다. 하나의 개체 안에서 브러시 포인트를 계속 다르게 해서 작업하게 되면 그림의 통일감과 입체감이 떨어지는 문제가 발생합니다. 라인 드로잉을 할 때는 다음을 고려해 작업합니다.

❶ 형태별로 브러시 포인트를 최대한 동일하게 해서 작업하기

❷ 작은 형태의 경우 브러시 포인트를 아주 조금만 조절해서 작업하기

❸ 브러시 포인트를 저장해서 일정한 두께 유지하기

원하는 브러시 포인트로 조절한 후 사이드바의 슬라이더를 움직이면 브러시 크기 창이 나타납니다. [+]을 선택하면 해당 크기가 슬라이더 위에 막대 표시로 저장됩니다. [+]가 [−]로 바뀌고 [−]를 선택하면 저장된 브러시 포인트를 삭제할 수 있습니다. 브러시 포인트는 원하는 만큼 저장할 수 있습니다.

레퍼런스 기능을 활용해서 채색하기

04 레퍼런스 기능을 활용해서 채색해보겠습니다. ❶ 형태별로 나눠서 작업한 레이어를 모두 선택합니다. ❷ [그룹]을 선택해 선택된 레이어를 그룹으로 묶습니다. ❸ 그룹으로 묶은 레이어를 복제해서 두 개의 라인 레이어 그룹을 만듭니다. ❹ 레퍼런스용 레이어를 만들기 위해 [레이어] 패널에서 맨 위에 있는 그룹 레이어를 병합합니다.

TIP 라인이 빈 틈 없이 모두 막혀 있다면 레퍼런스용 레이어를 따로 만들지 않아도 됩니다. 단, 라인별로 색을 다르게 적용하고 싶다면 레이어를 구분해서 만들고, 다음 작업을 동일하게 실습하세요.

05 ❶ 병합한 레이어가 선택된 상태에서 ❷ 선이 막혀 있지 않은 부분을 다음과 같이 빨간색으로 그려서 막아줍니다. 어떤 색을 사용해도 괜찮습니다. 여기서는 빨간색을 사용했습니다. ❸ 선을 다 막은 레이어에 레퍼런스 기능을 적용합니다. ❹ 레퍼런스를 적용한 레이어 아래에 채색할 새 레이어를 추가합니다.

06 레퍼런스 기능을 활용해 채색을 진행하고 라인을 정리하겠습니다. ❶ 레퍼런스를 적용한 라인 레이어 아래에 형태별로 레이어를 나누고 컬러 드롭으로 채색합니다. ❷ 채색을 마치면 레퍼런스 기능을 적용했던 레이어를 왼쪽으로 스와이프하고 [삭제]를 선택합니다. ❸ 라인 레이어 그룹을 [레이어] 패널 맨 위로 옮깁니다.

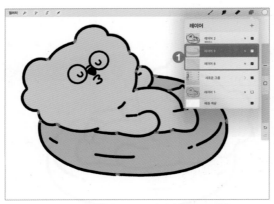

레퍼런스, 클리핑 마스크 등의 효과를 사용해 채색 풍부하게 만들기

07 이제 안경과 튜브에 각종 효과를 줘서 채색을 좀 더 풍부하게 해보겠습니다. 먼저 레퍼런스 기능을 활용해서 안경에 투명한 느낌을 더해줍니다. ❶ 라인 레이어 그룹에서 안경 레이어에 레퍼런스 기능을 적용합니다. ❷ 안경 레이어 아래에 채색할 새 레이어를 추가합니다. ❸ 컬러 드롭으로 안경알을 흰색으로 채색합니다. ❹ 레이어의 [불투명도]를 **50%** 안팎으로 조절해 투명한 느낌의 안경알을 표현합니다.

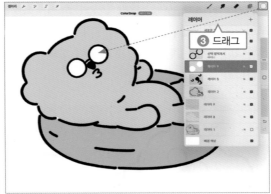

TIP 투명한 컵, 유리 등의 투명한 사물을 표현할 때 이와 같이 흰색으로 채색하고 불투명도를 조절하면 원하는 느낌을 표현할 수 있습니다. 레퍼런스 기능은 다 사용하고 나면 꺼주도록 합니다.

08 튜브는 클리핑 마스크를 적용해서 도트 무늬를 넣어주겠습니다. ❶ 튜브 색이 채색된 레이어 위에 새 레이어를 추가합니다. ❷ 클리핑 마스크를 적용해 원하는 위치에 도트 무늬를 넣습니다.

09 캐릭터에 발그레한 볼과 발바닥 등 디테일을 표현하겠습니다. ❶ 브러시 ✏️를 선택하고 [뭉게뭉게 브러시]를 선택합니다. ❷ 몸통이 채색된 레이어 위에 새 레이어를 추가하고 ❸ 발그레한 볼 터치를 표현합니다. ❹ 동일한 방식으로 몸통이 채색된 레이어 위에 새 레이어를 추가하고 ❺ 귀여운 발바닥을 표현합니다.

TIP 뭉게뭉게 브러시는 손에 힘을 빼고 살살 돌리듯이 화면을 문질러야 자연스러운 느낌을 표현할 수 있습니다. 볼 터치를 넓게 얼굴의 가장자리까지 하고 싶을 때는 클리핑 마스크를 사용해서 진행합니다.

10 마지막으로 레이어를 정리하겠습니다. ❶ 라인부터 채색을 한 레이어를 모두 선택하고 ❷ 그룹으로 묶습니다. 이렇게 채색 레이어가 많으면 레이어를 관리하는 데 번거롭기 때문에 추후 개체가 많은 작업을 진행할 경우 캐릭터와 개체별로 그룹을 묶어 관리합니다.

11 외곽선이 있는 그림은 선명하지만 자칫 딱딱해 보일 수 있습니다. 외곽선의 색을 변경해서 조금 더 부드럽게 표현해도 좋습니다. 두부는 다음과 같이 외곽선의 색을 변경해 마무리했습니다.

두부작가의
꼼꼼한
NOTE

형태별로 라인 색상을 다르게 하는 이유와 노하우

형태별로 라인 색상을 다르게 하면 더욱 부드러운 느낌을 낼 수 있습니다. 라인 색상을 변경하고자 한다면 초기 단계부터 형태별로 레이어를 분리해서 라인을 그리고 채색합니다. 마지막 단계에서 라인 레이어 위에 클리핑 마스크를 활용해 색상을 변경합니다. 이때 라인 색상은 채색을 진행한 베이스 색상보다 명도는 조금 낮게 채도는 조금 높게 조절한 색으로 설정하면 채색과 잘 어우러집니다.

Chapter 04 ━━━━━━━━━━━━━━━━━━━━━

몽글몽글, 부드러운 캐릭터 채색하기

유테 채색법에 이어 이번에는 무테 채색법에 대해 배워보겠습니다. 무테 채색법은 가장 인기 있는 채색법 중 하나입니다. 테두리가 없고 채색한 면으로만 형태를 구분하는 방법입니다. 그림이 더욱 몽글몽글하고 부드러운 느낌을 내기 때문에 선호하는 경우가 많습니다.

부드러운 느낌을 살려 채색하기

예제 파일 | 튜브를 타고.psd

무테 채색법은 테두리에 해당하는 라인이 없기 때문에 형태 그대로 제작할 수 있는 굿즈의 경우 대부분 무테 채색법으로 진행합니다. 하지만 레이어의 높낮이에 따라 채색이 조금 까다롭게 느껴질 수 있습니다. 레이어에 대한 이해가 충분히 되어 있는 상태에서 연습해보는 것을 추천합니다. 아래의 두 이미지 중에서 왼쪽은 **Chapter 03**에서 배운 유테 채색법으로 작업한 모습입니다. 라인이 있기 때문에 형태가 직관적으로 잘 보이고 또렷한 느낌을 줍니다. 라인이 형태를 설명해주기 때문에 배색에 크게 구애받지 않습니다. 오른쪽은 무테 채색법으로 작업한 모습입니다. 라인이 없고 면으로만 표현되어 부드러운 느낌을 줍니다. 형태가 면으로만 구분되기 때문에 컬러가 겹치지 않도록 배색해야 합니다. 몽글몽글한 느낌과 입체감을 표현할 수 있습니다.

무테 채색에 사용할 스케치 불러오기

01 무테 채색의 경우 라인 작업이 필요 없기 때문에 스케치만 되어 있는 상태에서 바로 진행합니다. ❶ 유테 채색을 마친 **튜브를 타고.psd** 파일을 불러옵니다. ❷ 스케치 레이어를 선택하고 ❸ 유테 채색을 완성한 이미지 옆으로 옮깁니다. ❹ 스케치 레이어 아래에 채색할 새 레이어를 추가합니다. ❺ [몽글 브러시]를 선택합니다.

> **TIP** 무테 채색법은 앞서 작업한 유테 채색과 같은 과정으로 학습합니다. 이후에 두 채색법을 비교해보겠습니다.

컬러 드롭 기능을 사용해 기본 채색 진행하기

02 추가한 레이어에 채색을 진행하겠습니다. 먼저 캐릭터의 몸통 색상이 한 가지 색으로 이루어져 있기 때문에 캐릭터의 몸통을 하나의 레이어로 칠하겠습니다. ❶ 몸통에 칠할 색을 선택하고 ❷ 캐릭터의 외곽선을 따라 라인을 그립니다. ❸ 컬러 드롭으로 색을 채웁니다.

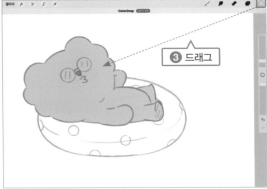

두부작가의 꼼꼼한 NOTE

무테 채색을 편리하게 작업하는 방법

레이어를 형태별로 아래에서부터 하나씩 쌓아간다는 생각으로 채색합니다. 아래에 위치한 레이어는 위에 위치한 레이어에 의해서 가려지기 때문에 이 부분을 감안하면서 자신이 좀 더 편리한 방법으로 채색합니다. 레이어의 위아래를 구분하기 힘든 형태의 경우는 맨 위에 레이어를 만들고 다른 형태들을 피해서 채색해주도록 합니다.

스케치 레이어 아래에 채색 레이어를 두고 작업하는 이유가 있습니다. 유테 채색법처럼 스케치 레이어 위에 채색 레이어를 두고 작업할 경우 아래의 이미지처럼 채색에 의해서 스케치가 가려집니다. 계속 레이어를 껐다가 켰다를 반복하면서 작업해야 하는 번거로움이 생깁니다. 따라서 스케치 레이어의 불투명도를 많이 낮춘 후에 스케치 레이어 아래에 채색 레이어를 두고 작업합니다.

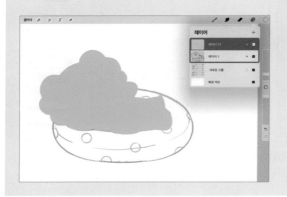

03 ❶ 같은 방법으로 형태별로 각각 레이어를 분리해서 안경, 이목구비를 그립니다. ❷ 맨 아래에 튜브를 그릴 새 레이어를 추가하고 ❸ 튜브 외곽선을 그립니다. 맨 아래에 있는 레이어이기 때문에 캐릭터에 의해 가려지는 부분이 있습니다. 틈이 생기지만 않도록 잘 연결해 그립니다. ❹ 컬러 드롭으로 튜브에 색을 채웁니다.

❸ 튜브 외곽선 그리기

❹ 드래그

레퍼런스, 클리핑 마스크 등의 효과를 사용해 채색 풍부하게 만들기

04 이제 기본적인 채색을 마친 레이어에 디테일을 더해서 채색을 풍부하게 하겠습니다. 먼저 유테 채색법에서 배운 방식과 동일하게 안경 레이어에 투명한 표현을 더해주겠습니다. ❶ 안경 레이어에 레퍼런스 기능을 적용합니다. ❷ 아래에 채색할 새 레이어를 추가하고 컬러 드롭으로 안경알에 흰색을 채운 후 ❸ [불투명도]를 **50%**로 조절해 안경알의 느낌을 표현합니다. 안경 레이어에 적용한 레퍼런스 기능을 해제합니다.

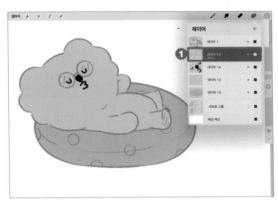

TIP 레퍼런스 기능을 적용하는 방법은 178쪽을 참고하세요.

05 이어서 클리핑 마스크를 활용해 발바닥과 튜브의 도트 무늬를 표현하겠습니다. ❶ 몸통을 채색한 레이어 위에 새 레이어를 추가하고 클리핑 마스크를 적용합니다. ❷ 다음과 같이 발바닥을 그리고 ❸ 튜브를 채색한 레이어 위에 새 레이어를 추가하고 클리핑 마스크를 적용합니다. ❹ 도트 무늬를 표현합니다.

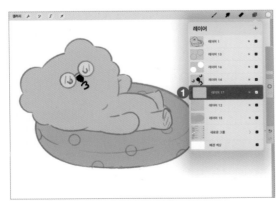

06 채색 작업을 다 마치면 스케치 레이어를 숨기고 채색이 잘 되었는지 확인합니다. **①** 스케치 레이어의 체크 박스를 선택해 스케치를 숨깁니다. 채색은 잘 되었지만 같은 색상 내에서 형태를 잡아주는 라인이 없기 때문에 구분이 되지 않는 것을 확인할 수 있습니다. 무테의 경우 채색이 끝나면 구분이 필요한 부분에는 구분선을 넣어줘야 합니다. 이때는 다시 스케치 레이어를 보이게 하고 작업하면 편리합니다. **②** 이제 스케치 레이어를 켜준 상태에서 스케치 레이어 아래에 구분선을 그릴 새 레이어를 추가합니다. 채색한 레이어들의 맨 위에 구분선 레이어가 있어야 합니다. **③** 스케치를 참고해서 형태가 구분되어야 하는 부분에만 라인을 그립니다. 이때 채색을 진행한 색보다 명도와 채도를 약간 어두운 색으로 그려주면 자연스러운 느낌을 표현할 수 있습니다.

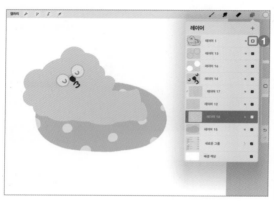

07 **①** 형태의 구분이 자연스럽게 되었는지 확인하기 위해 스케치 레이어를 숨깁니다. **②** 라인으로만 형태를 구분하는 것이 심심하다면 채색한 색보다 채도와 명도를 조금 더 어둡게 만든 색으로 다음과 같이 명암을 넣습니다. 입체감이 살아납니다. 투명도를 조절하면 더욱 자연스러운 느낌을 표현할 수 있습니다.

08 마찬가지로 튜브에도 라인을 그리고 명암을 넣어 입체감을 표현하겠습니다. ❶ 도트 무늬를 넣은 클리핑 마스크 레이어 위에 새 레이어를 추가하고 클리핑 마스크를 적용합니다. ❷ 튜브 색상에서 채도와 명도를 조금씩 어둡게 조절한 색으로 튜브의 옆면에 해당하는 부분에 명암을 넣습니다. ❸ [불투명도]를 **27%**로 조절해 자연스럽게 표현합니다. ❹ 명암을 표현한 레이어 위에 새 레이어를 추가합니다. ❺ 스케치를 참고해서 채도와 명도를 조금씩 어둡게 조절한 색으로 라인을 그립니다.

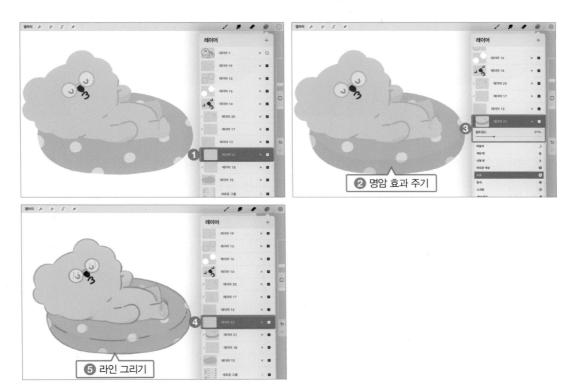

09 ❶ 마지막으로 이목구비 아래에 새 레이어를 추가하고 ❷ 볼 터치를 표현합니다. 이때 레이어의 위치는 몸통 레이어보다는 위에, 이목구비 레이어보다는 아래에 있으면 어느 위치든 괜찮습니다. ❸ 스케치 레이어를 숨기고 채색이 잘 진행되었는지 확인합니다. 부족한 부분은 수정하고 마무리합니다.

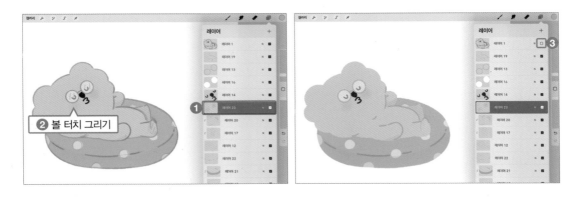

10 수정을 모두 마쳤다면 레이어를 그룹으로 묶고 깔끔하게 정리합니다. 완성입니다.

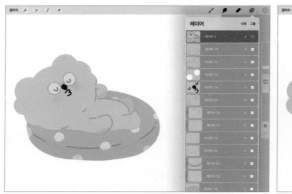 

유테 채색법으로 그린 그림과 무테 채색법으로 그린 그림을 비교해봅니다. 캐릭터의 색상과 그리는 사람의 취향에 따라서 선호하는 채색법이 다를 것입니다. 이를 참고해서 내가 좋아하는 채색법은 무엇인지 알아보고 내 캐릭터에 맞는 채색법도 연구해봅니다.

Chapter 05
채색의 퀄리티를 높이는 명암과 효과 더하기

앞서 유테와 무테로 채색법을 나눠서 다양하게 채색하는 방법에 대해서 배웠습니다. 이번에는 기본 채색의 퀄리티를 한층 높여 주는 명암과 효과를 더해주는 방법에 대해 알아보겠습니다. 그동안 채색하면서 2% 부족해 보이고 답답했던 것을 해소할 수 있는 핵심적인 방법만 모았습니다. 기본적인 채색 방법을 잘 이해한 후에 상황별로 해당 효과들을 사용하는 연습을 합니다.

입체감과 양감을 살려주는 명암

명암은 밝고 어두운 정도를 나타내는 것으로, 빛이 들어오는 방향을 정해서 이에 맞게 밝고 어두운 색으로 입체감과 양감을 살려주는 기법입니다. 단순한 캐릭터 드로잉에 명암을 과하게 표현하면 채색의 분위기가 바뀌면서 주변 그림도 모두 양감 있게 표현해야 할 것 같은 느낌을 받게 됩니다. 필요에 따라 적당하게 사용해야 합니다. 빛이 들어오는 방향을 정해서 어둠이 맺히는 쪽을 살짝 어두운 색으로 표현해주거나 마찰 면적 밑에 살짝 그림자만 넣어도 그림의 퀄리티를 한층 높일 수 있습니다.

캐릭터에 명암 넣기

기본 브러시를 활용해서 깔끔하게 명암 넣기

TIP 해당 내용은 따라 하기 실습 없이 예제로 보여주는 방식으로 구성했습니다. 본인이 가지고 있는 도안 중에 해당 실습에 적합한 도안으로 따라 하거나 예제를 보고 학습하는 방식으로 진행합니다.

01 무테 채색으로 완성된 도안을 활용해 간단한 명암 표현을 진행하겠습니다. ❶ [레이어] 패널에서 명암을 넣을 몸통 레이어를 찾습니다. ❷ 몸통을 채색한 레이어 위에 클리핑 마스크를 적용할 새 레이어를 추가합니다. 추가한 레이어에 클리핑 마스크를 적용합니다.

02 몸통의 색상에서 채도와 명도만 살짝 어둡게 만든 색을 선택해도 좋지만 이번에는 레이어의 곱하기 기능을 활용해서 보다 손쉽고 자연스럽게 명암을 표현해보겠습니다. ❶ 클리핑 마스크 레이어에서 [N]을 선택합니다. ❷ 세부 메뉴가 나타나면 아래로 스크롤하여 ❸ [곱하기]를 선택합니다. 곱하기 모드 적용 시 N이 Multiply의 약자인 M으로 바뀝니다.

03 곱하기 모드를 설정한 레이어는 불투명하게 투과되는 레이어로 바뀌기 때문에 아래에 있는 레이어 색상과 혼합되어 더 어두운 색으로 표현됩니다. 주로 그림자나 명암을 넣을 때 사용합니다. ❶ 클리핑 마스크와 곱하기 기능을 적용한 레이어가 선택된 상태에서 ❷ 몸통 색을 스포이드로 선택합니다. ❸ 다음과 같이 명암을 넣고 싶은 부분을 칠합니다. 아래에 있는 색상과 혼합되어 더 진한 색으로 올라오기 때문에 투명도를 조절해서 자연스럽게 표현하는 것이 좋습니다. ❹ [M]을 선택하고 ❺ [불투명도]를 **30%**로 조절해 자연스럽게 보일 수 있도록 마무리합니다.

TIP ▶ 스포이드 기능에 대한 설명은 044쪽을 참고하세요.

04 같은 방식으로 몸통, 케이크 등 다른 형태에도 기본 브러시를 활용해서 명암을 넣습니다. 너무 두드러지지 않게 깔끔하게 디테일만 더합니다. 명암을 넣은 캐릭터 채색이 완성되었습니다.

효과 브러시를 사용해서 양감이 드러나게 명암 넣기

05 효과 브러시는 기본 브러시보다 훨씬 양감 있게 명암을 표현할 수 있습니다. 명암을 넣기 위해 레이어를 활용하는 방법은 모두 동일하며 브러시만 바꿔서 다른 느낌의 명암을 표현해보겠습니다. ❶ 풍선 레이어 위에 새 레이어를 추가하고 클리핑 마스크와 곱하기 기능을 적용합니다. ❷ 스포이드로 풍선 색을 선택합니다.

06 브러시를 바꿔서 명암을 표현해주겠습니다. ❶ 브러시 ✏️ 를 선택하고 ❷ [러프 브러시]를 선택합니다. ❸ 클리핑 마스크와 곱하기 기능을 적용한 레이어가 선택된 상태에서 풍선에 명암을 표현합니다. 앞서 깔끔하게 명암을 넣은 느낌과는 또 다르게 양감이 더 살아난 느낌으로 표현할 수 있습니다.

07 같은 방식으로 몸통과 케이크 등 다른 형태에도 효과 브러시를 활용해서 명암을 넣습니다. 자연스러우면서도 양감과 입체감이 살아난 캐릭터 채색이 완성됩니다.

가우시안 흐림 효과와 빛산란 효과를 활용해서 상황별 효과 넣기

프로크리에이트에는 채색의 퀄리티를 높여줄 수 있는 다양한 효과가 있습니다. 이 중에서 브러시를 활용하기보다는 앱 자체의 기능을 활용해야만 표현할 수 있는 것이 있습니다. 가장 많이 사용하는 효과인 가우시안 효과와 빛산란 효과에 대해서 알아보겠습니다.

TIP 해당 내용은 따라 하기 실습 없이 예제로 보여주는 방식으로 구성했습니다. 본인이 가지고 있는 도안 중에 해당 실습에 적합한 도안으로 따라 하거나 예제를 보고 학습하는 방식으로 진행합니다.

가우시안 효과를 사용해서 자연스러운 그라데이션 표현하기

01 캐릭터가 구름을 안고 있는 도안에 가우시안 흐림 효과를 사용해서 보라색과 분홍색의 자연스러운 그라데이션이 들어간 구름을 표현해보겠습니다. ❶ [구름] 레이어 위에 새 레이어를 추가하고 클리핑 마스크를 적용합니다. ❷ 그라데이션을 표현할 베이스 색으로 보라색과 분홍색을 다음과 같이 영역을 나누어 칠합니다.

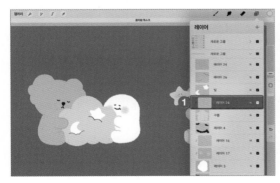
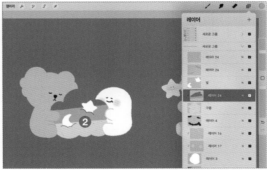

02 이제 가우시안 흐림 효과를 넣어주겠습니다. ❶ 조정 ✎을 선택하고 ❷ [가우시안 흐림 효과]를 선택합니다. ❸ 화면에 펜슬을 대고 있는 상태에서 좌우로 드래그하면 경계가 사라지면서 자연스럽게 그라데이션이 표현됩니다.

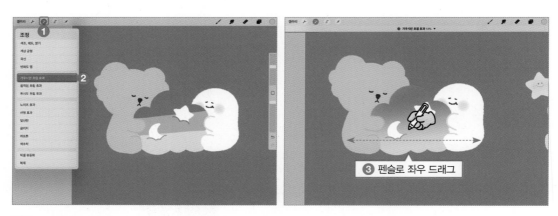

TIP 조정 ✎을 선택하고 원하는 메뉴를 선택하면 해당 메뉴의 이름이 캔버스 상단에 표시됩니다. [가우시안 흐림 효과]를 선택하면 캔버스 상단에 가우시안 흐림 효과라는 글자가 나타납니다. 펜슬로 화면을 좌우로 여러 번 드래그하면서 원하는 정도의 그라데이션을 표현해봅니다.

빛산란 효과를 사용해서 빛나는 물체 표현하기

03 빛산란 효과는 빛나는 물체를 환하고 반짝반짝하게 빛나는 것처럼 보이게 만드는 효과입니다. 빛의 형태를 먼저 그려준 후 해당 레이어를 복제해서 하나를 완전한 빛 표현으로 만들어주는 방식으로 진행합니다. 일반 브러시로는 구현되지 않는 반짝하고 빛나는 풍부한 빛 표현이 가능합니다. ❶ [레이어] 패널에서 [빛] 레이어를 찾아 복제합니다. 여기서의 빛 레이어는 실제 빛 색상에 가까운 흰색~노란색 계열의 색으로 빛을 칠해둔 형태를 말합니다. ❷ 조정 ✎을 선택하고 ❸ [빛산란]을 선택합니다.

04 ❶ 가우시안 흐림 효과와 마찬가지로 화면에 펜슬을 대고 있는 상태에서 좌우로 드래그합니다.
❷ 하단에 옵션창이 나타나면 [크기]와 [번]을 조절해서 원하는 정도의 빛을 설정합니다. ❸ [레이어]
패널을 열어보면 빛산란이 잘 적용된 것을 확인할 수 있습니다. 빛산란의 경우 효과를 얼마나 주었는
지에 따라 투명도나 레이어의 위치 조절로 보다 자연스럽게 표현할 수 있습니다. ❹ 빛산란을 적용한
레이어를 [빛] 레이어 아래로 옮기면 더 자연스러운 빛 표현이 가능합니다. 필수는 아니므로 레이어 위
치는 상황에 따라 선택합니다.

05 빛산란 효과만으로는 빛의 표현이 부족하다고 느낀다면 라이트 펜을 활용해 디테일을 더해줄 수
있습니다. ❶ 먼저 흰색을 선택합니다. ❷ 브러시 ✏를 선택하고 ❸ [빛]-[라이트 펜]을 선택합니다.
❹ 빛산란 효과가 적용된 레이어가 선택된 상태에서 ❺ 펜슬로 구름 곳곳을 콕콕 찍습니다. 주변에 빛
이 퍼져 있는 표현이 완성됩니다.

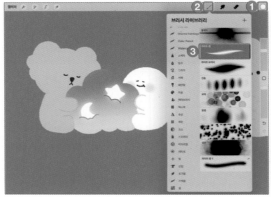

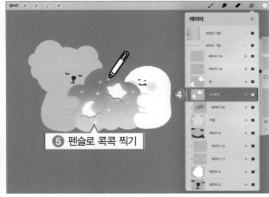

06 같은 방식으로 다른 색상의 빛도 표현해보겠습니다. ❶ [레이어] 패널에서 [빛] 레이어를 찾아 복제합니다. ❷ 조정 ✦을 선택하고 ❸ [빛산란]을 선택합니다.

07 ❶ 화면에 펜슬을 대고 있는 상태에서 좌우로 드래그합니다. ❷ 하단에 옵션창이 나타나면 [크기]와 [번]을 조절해서 원하는 정도의 빛을 설정합니다. ❸ [빛] 레이어 아래로 빛산란을 적용한 레이어를 옮겨서 자연스럽게 표현합니다. ❹ 빛산란 효과가 적용된 레이어에 ❺ [라이트 펜]으로 별 주변을 콕콕 찍습니다. 주변에 빛이 퍼져 있는 표현이 완성됩니다.

완성된 예제를 전체 화면에서 확인해봅니다. 가우시안 흐림 효과를 활용해 그라데이션이 자연스럽게 표현된 구름이 아주 예쁩니다. 빛산란 효과를 활용해 어두운 배경에 실제로 빛나는 느낌을 주어 구름과 별이 돋보입니다. 이와 같은 방식으로 연출하고 싶은 상황별로 해당 효과를 적절하게 사용합니다. 보다 편리하고 효과적으로 풍성한 채색을 표현할 수 있습니다.

굿즈 제작
프로세스

어떤 그림이든 굿즈를 만들 수 있다는 말은 맞기도 하고 틀리기도 한 말입니다. 굿즈 종류와 재질 그리고 그림의 성질에 따라 제작할 수 있는 굿즈가 달라지기 때문입니다. 무작정 그림을 그리고 굿즈를 제작하는 것이 아니라 전반적인 굿즈 제작 프로세스를 익힌 뒤 이에 맞게 그림을 가공해서 굿즈를 제작해야 합니다. 이번 파트에서는 어떤 굿즈든 실수 없이 제작할 수 있는 굿즈 제작 프로세스의 정석에 대해 알아보겠습니다.

Chapter 01

굿즈 제작 전에 알아두어야 할 최소한의 지식

처음 굿즈를 제작하게 되면 '도안만 있으면 되겠지'라는 생각으로 무턱대고 그림부터 그린 후에 주문을 하려고 합니다. 그러다 보면 업체 가이드에 맞춰서 재작업을 해야 하는 등 시행착오를 겪게 됩니다. 원하는 굿즈 결과물을 받아보려면 해당 업체의 제작 프로세스에 맞춰 파일을 전달해야 합니다. 이번에는 굿즈 제작 프로세스의 정석에 대해서 알아보고 업체에 따른 작업 방식에 맞춰 굿즈를 제작해보겠습니다.

프로크리에이트에서 작업한 굿즈 도안 파일

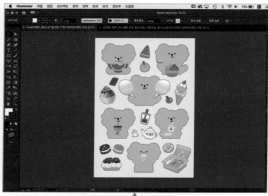

어도비 일러스트레이터에서 작업한 굿즈 칼선 파일

어도비 일러스트레이터에서 작업한 굿즈 발주 파일

프로크리에이트에서 도안 작업할 때 유의할 점

굿즈를 제작하기에 앞서서 프로크리에이트에서 발생하는 버그, 굿즈 제작 업체의 템플릿 사용법 등 꼭 알아둬야 할 개념이 있습니다. 이 개념을 숙지하고 프로세스에 따라 굿즈를 작업하면 발주 파일도 어렵지 않게 제작할 수 있습니다. 하나하나 살펴보겠습니다.

비트맵 체제로 인한 깨짐 현상 방지하기

벡터 체제의 일러스트레이터와 달리 픽셀의 조합으로 이미지를 구성하는 비트맵 체제인 프로크리에이트는 이미지(그림)를 확대, 축소, 회전하게 되면 깨짐 현상이 발생합니다. 따라서 굿즈 도안을 제작할 때는 스케치 단계에서 확대, 축소, 회전까지 완료한 후에 더 이상 변형이 없을 것으로 판단되면 라인과 채색 단계로 넘어가서 작업합니다. 이미지가 깨지면 굿즈로 완성되었을 때 퀄리티가 낮아지고 상품성이 떨어집니다.

변형하지 않아서 깔끔하게 작업된 모습

변형 툴로 회전 및 크기 변형을 적용

회전 및 크기 변경으로 인해 이미지가 깨진 모습

프로크리에이트에서 노트북으로 파일을 옮길 때 생기는 버그 현상 방지하기

발주 파일을 전달할 때는 레이어가 유지된 상태로 도안 파일을 전달해야 합니다. 프로크리에이트의 공유 방식 중 PSD 형식을 활용해서 노트북으로 파일을 옮긴 후 AI 형식으로 실행해야 하는데 이때 버그가 발생합니다. 분리된 레이어 사이사이로 크랙(crack)이 생기거나 그라데이션(gradation) 등의 효과 브러시를 활용한 그림 등에 이상한 선이나 색상 변경이 발생하며 오류가 생기는 문제입니다. 이 문제를 해결하기 위해서는 레이어를 모두 병합하고 PSD 파일로 추출한 후 AI 파일로 실행해야 합니다. 레이어가 모두 병합되어 있어서 AI 파일에서 별도로 수정하기가 어려운 단점이 있지만, 템플릿을 잘 확인하고 제작한 도안이기 때문에 사실상 수정 없이 작업을 잘 마무리할 수 있습니다.

TIP 노트북이나 데스크톱 등 개인용 컴퓨터(PC)에서 작업합니다. 여기서는 두부가 노트북에서 작업을 진행했으므로 편의상 노트북으로 칭하겠습니다.

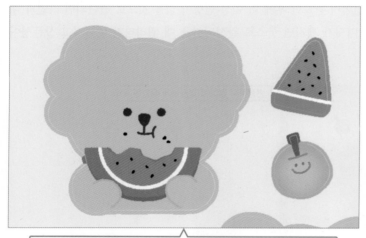

레이어를 병합하지 않고 AI 파일로 넘기면 레이어 사이사이에 크랙이 생김

레이어를 모두 병합하고 AI 파일로 넘겨서 크랙이 없음

발주 파일을 만들 때 알아두면 좋을 개념

재단 사이즈, 편집(작업) 사이즈, 안전 사이즈에 대한 이해

재단 사이즈는 실제로 받아보는 굿즈 실물 크기입니다. 재단 사이즈에 맞춰서 도안 작업을 마친 후에 편집 사이즈에 맞게 여백 작업하면 발주 파일 제작이 수월합니다. 굿즈 도안 제작 전에 편집 사이즈와 재단 사이즈를 확인할 수 있는 가이드를 PNG 파일로 저장해서 활용하는 것이 좋습니다.

편집(작업) 사이즈는 재단 사이즈에서 가로/세로/위/아래에 약 2mm 이상 여백을 준 것입니다. 굿즈 제작 시에는 실물 크기인 재단 사이즈에 맞춰서 칼선 작업이 들어가게 되는데, 이때 밀림 현상이나 오차 범위에 의해 원본이 손상되는 것을 막기 위해 사방에 약 2mm 이상 여백을 줍니다. 즉, 원래 도안보다 조금 더 크게 작업해서 실제 받아보는 결과물이 제대로 인쇄될 수 있게 제작합니다.

안전 사이즈는 칼선 밀림 현상이 있더라도 도안이 보호될 수 있는 최소한의 영역입니다. 업체에 따라 안전 사이즈의 개념이 없는 곳도 많으므로 업체별 제작 가이드를 반드시 확인합니다.

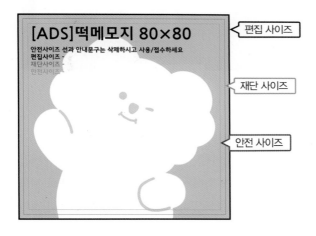

템플릿, 폼 파일, 칼선 파일이란?

굿즈 발주를 진행하다 보면 템플릿, 폼 파일, 칼선 파일이라는 단어를 접하게 되는데 이는 모두 업체에서 제공하는 가이드 발주 파일이라는 뜻입니다. 이 파일은 굿즈 제작에서 총 두 번 확인하게 됩니다. 굿즈 제작 전에 칼선이나 편집 사이즈 등을 확인한 후 PNG 파일로 추출합니다. 반드시 필요한 작업은 아니지만 이렇게 작업할 경우 거의 실수 없이 도안을 제작할 수 있습니다. 그런 다음 템플릿에 도안을 얹어 발주 파일을 마무리합니다. 이 단계는 발주의 마지막 단계에서 반드시 해야 하는 작업이며 업체마다 요구하는 형식이 다르기 때문에 꼼꼼히 확인한 후 작업해야 합니다. 이 외에도 가이드 파일을 사용하는 방법은 해당 업체의 상세 페이지에 잘 안내되어 있으니 꼭 확인합니다.

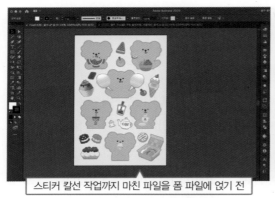

스티커 칼선 작업까지 마친 파일을 폼 파일에 얹기 전

업체 폼 파일에 얹은 후

에어팟 도안 작업까지 마친 파일을 폼 파일에 얹기 전

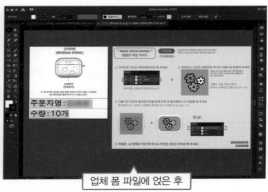

업체 폼 파일에 얹은 후

칼선의 개념과 칼선 밀림 현상에 대해서

칼선은 굿즈를 제작하는 과정에서 칼(재단)이 지나가는 길을 의미하며 칼선의 모양대로 굿즈의 형태가 만들어집니다. 엽서나 떡메모지처럼 사각형, 원형, 하트, 도무송 스티커 등과 같이 정해진 형태로 계속 찍어낼 수 있는 굿즈의 경우는 업체에서 칼선 파일 혹은 레이어을 제공하는 경우가 많습니다. 반면 개체별로 칼선이 들어가는 스티커, 그립톡 등 내가 원하는 형태로 제작하게 되는 굿즈는 자유형으로 분류되어 직접 칼선을 제작해야 합니다.

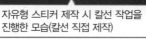

자유형 스티커 제작 시 칼선 작업을
진행한 모습(칼선 직접 제작)

엽서 제작 시 업체 템플릿에 이미지만
붙여 넣은 모습(칼선은 업체에서 제공)

칼선 밀림 현상에 대해 알아보겠습니다. 재단선이 들어가게 되는 칼선 작업은 기계로 진행합니다. 이러한 이유로 오차 범위가 생겨 원래 작업한 칼선보다 좌우 사방으로 칼선이 밀려서 지나가는 현상이 발생하기도 합니다. 칼선이 필요한 대부분의 굿즈는 칼선이 밀리더라도 원래의 형태를 최대한 보존하기 위해 사방으로 여백 작업을 해야 합니다. 이 개념은 업체에 보내는 파일이 재단 사이즈가 아닌 작업 사이즈로 제작하게 되는 이유와 동일합니다.

사방에 여백이 없어서 칼선이 밀릴 경우 배경까지 같이 잘리는 모습

TIP 아이스크림 이미지는 칼선 밀림 현상을 이해하기 위해 의도적으로 일러스트레이터에서 패스를 이동해 표현한 것입니다. 실제 칼선이 밀리게 될 경우 분홍색의 패스대로 기계의 칼이 지나가서 잘려 나온다고 이해하면 됩니다.

여백 작업을 해두어서 칼선이 밀리더라도 무리 없이 원본 형태가 보존된 모습

굿즈 제작 프로세스 이해하기

어떤 굿즈를 제작할지 구상하기(떡메모지 제작 프로세스 살펴보기)

굿즈 제작은 어떤 굿즈를 제작할지 구상하는 단계에서 시작합니다. 여기서의 구상은 단순히 '이런 그림을 그려야지!'라기보다는 어느 정도 규격에 어떤 도안으로 작업하고 얼마만큼의 실용성을 가질 것인지 구체적으로 구상하는 것이 좋습니다. 이러한 순서에 따라 여기서 작업할 떡메모지는 80×80(mm) 규격에 캐릭터는 상반신의 귀여운 포즈로 도안을 작업하고 메모지의 실용성을 생각해서 캐릭터는 흰색, 배경은 캐릭터의 색으로 활용하는 것으로 구상했습니다.

발주를 진행할 업체 사이트에서 규격 및 제작 방법 숙지하기(템플릿 다운로드하기)

구상을 마치고 나면 해당 굿즈를 제작하는 업체의 사이트에서 규격 및 제작 방법을 숙지합니다. 제작하려는 굿즈가 80×80(mm)의 떡메모지라고 가정하겠습니다. 이 굿즈를 제작할 때 발생하는 칼선 등의 오차 범위로 인해 실제 제작하는 굿즈보다 사방의 여백이 +2mm 이상 필요합니다. 따라서 제작하려고 하는 굿즈의 크기보다 업체에서 요구하는 파일의 크기가 더 크기 때문에 이를 미리 확인하고 작업해야 합니다. 대부분의 업체에서는 템플릿(칼선 파일)을 제공하고 있으며 해당 파일을 미리 다운로드해 작업하는 것이 가장 좋습니다.

업체 사이트에서 템플릿 다운로드하는 모습

미리 다운로드한 템플릿에 맞춰 작업하고 있는 모습

굿즈 도안 작업하기

업체에서 제공하는 가이드와 템플릿을 활용해 프로크리에이트에서 작업을 시작합니다. 템플릿을 활용해서 작업하면 실제 굿즈의 크기인 재단 사이즈와 업체에서 요구하는 크기인 작업 사이즈를 모두 확인하며 작업할 수 있어 시행착오를 줄일 수 있습니다. 굿즈의 특성과 실용성에 맞춰서 원하는 느낌의 작업을 완성합니다.

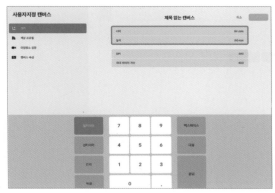 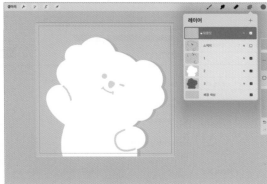

노트북으로 옮겨 PSD/AI 형식으로 발주 파일 준비하기

작업을 마친 굿즈 도안은 노트북으로 옮깁니다. 처음에 다운로드한 업체 템플릿을 활용해 AI 형식으로 발주 파일을 준비합니다. 이미 템플릿에 맞춰서 작업했기 때문에 별도의 사이즈 조절이나 여백 작업은 필요 없습니다. 따라서 업체 템플릿 파일에 도안을 옮기고 그 외에 업체에서 요구하는 가이드에 맞춰서 발주 파일을 완성합니다.

TIP ▶ 노트북이나 데스크톱 등 개인용 컴퓨터(PC)에서 작업합니다. 여기서는 두부가 노트북에서 작업을 진행했으므로 편의상 노트북으로 칭하겠습니다.

업체 사이트에서 발주 완료하기

발주 파일 제작을 완료하면 업체 사이트에 접속해서 규격 및 옵션을 입력하고 파일을 업로드해서 발주를 완료합니다. 최소 수량에 따른 단가나 굿즈별로 꼭 확인해야 하는 옵션 등을 잘 확인한 후에 주문을 완료합니다. 업체별로 파일을 업로드하는 방식이 다르기 때문에 이 부분도 놓치지 말고 꼭 확인합니다.

Chapter 02

A부터 Z까지 모두 내 손으로!
굿즈의 최정예 제작 업체 리스트

같은 도안도 굿즈 제작 업체에 따라 색감, 재질과 같은 굿즈의 퀄리티에 차이가 있고, 개당 단가가 다를 수도 있습니다. 스티커를 전문으로 하는 업체가 있는 반면 아크릴을 전문으로 하는 업체, 스티커와 아크릴 구분 없이 여러 가지 굿즈를 제작하는 대형 업체도 있습니다. 다양한 업체에 발주를 해보면서 나에게 맞는 업체를 찾는 것도 굿즈 제작에 아주 중요한 부분 중 하나입니다.

스티커 제작 업체

★추천 모다82(pvc캘지 스티커) & 프린트톡(유포지 스티커)

칼선, 색감이 모두 평균적으로 잘 나오는 스티커 전문 제작 업체입니다. 모다 82는 pvc 캘지를, 프린트 톡은 유포지를 전문적으로 작업하는 업체입니다. 지류에 따라 원하는 업체를 선정해서 주문합니다. 모다 82는 폼 파일에 원하는 스티커 도안을 다양하게 배치해서 출력할 수 있고, 프린트톡은 도안과 칼선 작업만 해서 보내면 업체에서 폼 파일 작업을 직접 해줍니다. 처음 스티커를 제작하는 분들이라면 프린트톡을, 어느 정도 제작이 익숙해지고 나면 모다82를 추천합니다.

smartstore.naver.com/moda82

smartstore.naver.com/printtalk

스티커 제작 업체

- **유캔스티커** | smartstore.naver.com/ucans
- **미틸의 핸드메이드**(유포지 스티커 제작) | smartstore.naver.com/mytyl
- **킨스샵**(유포지 씰스티커 제작) | smartstore.naver.com/kensshop
- **스티키원더**(유포지 씰스티커 제작) | smartstore.naver.com/craftbuff

아크릴 제작 업체

★추천 올댓프린팅(아크릴 키링 제작)

소량부터 대량의 키링을 제작하는 업체입니다. 일반적인 아크릴 인쇄 외에도 라미 인쇄 방식으로 양면에 아크릴이 들어가는 인쇄 방식이 가능합니다. 퀄리티 높은 아크릴 굿즈 제작을 원하면 추천합니다.

allthatprinting.co.kr

키링 제작 업체

2rabbits(투레비츠) | 2rabbits.co.kr
아크릴 키링을 대량 주문할 때 이용하면 좋습니다. 칼선을 무료로 제작해주어 편리합니다.

디지털 모바일 굿즈 제작 업체

★ 추천 붐잉케이스(폰 케이스, 에어팟 케이스 제작)

폰 케이스, 그립톡, 에어팟 케이스 등 다양한 디지털 모바일 굿즈를 소량부터 대량까지 제작하는 업체입니다.

boom-ing.com

★ 추천 픽업팩토리(에폭시 그립톡 제작)

아크릴, 에폭시 그립톡 전문 제작 업체입니다.

smartstore.naver.com/pickupfactory

커스텀랜드

폰 케이스, 그립톡, 에어팟 케이스 등 다양한 디지털 모바일 굿즈를 소량부터 대량까지 제작합니다.

smartstore.naver.com/customland

캘린더 제작 업체

★추천 포스트링(소량 캘린더 제작)

포켓 엽서 및 미니 캘린더를 소량부터 대량까지 제작하는 업체입니다.

postring.co.kr

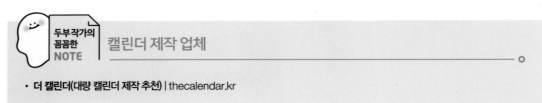

두부작가의 꼼꼼한 NOTE | 캘린더 제작 업체

- 더 캘린더(대량 캘린더 제작 추천) | thecalendar.kr

마스킹테이프 제작 업체

★추천 디테마테(일반 마스킹테이프 제작)

마스킹테이프를 제작하는 업체입니다.

detemate.co.kr

아이러브테이프(다이컷 제작)

마스킹테이프, 다이컷, 이지컷 제작 업체입니다.

ilovetape.co.kr

다양한 굿즈 제작이 가능한 대형 제작 업체

★추천 성원애드피아(지류 굿즈 및 도무송 스티커 실사 출력)

개당 가격이 타 업체에 비해 저렴한 편입니다. 최소 수량만 제작했을 경우 단가가 비싼 굿즈도 일부 있습니다. 적당한 퀄리티의 지류 굿즈(명함, 엽서, 포스터 등) 제작이나 도무송 스티커 대량 생산에 적합하며 큰 사이즈의 실사 출력도 가능합니다. 다양한 굿즈를 제작하길 원한다면 추천하는 업체입니다.

swadpia.co.kr

★추천 레드프린팅(엽서, 스티커, 명함 제작)

지류, 스티커 등 다양한 굿즈를 제작할 수 있는 대형 제작 업체입니다. 가격이 엄청 저렴한 편은 아니지만 색감의 퀄리티가 높아 스티커나 엽서 등 지류를 제작할 때 추천하는 곳입니다.

redprinting.co.kr

★ 추천 애즈랜드(떡메모지 제작)

다양한 굿즈를 소량부터 대량으로 제작할 수 있는 업체입니다. 떡메모지를 최소 수량부터 제작할 수 있으며 도무송 스티커 등 퀄리티도 나쁘지 않습니다. 대량 도무송 스티커, 떡메모지 등을 제작할 때 추천하는 곳입니다.

adsland.com

마플(의류 제작 추천)

의류 등 다양한 굿즈를 한 개부터 생산할 수 있는 업체입니다. 칼선이나 기타 프로그램 없이 PNG 파일만으로 발주할 수 있어 손쉽게 제작할 수 있다는 것이 가장 큰 장점입니다. 단, 단가가 비싼 편이기 때문에 개인 소장용으로 제작한다면 부담이 없지만 판매용으로는 마진을 고려하면 적합하지 않을 수 있습니다.

marpple.com

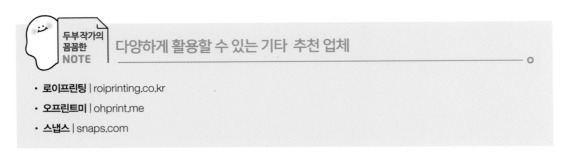

두부작가의 꼼꼼한 NOTE | 다양하게 활용할 수 있는 기타 추천 업체

- **로이프린팅** | roiprinting.co.kr
- **오프린트미** | ohprint.me
- **스냅스** | snaps.com

패키징 제작 업체

★추천 볼트몰1(opp봉투 제작)

완성된 굿즈를 패키징하는 데에 필요한 다양한 봉투와 포장지 등을 제작하는 업체입니다. 일반적으로 패키징은 opp 봉투로 하게 되는데 비닐 특성상 대량 생산되기 때문에 규격이 한정적입니다. 볼트몰의 경우 다른 업체 대비 다양한 규격을 판매하고 있어서 주로 이용하는 곳입니다.

boltmall1.com

두부작가의 꼼꼼한 NOTE | 기타 추천 업체

- 원팩(opp봉투 등 포장재 제작 업체) | one-pack.co.kr
- 리얼패키지(opp봉투 등 포장재 제작 업체) | realpackage.co.kr
- 포장마켓 | pojangmarket.com/index.html
- 디자인하루(도자기 주문 제작 업체) | dharu.co.kr
- easy bag(에코백, 파우치 제작 업체) | easybag.modoo.at
- 쪼물샵(홍보/판촉/기념품용으로 유리컵, 머그컵, 뱃지 등 소량부터 제작 가능한 업체) | jjomool.com
- 아크릴 집게 | smartstore.naver.com/handsign

두부작가의 꼼꼼한 NOTE

두부가 제작한 다양한 굿즈들

굿즈를 제작하는 업체도 거의 없고 소량 제작이 가능한 업체는 눈을 씻고 찾기 힘들 때부터 굿즈를 제작해온 두부는 요즘 굿즈 시장이 활성화된 것을 보면 아직도 신기한 마음이 큽니다. 이 굿즈들은 모두 두부가 앞서 소개해드린 업체에서 제작했습니다. 업체를 고르는 기준은 아크릴이면 아크릴, 지류면 지류와 같이 해당 제품을 전문적으로 하는 곳이냐가 1순위였습니다. 이처럼 누군가에게 좋은 업체가 나에게는 아닐 수도 있기에 나만의 기준을 갖고 다양한 업체를 경험해보고 나에게 잘 맞는 업체를 찾아서 제품을 안정화시켜나가시는 것을 추천합니다.

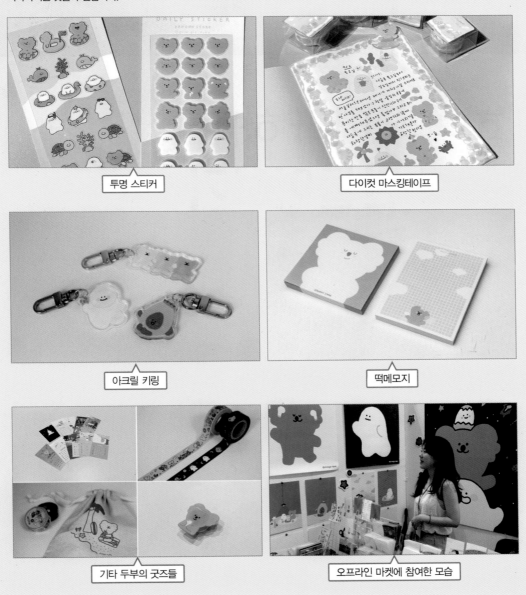

투명 스티커

다이컷 마스킹테이프

아크릴 키링

떡메모지

기타 두부의 굿즈들

오프라인 마켓에 참여한 모습

하나씩 따라 하며
굿즈 만들어보기

이제 굿즈를 제작할 모든 준비를 마쳤습니다. 지금부터 필요한 것은 여러분의 감성을 담은 귀여운 캐릭터와 굿즈 제작 과정이 조금 까다롭더라도 포기하지 않을 열정입니다. 처음에는 어색해서 어렵게 느껴지는 발주 파일 과정도 본문의 내용을 잘 따라오고 연습하면 분명히 멋진 굿즈를 만들 수 있을 것입니다.

Chapter 01

한 장의 그림, 엽서 만들기

문구류 굿즈의 시초를 묻는다면 아마 엽서가 아닐까 싶습니다. 그만큼 엽서는 아주 오래 전부터 사랑받아온 굿즈인 동시에 내 작업물을 가장 직관적으로 보여줄 수 있는 방법입니다. 뿐만 아니라 누군가에게 마음을 전하거나 내가 좋아하는 작업을 그대로 소장할 수 있게끔 만들어줍니다. 굿즈 스테디셀러인 엽서, 여러분도 이번 작업으로 나의 마음을 선물해보시길 바랍니다. 이번 예제에서 제작할 엽서 규격은 154×104(mm)입니다.

엽서 제작 준비하기

엽서 제작 사이트 방문하기

01 제작 업체인 성원애드피아(swadpia.co.kr)에 접속합니다. 먼저 템플릿을 다운로드하겠습니다.

02 ❶❷ [디지털 인쇄]-[디지털엽서/상품권]을 선택합니다. ❸ 엽서의 용지 및 규격을 입력할 수 있는 페이지로 이동합니다.

제작할 엽서 규격에 맞는 템플릿 다운로드하기

03 제작할 엽서 규격에 맞는 작업 사이즈 템플릿을 다운로드합니다. ❶ [인쇄도수]를 [단면칼라4도]로 선택하고 [규격]에서 [직접입력]을 클릭합니다. **154×104(mm)**로 재단 사이즈를 설정합니다. 재단 사이즈를 입력하면 자동으로 사방 여백이 추가된 작업 사이즈가 정해집니다. 사이즈를 입력했다면 ❷ [템플릿 다운로드]를 클릭합니다. ❸ 템플릿 다운로드 화면에서 맨 위에 있는 ai 버전 템플릿을 다운로드합니다.

TIP 인쇄 도수가 단면인지 양면인지에 따라서 템플릿이 달라집니다. 꼭 인쇄 도수를 설정한 뒤에 템플릿을 다운로드합니다.

04 ❶ 다운로드한 템플릿을 실행합니다. ❷ 선택 도구를 선택하고 ❸ 불필요한 문구를 드래그합니다. Delete 를 눌러 삭제합니다.

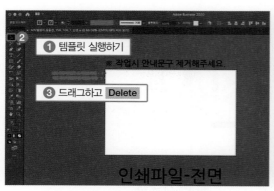

05 이제 프로크리에이트에서 사용할 수 있도록 템플릿을 PNG 파일 형태로 저장하겠습니다. ❶ [파일]–[내보내기]–[내보내기 형식]을 선택합니다. 해당 템플릿은 추후 발주할 때 다시 사용하기 때문에 삭제하지 않고 잘 보관합니다. 단 추후에 가이드를 다시 봐야 하기 때문에 종료 시 저장하지 않고 종료해야 합니다. ❷ [포맷]을 **PNG**로 선택하고 ❸ [내보내기]를 클릭합니다. ❹ [PNG 옵션] 대화상자에서 [해상도]는 **고(300ppi)**, [배경색]은 [투명]으로 설정한 후 ❺ [확인]을 클릭합니다.

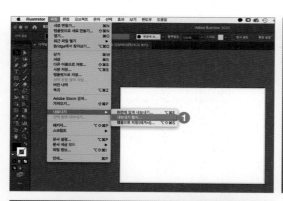

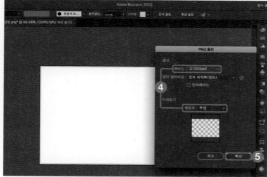

아이패드로 작업 사이즈용 템플릿 파일 전송하기

06 모두 완료하면 파일을 저장해둔 위치로 이동합니다. 여기서는 편의상 바탕화면에 저장했습니다.
❶ 투명한 형태로 저장된 PNG 템플릿 파일을 확인할 수 있습니다. **❷** 이제 노트북에 저장된 PNG 파일을 아이패드로 옮깁니다.

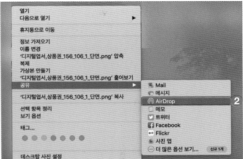

TIP 맥(mac os)은 Airdrop(에어드롭)을 활용해서 아이패드로 파일을 전송하면 [사진] 앱에 자동으로 파일이 저장됩니다. 윈도우(windows)는 카카오톡, 네이버, 메일 등을 활용해서 아이패드로 파일을 전송해줍니다.

엽서 도안 제작하기

엽서 도안용 캔버스 만들기

01 엽서 도안을 작업할 캔버스를 만들어보겠습니다. 프로크리에이트를 실행합니다. **❶** 갤러리에서 새로운 캔버스 **+** 를 선택하고 **❷** [사용자지정 캔버스]를 선택합니다. **❸** [크기]는 엽서의 템플릿 작업 사이즈와 동일하게 너비와 높이를 **156×106(mm)**로 설정합니다. **❹** [색상 프로필]을 선택하고 **❺** 인쇄용 프로파일인 [CMYK] 모드를 선택합니다. **❻** 맨 위에 메뉴가 선택되어 있는 상태에서 [창작]을 선택합니다.

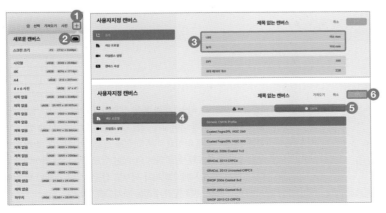

TIP 실제로 주문할 엽서 사이즈는 154×104(mm)입니다. 하지만 해당 업체에서 제공하고 있는 템플릿 사이즈와 동일한 156×106(mm)인 작업 사이즈에 맞춰서 캔버스를 제작해주어야 합니다.

작업 사이즈용 템플릿 적용하기

02 제작한 캔버스에 작업 사이즈용 템플릿을 불러오겠습니다. ❶ 동작 🔧을 선택하고 [추가]−[사진 삽입하기]를 선택합니다. ❷ 작업 사이즈용 템플릿을 불러옵니다. ❸ 레이어 이름을 **템플릿**으로 입력합니다. ❹ [템플릿] 레이어를 왼쪽으로 스와이프해 템플릿이 다른 작업에 방해받지 않도록 레이어를 잠급니다.

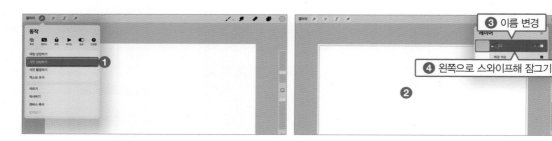

엽서 도안 작업하기

03 템플릿을 적용한 후에는 원하는 방식으로 엽서 도안을 작업합니다. ❶ 먼저 원하는 도안 이미지를 상상하며 스케치 작업을 꼼꼼히 합니다. ❷ 스케치를 참고해 채색하고 엽서 도안을 완성합니다. ❸ 이때, 추후 발주 파일에 이상이 있거나 도안을 수정해야 할 때 편리하게 작업할 수 있도록 다음과 같이 레이어를 분리해 작업합니다.

TIP 캐릭터의 라인, 채색 등을 작업하고 나서 크기나 형태 등을 변형해야 할 때 이미지가 깨질 수 있습니다. 반드시 스케치 작업을 완성도 있게 마치고 이후 과정을 진행해야 합니다. 스케치는 채색 작업까지 모두 완료되면 더 이상 필요하지 않은 레이어입니다. 스케치 작업 시에 이미지가 깨져도 상관없으니 스케치 작업에서 크기나 형태 변형 등의 수정을 마치도록 합니다.

두부작가의 꼼꼼한 NOTE | 처음부터 작업 사이즈로 만들어야 하나요?

전체적인 디자인이 중앙에만 위치한 경우에는 재단 사이즈에 맞춰 작업했다가 나중에 작업 사이즈에 맞춰 늘리더라도 도안이 크게 변형되지 않습니다. 하지만 다음 그림처럼 가장자리까지 디자인이 있는 도안의 경우 템플릿의 재단 사이즈에 맞게 제작하고 이후에 작업 사이즈까지 여백 작업을 더해줘야 합니다. 여백은 사이즈가 균등하게 커지는 것이 아닌 사방으로 +2mm 이상 커지기 때문에 재단 사이즈에서 균등하게 늘린다고 해서 작업 사이즈에 맞는 비율이 되는 것이 아닙니다.

작업 사이즈에 맞는 템플릿을 사용한 적절한 예시

❶ 재단 사이즈에 맞춰서 디자인 작업을 완료함

❷ 이후 작업 사이즈에 맞춰서 여백 작업까지 마침

작업한 엽서 도안 파일 정리하고 내보내기

04 작업을 마친 엽서 도안은 원본 파일과 발주(최종) 파일로 구분하겠습니다. ❶ 지금까지 작업한 스티커 도안 캔버스를 [엽서]로 변경합니다. 이후 캔버스를 왼쪽으로 스와이프해 복제합니다. ❷ 복제한 파일의 이름을 **엽서_최종**으로 변경하고 원본 파일과 구분합니다. ❸ [엽서_최종] 캔버스를 열고 [템플릿] 레이어를 삭제합니다. ❹ 나머지 도안 레이어를 모두 병합한 후 레이어 이름을 **인쇄**로 변경합니다.

❸ [템플릿] 레이어 삭제

❹ 병합 후 이름 변경

05 파일 내보내기를 진행하겠습니다. ❶ 동작 🔧 을 선택하고 [공유]−[PSD]를 선택합니다. ❷ PSD 파일을 노트북으로 옮겨줍니다.

TIP 아이패드에서 노트북으로 파일을 전송할 때는 운영체제에 따라 방법이 상이합니다. 맥(mac os)을 사용할 경우 에어드롭을 활용해서 파일을 전송하고 윈도우(windows)를 사용할 경우 카카오톡, 네이버, 메일 등을 활용해서 파일을 전송해줍니다.

엽서 발주 파일 만들고 주문하기

일러스트레이터에서 엽서_최종.psd 파일 열기

01 노트북으로 전송한 엽서_최종.psd 파일을 일러스트레이터에서 실행하겠습니다. ❶ **엽서_최종.psd** 파일을 마우스 오른쪽 버튼으로 클릭하고 ❷ [다음으로 열기(연결 프로그램)]−[Adobe Illustrator 2020] 을 선택합니다. ❸ 이때 [Photoshop 불러오기 옵션] 대화상자가 나타나면 [레이어를 오브젝트로 변환] 이 선택되어 있는 상태에서 ❹ [확인]을 클릭합니다.

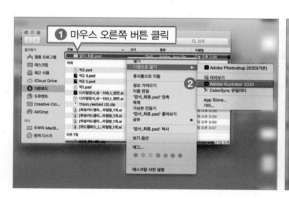 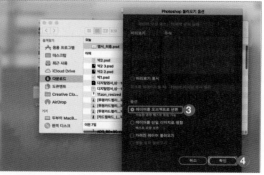

엽서 도안을 업체 템플릿 파일로 옮겨서 발주 파일 준비하기

02 ❶ 일러스트레이터에서 **엽서_최종.psd** 파일이 열리면 ❷ 이어서 업체에서 다운로드한 템플릿 파일도 불러옵니다.

03 업체 템플릿 파일에서 인쇄 파일을 추가하겠습니다. ❶ [레이어 1] 아래에 새 레이어를 추가합니다. ❷ 새 레이어 이름을 **인쇄**로 변경합니다. ❸ [레이어 1]의 재단 사이즈와 작업 사이즈 칼선 등이 움직이지 않도록 [레이어 1]을 잠급니다.

04 ❶ 다시 [엽서_최종.psd] 탭을 클릭합니다. ❷❸ 선택 도구로 화면을 드래그해 이미지를 선택하고 Ctrl + C 를 눌러 복사합니다. ❹ 템플릿 파일이 있는 탭을 클릭하고 ❺ [인쇄] 레이어를 선택합니다. ❻ Ctrl + V 를 눌러서 복사한 이미지를 붙여 넣습니다. 이미지가 아트보드에 딱 맞도록 위치를 조절합니다.

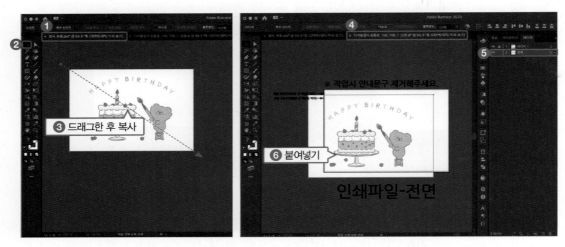

TIP▶ 아트보드에 있는 이미지(오브젝트)를 모두 선택하려면 모든 이미지(오브젝트)가 다 포함되도록 크게 드래그합니다. 해당 이미지 (오브젝트)가 있는 레이어가 선택되면 [레이어] 패널의 각 레이어 오른쪽에 있는 동그라미에 불이 들어옵니다. 드래그로 선택이 잘 되지 않는다면 Shift 를 누른 상태에서 원하는 이미지가 있는 레이어의 동그라미를 클릭하면 여러 개의 레이어를 선택할 수 있습니다.

05 다음으로 템플릿 가이드에 따라 재단 사이즈와 작업 사이즈의 선 색을 없음(투명)으로 하겠습니다. ❶ [인쇄] 레이어를 잠그고 ❷ 재단 사이즈와 작업 사이즈 칼선이 있는 [레이어 1]의 잠금을 해제합니다. ❸ 안내 문구에 따라서 빨간색으로 되어 있는 재단 사이즈 칼선을 선택하고 ❹ 도구바 하단에 있는 [칠과 선]에서 선을 클릭합니다. ❺ 선 색을 없음(투명)으로 설정합니다.

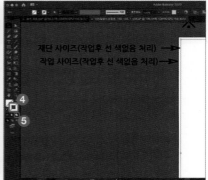

06 같은 방식으로 작업 사이즈 칼선도 없음으로 설정합니다.

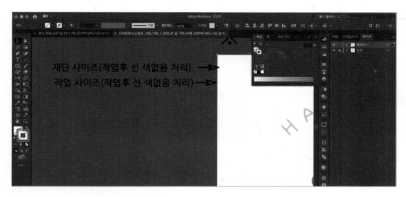

TIP 성원애드피아는 작업 사이즈 칼선의 경우 템플릿을 초기에 배포할 때부터 선 색이 없음으로 처리되어 있습니다. 확인해보고 이 과정은 생략하면 됩니다.

07 안내 문구를 삭제하겠습니다. ❶ 선택 도구로 ❷ 안내 문구를 드래그해서 선택합니다. Delete 를 눌러 삭제합니다.

08 안내 문구에 따라 템플릿을 모두 완성하면 저장하고 마무리합니다. ❶ [레이어1]의 이름을 **작업**, **재단사이즈**로 변경합니다. ❷ 파일을 다른 이름으로 저장합니다.

파일 마무리하고 저장하기

09 ❶ 파일 이름을 **엽서_발주**로 입력하고 저장합니다. 원하는 위치에 저장합니다. ❷ [Illustrator 옵션] 대화상자가 나타나면 업체에서 요구하는 일러스트레이터 버전이 맞는지 확인하고 ❸ [확인]을 클릭해 저장을 마무리합니다.

두부작가의 꼼꼼한 NOTE | 업체별 요구하는 일러스트레이터 버전 확인하기

업체별로 요구하는 도안 파일의 일러스트레이터 버전을 반드시 확인합니다. 마지막 단계에서 이를 잘 확인하고 저장합니다. 보통은 Illustrator CS6 버전을 가장 많이 요구하기 때문에 최신 버전 혹은 CS6 버전으로 저장하는 것을 추천합니다. 혹 버전을 다르게 해서 발주하더라도 다른 이름으로 다시 저장할 때 버전을 수정할 수 있습니다.

원하는 일러스트레이터 버전을 선택하는 화면

업체 사이트 방문해서 주문하기

10 엽서를 주문하기 위해 성원애드피아(swadpia.co.kr)에 접속합니다. 원활한 주문 및 결제를 위해 미리 회원가입을 하고 발주를 진행하는 것을 추천합니다.

11 ❶ ❷ [디지털 인쇄]-[디지털엽서/상품권]을 선택합니다. ❸ 엽서의 용지 및 규격을 입력할 수 있는 페이지로 이동합니다.

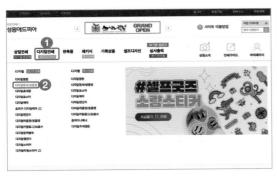 

12 이제 제작한 발주 파일의 규격과 주문하고자 하는 매수 등에 맞게 옵션을 입력합니다. ❶ [용지]는 [일반지/스노우지 백색 250g], [인쇄도수]는 [단면칼라4도], [규격]은 **154×104(mm)**, [수량]은 **8매**, **1건**을 입력합니다. ❷ [장바구니]를 클릭합니다.

두부작가의 꼼꼼한 NOTE | 지류 굿즈를 주문할 때 반드시 확인해야 하는 옵션

- **용지** | 용지의 g(그램) 확인하기

  어떤 지류를 사용하는지도 중요하지만 특정 지류를 제외하고는 대부분 비슷한 느낌의 용지가 많아 실질적으로는 용지의 두께를 결정하는 g(그램)이 중요합니다. g(그램)이 높을수록 두꺼운 용지이며 일반적으로 엽서는 250~300g 사이로 주문하는 것을 추천합니다.

- **인쇄 도수** | 단면/양면칼라 4도

  인쇄를 단면/양면 중 어떻게 제작할지를 설정하는 옵션입니다. 이번 챕터에서 만든 예제는 앞면에 도안이 들어가고 뒷면은 무지로 나오는 단면 제작이었지만 양면에 디자인을 넣고 싶은 경우에는 초기에 템플릿을 다운로드할 때 양면 템플릿을 다운로드합니다. 앞면, 뒷면 두 가지 도안을 같은 방식으로 작업합니다.

- **규격** | 재단 사이즈, 작업 사이즈 확인하기

  재단 사이즈는 실제 굿즈가 제작되는 사이즈이고 작업 사이즈는 업체에 전달해야 하는 발주 파일의 사이즈입니다. 두 종류의 사이즈를 혼동하지 말고 잘 입력합니다.

- **수량** | 최소 주문 수량 및 단가 확인하기

  수량은 원하는 만큼 주문하되 최소 수량을 확인하고 개수를 올려보면서 단가 차이를 확인합니다. 보통은 수량이 올라가면 개당 단가가 낮아지므로 이를 확인하고 주문하면 좋습니다.

- **건수** | 같은 옵션인데 여러 가지의 도안을 제작할 때

  건수는 디자인이 하나일 경우 1건으로 주문하게 됩니다. 하지만 옵션은(규격, 도수, 용지 등) 모두 같은데 두 가지 이상의 디자인을 제작할 경우 건수를 조절해서 한 번에 다중 주문할 수도 있습니다. 두 가지 이상의 주문 건은 보통 발주 파일을 압축해서 업로드하면 됩니다.

13 [파일업로드] 대화상자가 나타납니다. ❶ [파일 추가]를 클릭하고 ❷ **엽서_발주.ai**로 저장한 발주 파일을 선택한 후 ❸ [열기]를 클릭합니다. ❹ 업로드가 잘 되었으면 ❺ [장바구니 담기]를 클릭해 결제 페이지로 이동합니다.

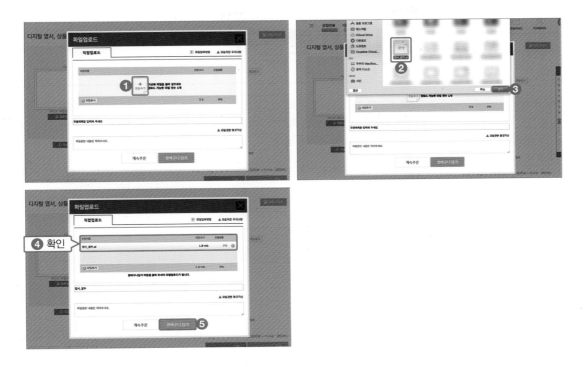

14 ❶ 마지막으로 결제를 진행하기 전에 확인할 수 있는 옵션을 다시 한번 꼼꼼하게 확인합니다. ❷ 이상 없다면 [주문하기]를 클릭해 발주를 마무리합니다.

Chapter 02

메모하는 데 최고,
떡메모지 만들기

떡메모지는 일상생활에서 아주 유용하여 인기가 많은 굿즈 중 하나입니다. 심플한 무지 디자인부터 라인이 들어간 체크리스트까지 종류도 다양합니다. 단, 메모할 때 사용하는 상품인만큼 어느 정도 도안에 실용성이 가미되어야 합니다. 따라서 떡메모지 도안을 작업할 때는 메모할 공간이 나오도록 디자인하는 것을 중점으로 둡니다. 이번 예제에서 제작할 떡메모지 규격은 80×80(mm)입니다.

떡메모지 제작 준비하기

떡메모지 제작 사이트 방문하기

01 제작 업체인 애즈랜드(adsland.com)에 접속합니다. 먼저 템플릿을 다운로드하겠습니다.

02 ❶ ❷ [굿즈]-[떡메모지]를 선택합니다. ❸ 떡메모지의 용지 및 규격을 입력할 수 있는 페이지로 이동합니다.

제작할 떡메모지 규격에 맞는 템플릿 다운로드하기

03 제작할 떡메모지 규격에 맞는 작업 사이즈 템플릿을 다운로드합니다. ❶ [재단사이즈]는 80×80(mm)로 설정합니다. 재단 사이즈를 입력하면 자동으로 사방 여백이 추가된 편집 사이즈가 정해집니다. 사이즈를 입력했다면 ❷ 템플릿인 [칼선다운로드]를 클릭합니다. ❸ 다운로드한 폴더에서 ai 버전 템플릿을 열어줍니다.

04 ❶ 다운로드한 템플릿을 실행합니다. ❷ 선택 도구를 선택하고 ❸ 불필요한 문구를 드래그합니다. Delete 를 눌러 삭제합니다.

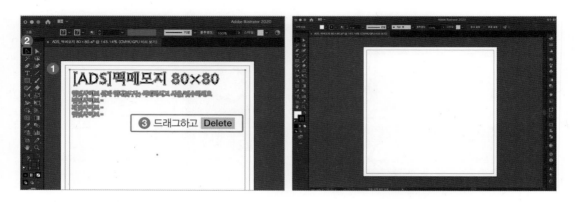

05 이제 프로크리에이트에서 사용할 수 있도록 템플릿을 PNG 파일 형태로 저장하겠습니다. ❶ [파일]-[내보내기]-[내보내기 형식]을 선택합니다. 해당 템플릿은 추후 발주할 때 다시 사용하기 때문에 삭제하지 않고 잘 보관합니다. ❷ [포맷]을 **PNG**로 선택하고 ❸ [내보내기]를 클릭합니다. ❹ [PNG 옵션] 대화상자에서 [해상도]는 **고(300ppi)**, [배경색]은 [투명]으로 설정한 후 ❺ [확인]을 클릭합니다.

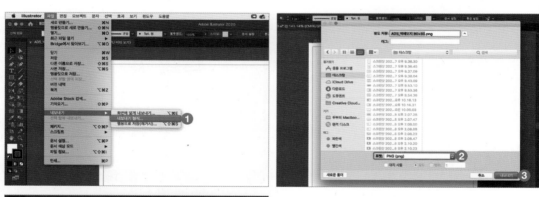

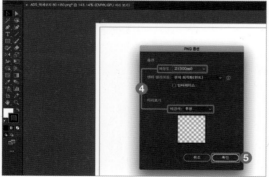

아이패드로 작업 사이즈용 템플릿 파일 전송하기

06 모두 완료하면 파일을 저장해둔 위치로 이동합니다. 여기서는 편의상 바탕화면에 저장했습니다. ❶ 투명한 형태로 저장된 PNG 템플릿 파일을 확인할 수 있습니다. ❷ 이제 노트북에 저장된 PNG 파일을 아이패드로 옮깁니다.

 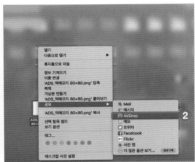

TIP 맥(mac os)은 Airdrop(에어드롭)을 활용해서 아이패드로 파일을 전송하면 [사진] 앱에 자동으로 파일이 저장됩니다. 윈도우(windows)는 카카오톡, 네이버, 메일 등을 활용해서 아이패드로 파일을 전송해줍니다.

TIP 노트북이나 데스크톱 등 개인용 컴퓨터(PC)에서 작업합니다. 여기서는 두부가 노트북에서 작업을 진행했으므로 편의상 노트북으로 칭하겠습니다.

떡메모지 도안 제작하기

떡메모지 도안용 캔버스 만들기

01 떡메모지 도안을 작업할 캔버스를 만들어보겠습니다. 프로크리에이트를 실행합니다. ❶ 갤러리에서 새로운 캔버스 ➕ 를 선택하고 ❷ [사용자지정 캔버스]를 선택합니다. ❸ [크기]는 떡메모지의 템플릿 작업 사이즈와 동일하게 너비와 높이를 **84×84(mm)**로 설정합니다. ❹ [색상 프로필]을 선택하고 ❺ 인쇄용 프로파일인 [CMYK] 모드를 선택합니다. ❻ [창작]을 선택합니다.

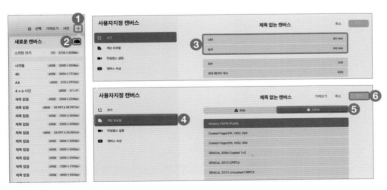

TIP 실제로 주문할 떡메모지 사이즈는 80×80(mm)입니다. 하지만 해당 업체에서 제공하고 있는 템플릿 사이즈와 동일한 84×84(mm)인 작업 사이즈에 맞춰서 캔버스를 제작해주어야 합니다.

작업 사이즈용 템플릿 적용하기

02 제작한 캔버스에 작업 사이즈용 템플릿을 불러오겠습니다. ❶ 동작 🔧을 선택하고 [추가]−[사진 삽입하기]를 선택합니다. ❷ 작업 사이즈용 템플릿을 불러옵니다. ❸ 레이어 이름을 **템플릿**으로 입력합니다. ❹ [템플릿] 레이어를 왼쪽으로 스와이프해 템플릿이 다른 작업에 방해받지 않도록 레이어를 잠급니다.

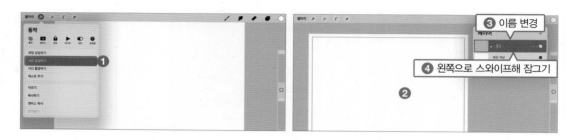

떡메모지 도안 작업하기

03 템플릿을 적용한 후에는 원하는 방식으로 떡메모지 도안을 작업합니다. ❶ 먼저 원하는 도안 이미지를 상상하며 스케치 작업을 꼼꼼히 합니다. ❷ 스케치를 참고해 채색하고 떡메모지 도안을 완성합니다. ❸ 이때, 추후 발주 파일에 이상이 있거나 도안을 수정해야 할 때 편리하게 작업할 수 있도록 다음과 같이 레이어를 분리해 작업합니다.

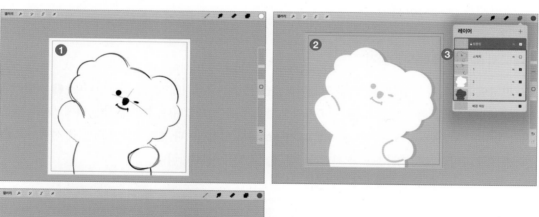

TIP 재단 사이즈에 맞춰서 도안 작업을 마친 후 편집 사이즈에 맞춰서 사방 여백 작업을 진행합니다.

작업한 떡메모지 도안 파일 정리하고 내보내기

04 작업을 마친 떡메모지 도안은 원본 파일과 발주(최종) 파일로 구분합니다. ❶ 갤러리 화면에서 [떡메_원본] 캔버스를 왼쪽으로 스와이프해 복제합니다. ❷ 복제한 파일의 이름을 **떡메_최종**으로 변경하고 원본 파일과 구분합니다. ❸ [떡메_최종] 캔버스를 열고 [템플릿] 레이어를 삭제합니다. ❹ 나머지 도안 레이어를 모두 병합한 후 레이어 이름을 **인쇄**로 변경합니다.

05 파일 내보내기를 진행하겠습니다. ❶ 동작 🔧을 선택하고 [공유]−[PSD]를 선택합니다. ❷ PSD 파일을 노트북으로 옮겨줍니다.

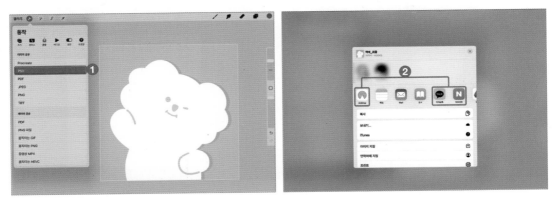

TIP 아이패드에서 노트북으로 파일을 전송할 때는 운영체제에 따라 방법이 상이합니다. 맥(mac os)을 사용할 경우 에어드롭을 활용해서 파일을 전송하고 윈도우(windows)를 사용할 경우 카카오톡, 네이버, 메일 등을 활용해서 파일을 전송해줍니다.

떡메모지 발주 파일 만들고 주문하기

일러스트레이터로 떡메_최종.psd 파일 열기

01 노트북으로 전송한 떡메_최종.psd 파일을 일러스트레이터에서 실행하겠습니다. ❶ **떡메_최종.psd** 파일을 마우스 오른쪽 버튼으로 클릭하고 ❷ [다음으로 열기(연결 프로그램)]-[Adobe Illustrator 2020]을 선택합니다. ❸ 이때 [Photoshop 불러오기 옵션] 대화상자가 나타나면 [레이어를 오브젝트로 변환]이 선택되어 있는 상태에서 ❹ [확인]을 클릭합니다.

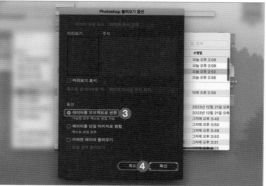

떡메모지 도안을 업체 템플릿 파일로 옮겨서 발주 파일 준비하기

02 ❶ 일러스트레이터에서 **떡메_최종.psd** 파일이 열리면 ❷ 이어서 업체에서 다운로드한 템플릿 파일도 불러옵니다.

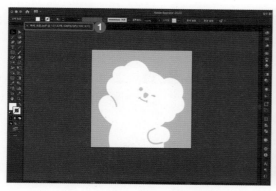

03 [안내(접수시..)] 레이어의 잠금 칸을 클릭해 작업할 때 안내 가이드 레이어가 움직이지 않도록 잠급니다.

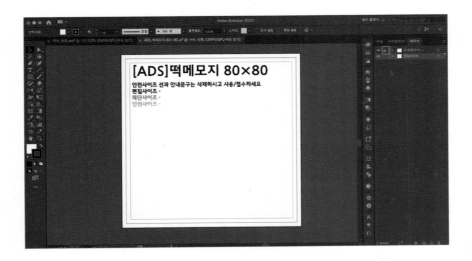

04 ❶ 다시 [떡메_최종.psd] 탭을 클릭합니다. ❷ 선택 도구로 ❸ 화면을 드래그해 이미지를 선택하고 Ctrl + C 를 눌러 복사합니다. ❹ 템플릿 파일이 있는 탭을 클릭하고 ❺ 인쇄가 들어가야 하는 레이어인 [편집사이즈] 레이어를 선택합니다. ❻ Ctrl + V 를 눌러서 복사한 이미지를 붙여 넣습니다. 이미지가 아트보드에 딱 맞도록 위치를 조절합니다.

TIP 예제와 같이 처음부터 편집 사이즈, 이미지, 인쇄 등 도안을 작업해야 하는 레이어가 세팅되어 있는 템플릿이 있는 경우도 있지만 도안 작업을 할 레이어가 없는 템플릿도 있습니다. 이 경우 새 레이어를 추가해서 도안 작업을 진행합니다.

05 ① 다음으로 [안내(접수시..)] 레이어를 삭제합니다. ② [편집사이즈] 레이어에 도안이 들어간 상태로 레이어를 정리했습니다.

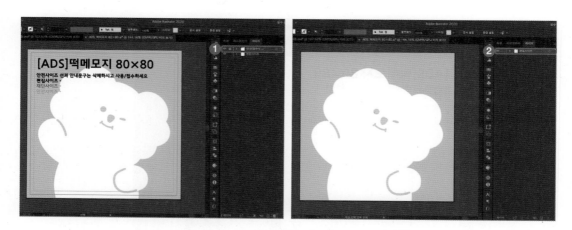

파일 마무리하고 저장하기

06 안내 문구에 따라 템플릿을 모두 완성하면 다른 이름으로 저장하고 마무리합니다. ① 파일 이름을 **떡메모지_발주**로 입력하고 원하는 위치에 저장합니다. ② [Illustrator 옵션] 대화상자가 나타나면 업체에서 요구하는 일러스트레이터 버전이 맞는지 확인하고 ③ [확인]을 클릭해 저장을 마무리합니다.

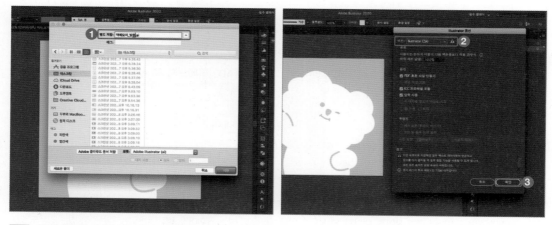

TIP 예제의 떡메모지를 제작하는 업체인 애즈랜드의 경우는 Illustrator CS6 버전을 요구합니다. 업체별 버전을 확인하고 저장합니다.

업체 사이트 방문해서 주문하기

07 떡메모지를 주문하기 위해 애즈랜드(adsland.com)에 접속합니다. 원활한 주문 및 결제를 위해 미리 회원가입을 하고 발주를 진행하는 것을 추천합니다.

08 ❶ ❷ [굿즈]–[떡메모지]를 선택합니다. ❸ 떡메모지의 용지 및 규격을 입력할 수 있는 페이지로 이동합니다.

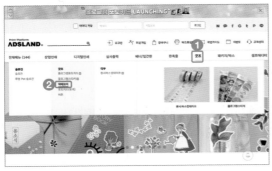 

09 이제 제작한 발주 파일의 규격과 주문하고자 하는 개수 등에 맞게 옵션을 입력합니다. [재단사이즈]는 **80×80(mm)**, [수량]은 **2,000장(20권)**, [떡제본]은 [상철], [opp봉투]의 사이즈는 **110×120, 100장**을 입력합니다. 수량 및 opp봉투 등은 원하는 옵션만큼 설정합니다.

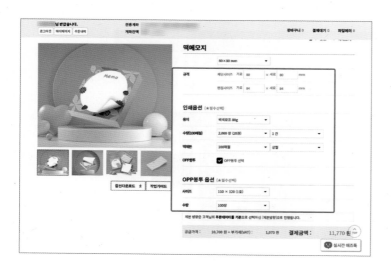

 떡메모지를 주문할 때 반드시 확인해야 하는 옵션

• 규격 | 재단 사이즈, 작업 사이즈 확인하기

재단 사이즈는 실제 굿즈가 제작되는 사이즈이고 작업(편집) 사이즈는 업체에 전달해야 하는 발주 파일의 사이즈입니다. 두 종류의 사이즈를 혼동하지 말고 잘 입력합니다.

• 수량 | 최소 주문 수량 및 단가 확인하기

수량은 원하는 만큼 주문하되 최소 수량을 확인하고 개수를 올려보면서 단가 차이를 확인합니다.

• 떡제본 | 100매철과 상철&좌철

100매철은 1권당 100장으로 구성되어 있다는 것을 의미합니다. 상철과 좌철에 따라 메모지를 떼는 방향이 다르기 때문에 업체에서 만들어놓은 가이드를 확인해서 선택하도록 합니다. 일반적으로는 상철을 가장 많이 사용합니다.

• opp봉투 | 사이즈 매수 확인

opp봉투의 경우 대개는 별도로 주문해야 하지만 예제에서 소개한 업체처럼 제공해주는 곳도 있습니다. 이 경우 업체에서 판매하는 opp를 함께 주문하면 편리하게 사용할 수 있습니다.

10 ❶ [파일업로드]를 클릭하고 ❷ **떡메모지_발주.ai**로 저장한 발주 파일을 선택합니다. ❸ 업로드가 잘 되었으면 배송지 정보 등 인적사항을 입력합니다. ❹ [결제하기]로 발주를 마무리합니다.

Chapter 03
스티커 종류와 기본 개념 알아보기

굿즈의 꽃이라고 할 수 있는 스티커는 종류와 제작하는 업체에 따라 만들기가 아주 간편하면서 동시에 까다로운 굿즈입니다. 소장용인지 판매용인지에 따라 제작 업체와 제작 방식, 단가가 다릅니다. 스티커를 제작하기에 앞서 스티커 종류와 기본 개념에 대해서 알아보겠습니다.

칼선 제작 공정에 따른 종류

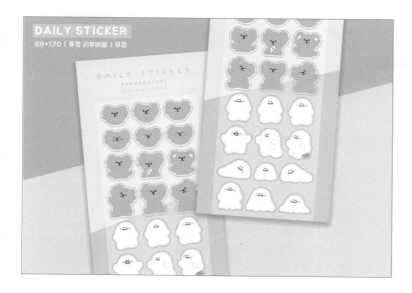

반칼 스티커(칼선 스티커)

전체 도안에 다양한 형태의 개체와 여러 가지 칼선이 들어가는 스티커입니다. 스티커를 떼면 실제 스티커를 인쇄한 지류의 후지만 남고 스티커만 칼선 모양대로 떼어집니다. 요즘 유행하는 다꾸용(다이어리 꾸미기 용도)으로 제작되는 스티커 중 하나입니다. 스티커 규격에 따른 외곽 재단선과 스티커 내부의 여러 가지 형태의 자유형 칼선이 들어갑니다.

스티커가 떼어지고 남은 스티커 후지

완칼 스티커(조각 스티커)

전체 도안에 하나의 도안과 하나의 칼선만 들어가는 스티커로, 후지까지 즉, 지류의 모든 부분이 완벽하게 칼로 잘리는 스티커입니다. 스티커 개체가 완전히 분리된 조각으로 나오는 낱장 스티커입니다. 스티커 규격에 따른 외곽 재단선이 스티커 개체 자체의 자유형 칼선으로 들어갑니다(스티커의 외곽 재단선 = 스티커 도안 자체).

스티커&후지 모두 잘린 형태

인쇄 스티커

전체 도안에 여러 가지 형태의 개체만 들어가고 칼선은 들어가지 않은 스티커입니다. 스티커 개체 하나하나에 직접 칼선이 들어가지 않고, 스티커 전체 크기를 자르는 지류에 대한 칼선만 작업하게 됩니다. 따라서 스티커를 받아서 직접 개체를 오려 사용하는 재미가 있는 스티커입니다.

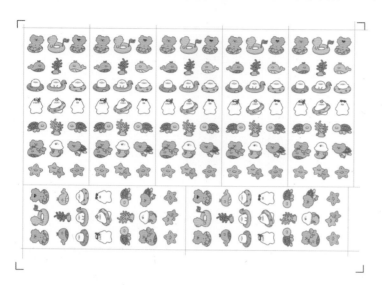

채색 방식에 따른 종류와 주의할 점

무테 스티커 : 스티커 개체 형태 그대로 칼선이 들어가 있는 모습

유테 스티커 : 스티커 개체에서 칼선까지 1~2mm 정도 여백도 같이 잘려나오도록 칼선이 들어가 있는 모습

유테 스티커(테두리가 있는 스티커)

개체에 테두리(라인)가 있는 스티커입니다. 개체의 테두리에서 1~2mm 정도 여백을 준 상태로 칼선이 들어가 있습니다. 스티커 개체를 떼면 여백지까지 같이 떼어지는 것이 특징입니다. 각 스티커 개체에 테두리가 있기 때문에 칼선 밀림 현상을 고려했을 때 따로 여백지를 만들지 않고 배경으로 여백을 주는 방식으로 작업합니다.

> **TIP** 유테 스티커는 1~2mm 정도의 여백지까지 같이 떼어지기 때문에 보통은 배경을 흰색으로 하는 것이 가장 깔끔합니다. 칼선이 개체를 건드리지 않도록 여유 있게 들어가는 것을 감안해 개체 간의 간격을 충분히 띄워줍니다.

> **TIP** 여백지에 대한 자세한 설명은 268쪽을 참고하세요.

배경색이 없는(흰색인) 유테 스티커

배경색이 있는 유테 스티커를 떼어냈을 때의 모습

무테 스티커(테두리가 없는 스티커)

개체에 테두리(라인)가 없는 스티커입니다. 개체의 형태 그대로 칼선이 들어가 있으며 각 개체의 원래 형태보다 1~2mm 정도 더 크게 도안을 작업하는 것이 특징입니다. 각 개체의 가장자리가 면으로만 칠해져 있기 때문에 원래 형태보다 1~2mm 정도 확장해서 작업해두면 칼선 밀림 현상이 생겨도 개체가 손상되지 않아 스티커로 사용하는 데 아무 문제가 없습니다.

> **TIP** 무테 스티커는 개체의 형태 그대로 떼어지기 때문에 칼선을 얇게 그리거나 개체끼리 너무 가깝게 위치하지 않도록 작업합니다.

냄비 손잡이 사이에는 칼선이 들어가기 너무 좁기 때문에 색으로 채워준 모습

무드 등 손잡이처럼 얇은 칼선은 주의해서 작업하기(더 얇은 칼선은 찢길 위험)

작고 얇은 칼선의 모습 : 연결 부위가 찢어지지 않도록 충분히 두께감 주기

옷 사이 칼선과 같이 좁은 공간 칼선은 주의해서 작업하거나 색으로 채워주기

인기 있는 스티커 지류 종류 알아보기

아트지

일반적인 종이 재질입니다. 별도의 코팅을 하지 않을 때 잘 찢어지며, 가격이 저렴합니다.

★추천 유포지

지류 자체에 코팅이 되어 있는 합성지입니다. 제거가 용이한 리무버블 재질이며 방수 효과가 있습니다. 잘 찢어지지 않고 접착력이 강합니다. 인쇄 시 색감이 잘 올라오는 편이며 스티커끼리 레이어링, 즉 겹쳐서 붙였을 때 거의 비치지 않습니다.

★추천 PVC

유포지와 동일한 성질을 가지고 있지만 유포지에 비해 유연성이 더 있고 튼튼하며 두께감이 있습니다.

인쇄 시 유포지에 비해 색감이 부드럽게 올라오는 편이며 스티커끼리 레이어링했을 때 살짝 비칠 수 있습니다.

모조지

일반 복사 용지와 비슷한 질감의 종이 재질입니다. 광택이 없는 매트(matt)한 느낌의 용지입니다. 최근에 유행하는 다꾸(다이어리 꾸미기) 스타일로 스티커와 함께 레이어링해서 사용합니다. 단순한 디자인의 빅 사이즈 스티커로 많이 제작되는 편입니다.

투명지

투명 원단 재질의 지류로, 인쇄된 부분에도 투명한 느낌을 주기 때문에 화이트 인쇄가 필요합니다. 화이트 인쇄가 들어간 부분은 선명하게 보이지만 들어가지 않은 부분은 투명한 느낌 그대로 인쇄됩니다. 화이트 인쇄에 대한 설명은 334쪽을 참고합니다.

판매용 vs. 소장용에 따른 업체 선정 방법

스티커뿐만 아니라 다른 굿즈도 마찬가지로 판매용인지 소장용인지에 따라 제작하는 업체가 달라지고 제작 방법도 달라집니다. 특히 스티커의 제작 방법이 까다로워 제작에 어려움을 느낀다면 도안만 가지고도 손쉽게 만들어주는 업체를 활용해도 좋습니다. 단, 복잡한 제작 공정을 업체에서 대리 진행해주는 만큼 비용이 추가됩니다. 즉, 장당 단가가 높습니다. 마진을 남겨야 하는 판매용으로는 적합하지 않고 소장용으로 소량만 제작합니다.

반면에 판매용은 칼선 및 템플릿 작업을 직접 해야 하는 번거로움이 있지만 단가가 저렴하고 칼선 작업에 제한이 많이 없습니다. 따라서 스티커 제작 시에는 제작 목적과 단가 등을 고려해서 업체를 선정하고 작업하는 것을 추천합니다.

Chapter **04**

진짜 쉽다! 무테 스티커 만들기

스티커 중에서도 가장 인기 있는 스티커를 꼽으라면 단연 무테 스티커라고 할 수 있습니다. 내가 그린 도안의 형태 그대로 떼어 낼 수 있기 때문인데요. 하지만 무테 스티커는 따로 여백지를 제작해야 한다는 까다로움이 있습니다. 이번 챕터에서는 간단하고 쉽게 여백지를 제작하는 방법을 소개하겠습니다. 가벼운 마음으로 따라옵니다. 이번 예제에서 제작할 무테 스티커 규격은 86x125(mm)입니다.

스티커를 제작하기에 앞서 제작 업체인 모다82(smartstore.naver.com/moda82)에 접속해 템플릿을 다운로드합니다. 298~299쪽을 참고하여 템플릿 파일을 다운로드합니다.

무테 스티커 만들기

무테 스티커 도안용 캔버스 만들기

01 스티커 도안을 작업할 캔버스를 만들어주겠습니다. 프로크리에이트를 실행합니다. ❶ 갤러리에서 새로운 캔버스➕를 선택하고 ❷ [사용자지정 캔버스]를 선택합니다. ❸ [크기]는 무테 스티커의 재단 사이즈(실제 사이즈) 규격을 입력합니다. 여기서는 **86×125(mm)** 크기로 제작했습니다. ❹ [색상 프로필]을 선택하고 ❺ 인쇄용 프로파일인 [CMYK] 모드를 선택한 후 ❻ [창작]을 선택합니다.

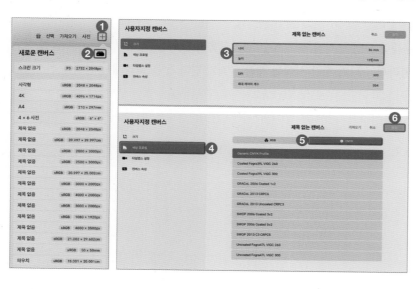

무테 스티커 도안 작업하기

02 이제 무테 스티커 도안을 작업하겠습니다. 스티커로 떼어내고 싶은 개체를 레이어별로 나눠서 스케치합니다. ❶ 86×125(mm) 크기의 캔버스가 열리면 대략적으로 어디에 개체를 넣을지 구상합니다. ❷ 개체별로 레이어를 분리해서 스케치합니다. 더 이상 개체의 크기나 형태 등의 수정이 없을 것으로 판단되면 ❸ 스케치 레이어를 모두 병합하고 ❹ 투명도를 줄입니다.

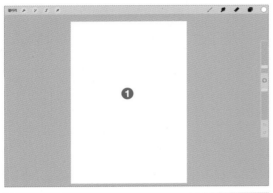

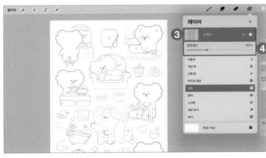

TIP 각 개체에 채색까지 모두 마친 상태에서 크기를 변형하거나 회전 등을 하면 깨짐 현상이 발생할 수 있습니다. 반드시 스케치 단계에서 크기 변형, 회전, 위치 선정 등을 완료합니다.

03 ❶ 이어서 스케치 레이어를 맨 위에 두고 ❷ 아래에 개체별로 그룹 레이어를 쌓아가면서 무테 채색을 진행합니다. ❸ 채색을 모두 마치면 배경에 적당한 색을 선택해 도안을 마무리합니다. ❹ 작업을 모두 마친 후 갤러리를 선택해 갤러리 화면으로 돌아갑니다.

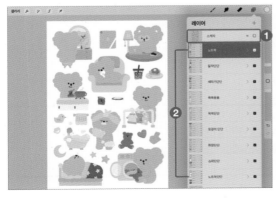
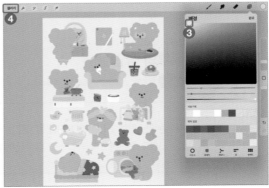

04 작업을 마친 스티커 도안은 원본 파일과 발주(최종) 파일로 구분하겠습니다. **①** 지금까지 작업한 스티커 도안 캔버스를 [무테스티커_원본]으로 변경합니다. 이후 캔버스를 왼쪽으로 스와이프해 복제합니다. **②** 복제한 파일의 이름을 **무테스티커_최종**으로 변경하고 원본 파일과 구분합니다. **③** [무테스티커_최종] 캔버스를 열고 **④** 레이어를 모두 병합합니다. 레이어 이름을 **원본**으로 변경합니다.

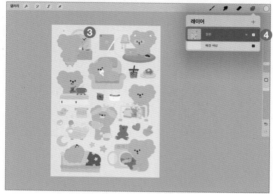

TIP 많은 양의 레이어를 병합할 때는 클리핑 마스크 등 기타 효과를 적용한 레이어가 튕길 수 있습니다. 먼저 그룹별로 차근차근 병합하고 전체를 병합합니다.

무테 스티커 도안 제작하기 – 여백지 만들기

칼선과 함께 따라다니는 단어가 바로 여백지입니다. 여백지 작업은 기계로 칼선 작업을 할 때, 칼선 밀림 현상을 방지하기 위해서 칼선 제작 크기보다 사방으로 1~2mm 정도 더 여유 있게 도안을 만드는 작업입니다. 이번 무테 스티커 여백지 제작에서 배우는 원본 그림의 여백을 만드는 작업은 스티커뿐만 아니라 다른 자유형 굿즈의 여백을 만들 때도 동일하게 사용됩니다. 잘 익히고 많이 실습해봅니다.

두부의 작업실
 www.youtube.com/@dubu_studio

두부는 5분 만에 스티커 여백지를 완성한다! 스티커 여백지, 아직도 직접 그리신다고요?
QR 코드로 접속하고 두부 작가의 재생 목록에서 학습해보세요.

여백지 베이스 만들기

01 먼저 원본 레이어를 활용해서 여백지 베이스를 제작하겠습니다. ❶ [원본] 레이어를 왼쪽으로 스와이프해 복제합니다. ❷ 아래의 [원본] 레이어를 여백지로 활용해주기 위해 **여백지**로 이름을 변경합니다. ❸ 다음으로 여백지에 처음 들어갈 색을 임의로 설정합니다. 처음 여백을 만들 때 가장자리에 색이 들어가는데 이때의 색은 캐릭터가 잘 보이도록 흰색이나 검은색으로 선택하는 것을 추천합니다.

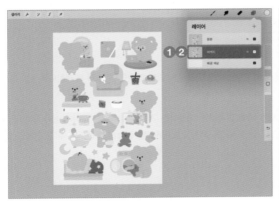

TIP 여백지는 칼선 밀림 현상과 떼놓을 수 없는 관계입니다. 218쪽을 참고하면 이해하는 데 도움이 됩니다.

02 지금부터는 선택 툴을 활용해서 여백지 베이스를 만들어보겠습니다. 이 작업은 선택 한계값 조절과 진행되는 순서가 매우 중요하기 때문에 집중해서 따라옵니다. ❶ 선택 ⑤ 을 선택하고 ❷ 옵션창에서 [자동]을 선택합니다. ❸ 화면에 펜슬을 대고 있는 상태에서 좌우로 드래그하면 ❹ 화면에 파란색이 채워지면서 상단에 선택 한계값이 나타납니다. 이 한계값을 **5%**로 조절합니다. ❺ 선택 ⑤ 을 선택해 캔버스 화면으로 돌아옵니다.

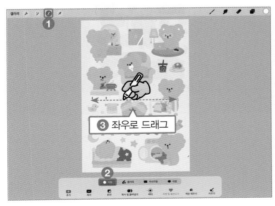

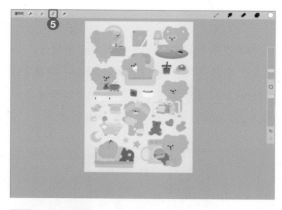

TIP 이 작업을 진행할 때는 하단에 옵션창이 나타납니다. 옵션창에서 [색상 채우기]가 선택되어 있다면 반드시 해제하도록 합니다. 추후 작업에 혼란을 줄 수 있습니다.

TIP 선택 한계값은 자동 툴에서 얼마만큼의 %로 개체를 선택할지에 대해 한계값을 조절하는 기능입니다. 한계값이 높을수록 더 많은 범위의 색상을 포괄적으로 인식해서 자동으로 선택하게 됩니다. 02 단계에서는 색상 간의 분리를 정확하게 해주기 위해 한계값을 5%로 줄여서 진행합니다.

03 이제 선택 한계값을 조절해둔 자동 툴로 여백을 만들어주겠습니다. ❶ 선택 *s* 을 선택하고 ❷ 옵션창에서 [자동]을 선택합니다. ❸ 도안에서 개체를 제외한 배경 중 아무 곳이나 선택합니다. 개체를 제외한 배경만 선택됩니다. ❹ 이어서 옵션창의 [반전]을 선택해서 개체만 깔끔하게 선택되도록 합니다. ❺ 옵션창의 [페더]를 선택하고 ❻ [양]을 **3~4%**로 조절합니다.

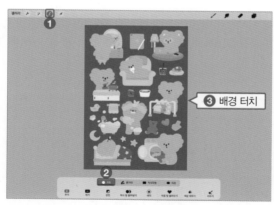

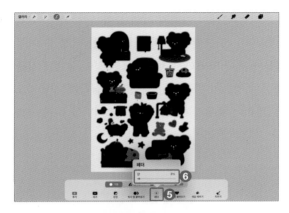

페더는 선택 영역의 경계를 흐리게 만드는 기능입니다. 사방이 그라데이션처럼 흐리게 퍼지기 때문에 이후 다시 해당 영역만큼 색을 입혀줘야 여백지가 완성됩니다.

두부작가의 꼼꼼한 NOTE

처음부터 개체를 선택하지 않고 배경을 선택한 후에 반전을 주는 이유

무테 스티커는 각 개체 외곽에 여백이 필요한데 이렇게 여백이 필요한 각 개체를 선택하려면 자동 툴을 사용해야 합니다. 이때 개체를 하나씩 선택하게 되면 여러 가지 색이 혼합되어 있기 때문에 개체가 온전하게 선택되지 않는 경우가 생깁니다. 따라서 비교적 균일하고 단순한 면 처리가 되어 있는 배경을 먼저 선택하고 반전을 하면 깔끔하게 개체만 선택됩니다.

04 ❶ 페더를 적용한 상태에서 [여백지] 레이어를 선택하고 ❷ [레이어 채우기]를 선택합니다. ❸ [여백지] 레이어가 ❹ 색상 ●에 선택되어 있는 색으로 가장자리가 채워진 것을 확인할 수 있습니다. 마치 캐릭터 가장자리가 그라데이션 효과를 적용한 것처럼 보인다면 잘 따라 오고 있는 것입니다.

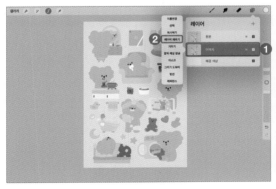

이 과정에서는 [여백지] 레이어에 색이 잘 들어갔는지 확인하기 위해 [원본] 레이어를 숨기고 작업해도 좋습니다.

05 이제 페더 작업을 제외하고 **03~04** 과정을 한 번 더 반복해서 여백지 작업을 마무리하겠습니다. ❶ 선택 ⬈ 을 선택하고 ❷ 옵션창에서 [자동]을 선택합니다. ❸ 도안에서 개체를 제외한 배경 중 아무 곳이나 선택합니다. 앞 과정에서 페더를 적용했기 때문에 페더 영역까지 제외하고 배경이 선택된 것을 확인할 수 있습니다. ❹ 옵션창의 [반전]을 선택해서 페더 영역까지 포함된 개체만 깔끔하게 선택되도록 합니다. ❺ 이어서 [여백지] 레이어를 선택하고 ❻ [레이어 채우기]를 선택합니다. 페더를 준 영역까지 색이 말끔하게 다 채워진 것을 확인할 수 있습니다.

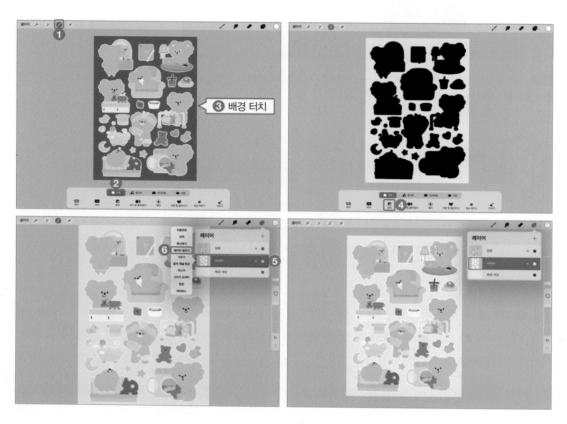

두부작가의 꼼꼼한 NOTE | 페더 적용 후 레이어 채우기를 한 번 더 하는 이유

페더는 개체의 경계를 흐릿하게 만들어주는 기능으로 이 기능을 활용해 사방으로 여백을 만들게 됩니다. 단, 흐리게만 만들어주는 기능이기 때문에 반드시 색상을 한 번 더 채워서 온전하게 색을 채워줘야 깔끔하게 여백이 완성됩니다.

페더만 적용했을 때
개체의 가장자리에 흰색 여백이 생기긴 했으나 가장자리가 흐리게 처리되어 색이 다 채워지지 않은 모습

페더 적용 후 레이어 채우기를 한 번 더 했을 때
개체의 가장자리 여백까지 흰색이 깔끔하게 다 채워진 모습

두 이미지는 정확한 이해를 돕기 위해 원본 레이어를 숨긴 상태입니다.

채색하기로 여백지 완성하기

여백지를 만드는 순서입니다. 개체별로 여백지에 색 입히기 → 클리핑 마스크로 색 경계 레이어 만들기 → 색 경계 나눠주기를 하면 완성입니다.

06 이제 흰색으로 칠해진 여백지를 원본 형태의 색에 맞게 채색하여 작업을 마무리하겠습니다. [배경 색상] 레이어의 체크 박스를 선택해 숨깁니다. 개체별 여백지를 확인해서 너무 붙어 있거나 보완하고 싶은 형태의 여백지가 있다면 수정합니다.

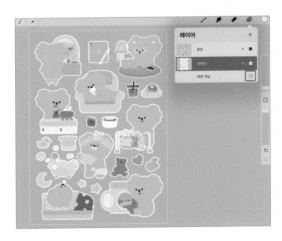

TIP 예제의 이미지처럼 배경색이 밝아서 여백지와 구분이 잘 되지 않을 경우 배경 레이어를 숨기고 작업합니다.

두부작가의 꼼꼼한 NOTE 오브젝트가 붙지 않게, 여백지 간격 수정하기

여백지를 확인할 때 여백지끼리 너무 붙어 있는 개체가 있으면 떼어주는 게 보기에 깔끔합니다. [원본] 레이어와 [여백지] 레이어를 함께 선택한 상태에서 간격이나 형태 등을 수정합니다.

원본 개체가 가까워서 여백지끼리 붙어 있는 모습

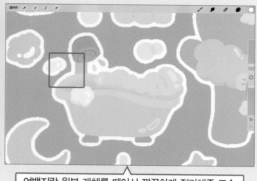

여백지랑 원본 개체를 떼어서 깔끔하게 정리해준 모습

07 다음으로 개체별 여백지에 색을 입혀주겠습니다. 먼저 예제의 달과 별처럼 단색 개체의 경우 개체 색과 동일한 색으로 여백지를 채우면 됩니다. ❶ 스포이드로 달의 색을 선택하고 ❷ 색상●을 여백지로 드래그합니다. ❸ 나머지 단색 개체도 같은 방식으로 여백지에 색을 채웁니다.

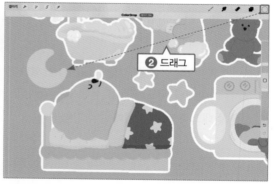

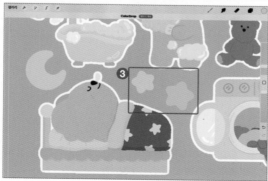

08 단색과 달리 여러 색이 혼합되어 있는 개체의 경우는 개체에서 가장 많이 차지하는 색으로 여백지의 색을 채워줍니다. 그런 다음 색상별로 경계를 나눕니다. 예제에서 화장대와 캐릭터가 함께 있는 개체, 쇼파와 캐릭터가 함께 있는 개체의 여백지에 색을 채워보겠습니다. ❶ 화장대와 캐릭터가 함께 있는 개체의 경우 가장 많은 비중을 차지하는 색은 캐릭터의 몸통 색입니다. 스포이드로 몸통 색을 선택하고 ❷ 색상●을 여백지로 드래그합니다. ❸ 쇼파와 캐릭터가 함께 있는 개체의 경우 가장 많은 비중을 차지하는 색은 쇼파의 색입니다. 스포이드로 쇼파의 색을 선택하고 ❹ 색상●을 여백지로 드래그합니다.

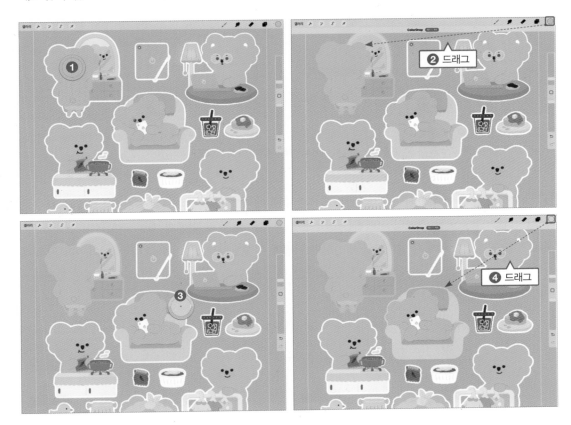

09 가장 많이 차지하는 색으로 색을 채워줬다면 이번에는 다른 색상도 칠해서 색상별로 잘 확장시켜 여백지를 완성해주겠습니다. 예제를 통해 이해해봅니다. ❶ 예제의 이미지처럼 개체별로 가장 많이 차지하는 색으로 여백지에 색을 다 채운 상태에서 [여백지] 레이어의 투명도를 줄여줍니다. 투명도를 줄여야 [원본] 레이어와 [여백지] 레이어의 경계가 잘 보이기 때문입니다. ❷ 다음으로 [여백지] 레이어 위에 클리핑 마스크 레이어를 만들고 이름을 **색경계**로 변경합니다.

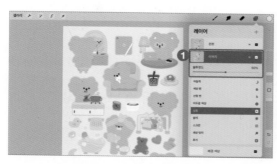 

TIP 이어서 할 작업은 개체별로 확장되지 않은 나머지 색을 채워주는 과정입니다. 따라서 여백지 형태 내에서만 다른 색을 더해주는 과정이기 때문에 클리핑 마스크 레이어를 활용해 여백지 내에서만 색이 칠해지도록 합니다.

10 이제 [색경계] 레이어에 개체별로 형태 색에 맞게 경계를 잡아가며 색을 확장해주겠습니다. 쇼파와 캐릭터가 함께 있는 개체의 여백지를 칠해보겠습니다. ❶ 쇼파 덮개의 색인 주황색을 스포이드로 선택하고 ❷ 덮개가 여백지 형태만큼 커진다면 어떻게 확장될지를 생각하며 원본 형태와 여백지 형태가 이어진다는 느낌으로 쇼파의 여백지를 칠해줍니다. ❸ 같은 방식으로 나머지 색 경계도 확장해서 여백지를 칠해줍니다.

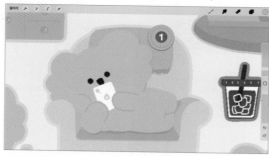 

TIP 색 경계를 나누는 기준은 먼저 본 캐릭터의 형태가 사방으로 더 커졌을 때를 상상합니다. 형태가 더 커진 상태에서 꼭짓점이 있다고 생각하고 채워주면 됩니다. 이후에 색 경계 작업을 마치고 투명도를 복구했을 때 마치 형태가 조금 더 뚱뚱해진 정도로만 느껴진다면 색 경계를 잘 나눈 것입니다.

11 개체별로 색상 경계에 맞게 여백지를 꼼꼼하게 칠해줍니다. 색 경계 작업은 끝났습니다.

12 이제 [여백지] 레이어의 투명도를 복구하고 병합해서 마무리하겠습니다. ❶ 색 경계가 잘 보이도록 [여백지] 레이어의 불투명도를 **100%**로 조절합니다. 이 과정을 놓치고 병합하면 불투명도가 걸려 있는 여백지는 사용할 수 없기 때문에 반드시 투명도를 확인하고 작업합니다. ❷ [여백지] 레이어와 [색경계] 레이어를 병합합니다.

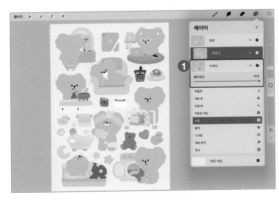

13 레이어를 정리하고 작업을 마무리하겠습니다. ❶ [원본] 레이어를 복제하고 ❷ 맨 위에 있는 레이어 이름을 **칼선가이드(원본)**으로 변경합니다.

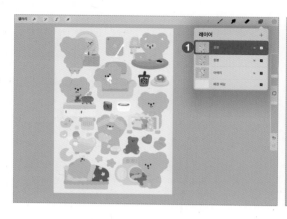 

14 ❶ [레이어] 패널에 남아 있는 [원본], [여백지] 레이어를 병합합니다. ❷ 레이어 이름을 **인쇄(원본+여백)**으로 변경합니다.

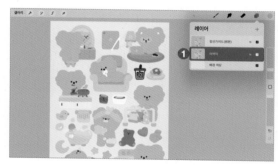 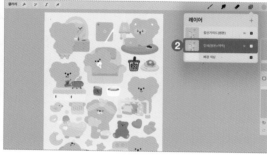

두부작가의
꼼꼼한
NOTE

꼭 기억해야 할 레이어 정리 방식

프로크리에이트에서 노트북으로 도안 파일을 옮길 때 레이어가 나눠져 있으면 겹쳐져 있는 도안 사이에 크랙(버그)이 생깁니다. 따라서 이를 방지하기 위해 마지막 단계에서는 배경 레이어를 제외한 인쇄될 레이어는 항상 병합한 상태로 마무리합니다. 216쪽을 참고합니다.

하지만 스티커 도안에서는 [원본] 레이어와 [여백지] 레이어를 병합하게 될 경우 형태가 병합되어 있기 때문에 추후 칼선을 작업할 때 원래 형태가 무엇인지 알 수 없기 때문에 칼선 작업에 어려움이 생깁니다. 그뿐만 아니라 [원본] 레이어와 [여백지] 레이어를 병합한 채 일러스트레이터에서 열게 되면 크랙이 생겨서 크랙까지 함께 스티커로 출력됩니다.

따라서 [원본] 레이어를 미리 하나 복제해서 칼선을 작업할 때 참고하는 칼선 가이드로 남겨둡니다. 나머지 [원본]과 [여백지] 레이어를 병합해서 인쇄 레이어로 사용합니다. 칼선 가이드로 남겨둔 레이어는 칼선을 작업한 후에 삭제해서 인쇄 레이어(원본+여백지를 합친 것)만 남겨두는 형식으로 진행합니다.

작업한 무테 스티커 도안 파일 정리 및 내보내기

15 파일 내보내기를 진행하겠습니다. ❶ 동작 🔧을 선택하고 [공유]–[PSD]를 선택합니다. ❷ PSD 파일을 노트북으로 옮겨줍니다.

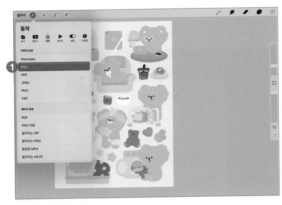

TIP 아이패드에서 노트북으로 파일을 전송할 때는 운영체제에 따라 방법이 상이합니다. 맥(mac os)을 사용할 경우 에어드롭을 활용해서 파일을 전송하고 윈도우(windows)를 사용할 경우 카카오톡, 네이버, 메일 등을 활용해서 파일을 전송해줍니다.

무테 스티커 칼선 따기 – 펜 도구로 칼선 따는 법

일러스트레이터에서 무테 스티커_최종.psd 파일 열기

01 노트북으로 전송한 무테스티커_최종.psd 파일을 일러스트레이터에서 실행하겠습니다. ❶ **무테스티커_최종.psd** 파일을 마우스 오른쪽 버튼으로 클릭하고 ❷ [다음으로 열기(연결 프로그램)]–[Adobe Illustrator 2020]을 선택합니다. ❸ 이때 [Photoshop 불러오기 옵션] 대화상자가 나타나면 [레이어를 오브젝트로 변환]이 선택되어 있는 상태에서 ❹ [확인]을 클릭합니다.

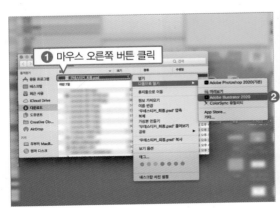

칼선 작업 전에 레이어 정리하고 칼선 옵션 넣기

02 칼선 작업에 들어가기 전에 먼저 레이어를 정리하고 칼선 옵션을 넣어주겠습니다. ❶ 일러스트 레이터에서 **무테스티커_최종.psd** 파일이 열리면 ❷ [인쇄(원본+여백)] 레이어의 눈을 클릭해 숨깁니다. [칼선가이드(원본)] 레이어와 [배경 이미지] 레이어만 보입니다. ❸ 각 레이어의 잠금을 클릭해 모두 잠가줍니다. ❹ 새 레이어를 추가하고 이름을 **칼선**으로 변경합니다.

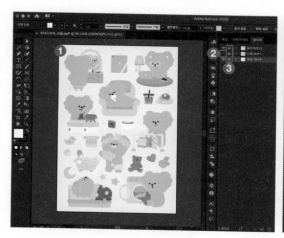 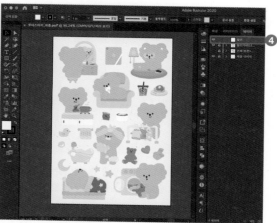

TIP [인쇄(원본+여백)] 레이어는 여백지까지 합쳐진 도안이기 때문에 칼선 작업에 참고하기에는 적합하지 않습니다. 따라서 칼선을 작업할 때는 칼선 가이드 레이어를 참고해서 원본 형태의 칼선을 정교하게 작업합니다.

03 ❶ 펜 도구를 선택하고 ❷ 도구바 하단에 있는 [칠과 선]에서 [칠]을 클릭합니다. ❸ 바로 아래에 있는 [없음]을 클릭해서 칠 색을 없음(투명)으로 설정합니다.

TIP 칼선은 말 그대로 선을 넣는 작업으로 칠은 필요 없기 때문에 없음(투명)으로 설정합니다.

04 ① 이어서 도구바 하단에 있는 [칠과 선]에서 [선]을 선택하면 [색상] 패널이 열립니다. C, M, Y, K의 값을 조절할 수 있습니다. ② [M]은 **100%**, [C], [Y] ,[K]는 모두 **0%**로 설정합니다. ③ [획] 패널에서 두께는 **0.5pt**, [둥근 단면], [둥근 연결]로 설정합니다.

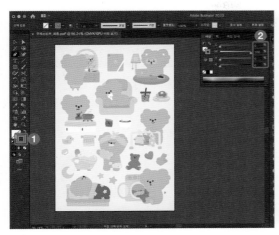
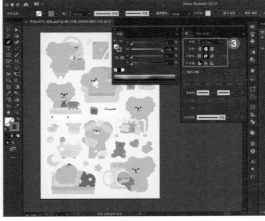

TIP 대부분의 제작 업체는 동일한 칼선 스타일을 요구하기 때문에 이 옵션을 베이스로 패스 값을 설정합니다. 간혹 제작 업체별로 요구하는 C, M, Y, K의 값이 다를 수 있으니 꼭 확인합니다.

두부작가의 꼼꼼한 NOTE | **[색상] 패널에서 개별 값 조정하기**

도구바 하단에 있는 [칠과 선]에서 [선]을 선택했을 때 [색상] 패널이 나타나지 않는다면 [윈도우]-[색상] 메뉴를 선택하면 됩니다. [색상] 패널의 오른쪽 상단에 있는 세 줄 모양을 클릭하면 옵션이 표시됩니다. CMYK의 개별 값을 조절할 수 있습니다. 색상뿐만 아니라 다른 기능도 대부분 [윈도우] 메뉴에서 찾아 사용할 수 있습니다.

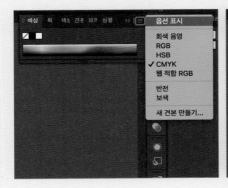

무테 스티커 칼선 작업하기

05 이제 무테 스티커 도안의 칼선 작업을 진행하겠습니다. 침대 위에 누워 있는 캐릭터 개체로 진행하겠습니다. ❶ 화면을 확대해서 칼선을 작업할 개체가 잘 보이게 합니다. ❷ 펜 도구로 ❸ 시작점을 클릭합니다. 시작점은 어느 부분이든 무관합니다. ❹ 직선이 끝나는 지점을 클릭합니다.

06 ❶ 다음과 같이 적당한 지점을 클릭한 상태에서 드래그합니다. 이때 마우스에서 손을 떼지 않습니다. 드래그하는 대로 방향선이 나타나고 원하는 곡선이 만들어지면 마우스 왼쪽 버튼에서 손가락을 뗍니다. ❷ 마지막 점을 클릭하면 방향선이 삭제됩니다. 반곡선이 그려졌습니다. ❸ 이어서 다음 곡선도 그립니다.

07 ➊ 같은 방식으로 곡선과 직선 형태를 마무리합니다. ➋ 처음 클릭했던 시작점을 클릭하여 패스를 닫습니다.

직접 선택 도구로 패스 수정하기

작업한 패스는 직접 선택 도구로 수정할 수 있습니다. 직접 선택 도구로 패스를 클릭하고 수정하고 싶은 지점의 고정점을 클릭해서 방향선으로 곡선의 각도를 조절하거나 고정점 자체를 움직일 수 있습니다. 이 외에도 라이브 코너 위젯을 활용해서 여러 가지 모양으로 변형할 수 있습니다.

TIP 고정점(패스를 고정하는 기준이 되는 점)은 많이 만들수록 수정이 어렵습니다. 최소한으로 만들되 방향선을 잘 활용해서 원하는 형태를 만들어나갑니다.
패스는 일러스트레이터에서 그리는 모든 형태를 말하며 시작점과 도착점 사이를 잇는 선입니다.

08 먼저 고정점을 직접 이동하거나 방향선으로 각도를 조절해서 패스를 수정하겠습니다. ❶ 직접 선택 도구를 선택하고 ❷ 얼굴이 끝나는 지점의 고정점을 클릭합니다. 이때 패스가 활성화되면서 방향선이 나타납니다. ❸ 방향선을 조절해서 곡선의 각도를 수정합니다. ❹ 같은 방식으로 침대 커버 형태의 고정점을 클릭하고 이번에는 고정점 자체를 클릭하고 이동해서 형태를 수정합니다.

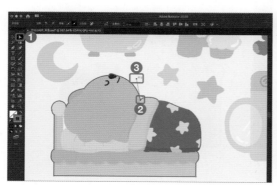 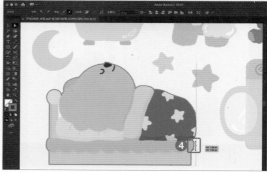

09 이번에는 라이브 코너 위젯을 활용해서 모서리를 수정하겠습니다. ❶ 직접 선택 도구로 침대 모서리를 클릭하면 원형의 라이브 코너 위젯이 나타납니다. ❷ 라이브 코너 위젯을 안쪽이나 바깥쪽으로 드래그하면 모서리가 둥글게 변합니다. ❸ 같은 방식으로 라이브 코너 위젯을 활용해서 모서리 부분을 자연스러운 느낌으로 둥글게 작업합니다. 이렇게 칼선(패스)을 완성했습니다.

두부작가의 꼼꼼한 NOTE 라이브 코너 위젯

라이브 코너 위젯은 모서리(직선으로 연결되어 있는 뾰족한 모서리 혹은 매끄럽지 못한 연결 부위 등)에 해당하는 형태를 클릭하면 나타납니다. 라이브 코너 위젯을 드래그하면 도형의 모서리를 둥글게, 각지게 등 다양한 형태로 수정할 수 있습니다.

TIP 라이브 코너 위젯은 필요한 부분에만 사용하는 것이 좋습니다. 형태가 분명히 구분되어야 하는 지점에도 라이브 코너 위젯을 과하게 사용하면 추후에 전체적으로 라운딩이 많이 적용되어 원본 형태가 손상될 수 있습니다.

칼선 작업 마무리하고 레이어 정리하기

10 ❶ 스티커로 떼어낼 형태의 개체는 다음과 같이 개체별로 칼선을 모두 작업합니다. ❷ 칼선 작업이 마무리되면 칼선 가이드 레이어는 삭제합니다. ❸ 칼선 레이어의 눈을 껐다 켰다 하면서 칼선 레이어에 칼선만 잘 들어갔는지 한 번 더 확인합니다. ❹ [인쇄(원본+여백)] 레이어의 눈을 클릭해 보이게 하고 ❺ 잠겨 있는 레이어의 잠금을 모두 해제합니다.

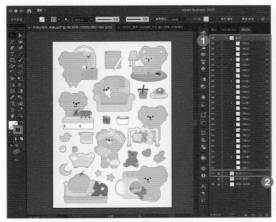

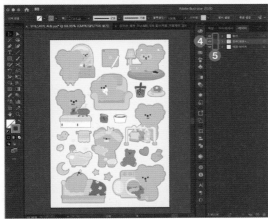

11 레이어를 정리해서 마무리하겠습니다. ❶ [인쇄] 그룹 레이어를 열고 ❷ [배경 이미지] 레이어를 [인쇄] 레이어에 아래로 이동해 [인쇄] 레이어 안에 스티커 개체와 배경이 모두 들어갈 수 있도록 만들어줍니다. ❸ [인쇄] 레이어 그룹을 닫습니다. 레이어는 [칼선]과 [인쇄]로만 분리해서 마무리된 것을 확인할 수 있습니다.

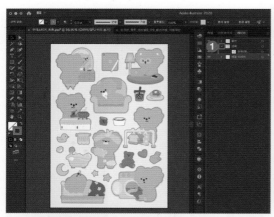
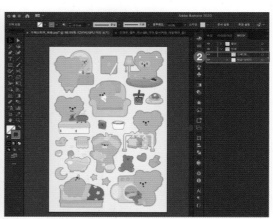

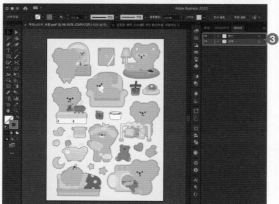

TIP 스티커 칼선 파일의 경우, 레이어는 [칼선]과 [인쇄]로만 정리합니다. [인쇄] 레이어와 [칼선] 레이어의 눈을 껐다가 켰다가 하면서 칼선은 칼선끼리, 칼선을 제외한 이미지는 이미지끼리 레이어를 정리합니다. 레이어가 분리되어 있는지 꼭 확인합니다.

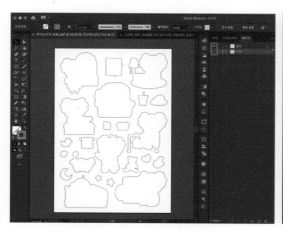
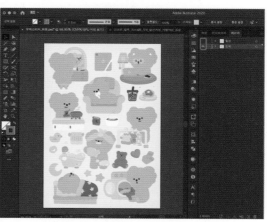

파일 마무리하고 저장하기

12 파일을 저장해서 칼선 작업을 마무리하겠습니다. ❶ [파일]-[다른 이름으로 저장]을 선택합니다. ❷ 파일 이름을 **무테스티커_칼선**으로 입력하고 ❸ [저장]을 클릭합니다. 원하는 위치에 저장합니다. ❹ [Illustrator 옵션] 대화상자가 나타나면 업체에서 요구하는 일러스트레이터 버전이 맞는지 확인하고 ❺ [확인]을 클릭해 저장을 마무리합니다.

스티커 발주 파일 만들고 주문하기

스티커 파일을 업체 템플릿 파일로 옮겨서 발주 준비하기

01 ❶❷ 무테스티커_칼선 파일과 제작 업체 모다82에서 다운로드한 돔보가이드(폼파일)를 실행합니다. ❸ [폼파일] 탭을 클릭하고 ❹ 새 레이어를 세 개 추가합니다. 레이어 이름을 각각 **개별재단, 칼선, 인쇄**로 변경합니다.

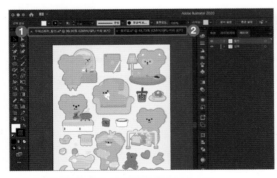

TIP 스티커를 제작하기에 앞서 제작 업체인 모다82(smartstore. naver.com/moda82)에 접속해 템플릿을 다운로드합니다. 298~299쪽을 참고하여 템플릿 파일을 다운로드합니다.

02 이제 무테스티커_칼선 도안을 업체 폼파일로 옮겨주겠습니다. ❶ 무테스티커_칼선 아트보드를 드래그해서 모두 선택하고 ❷ Ctrl + C 를 눌러 복사합니다. ❸ [폼파일] 탭을 클릭하고 [칼선] 레이어가 선택된 상태에서 ❹ Ctrl + V 를 눌러 붙여 넣습니다. 레이어를 확인해보면 무테스티커_칼선 파일 도안의 칼선(패스)과 [인쇄] 레이어가 모두 [칼선] 레이어 그룹으로 들어간 것을 확인할 수 있습니다. ❺ [칼선] 레이어에는 칼선 파일만 있어야 하므로 인쇄에 해당하는 두 개의 레이어([인쇄] 레이어와 [배경 이미지] 레이어)를 선택하고 ❻ [인쇄] 레이어 아래로 옮깁니다.

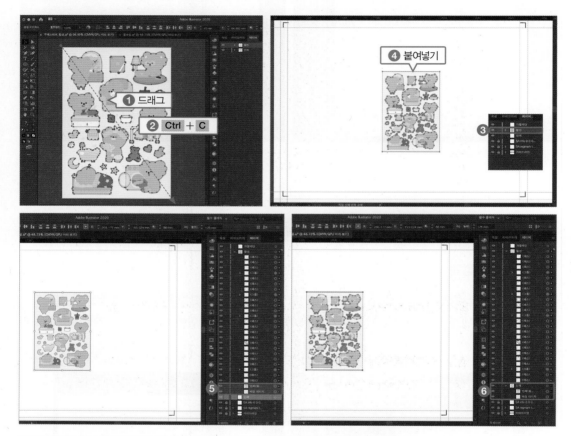

TIP 도안을 다른 아트보드에 붙여 넣게 되면 레이어의 분류가 깨져 하나의 레이어로 붙여넣기가 됩니다. 따라서 도안을 돔보가이드 파일로 붙여넣기를 한 후에는 반드시 칼선은 칼선끼리, 인쇄는 인쇄끼리 레이어를 분류해야 합니다.

03 이번에는 가이드 안내선에 맞춰 도안을 배치하겠습니다. 이 단계에서는 같은 도안 여러 개를 효율적으로 배치하기 위해 단축키를 사용합니다. ❶ [칼선]과 [인쇄] 레이어를 선택하고 다음과 같이 왼쪽 상단의 파란색 가이드 선에 맞춰 배치합니다. ❷ 그 상태에서 Ctrl + Alt + Shift 를 누르고 도안을 수평으로 드래그합니다. 이때 여백 없이 도안이 서로 딱 붙게 배치합니다.

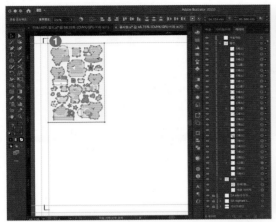
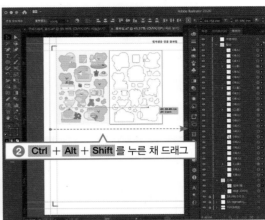

❷ Ctrl + Alt + Shift 를 누른 채 드래그

TIP Ctrl + Alt 를 누른 상태에서 드래그를 하면 개체의 레이어를 유지한 채로 복사할 수 있습니다. 이 기능을 잘 활용하려면 먼저 레이어가 분류된 상태여야 합니다. 반드시 미리 레이어를 분류해주도록 합니다.

04 ❶ 이어서 Ctrl + D 를 누릅니다. 같은 간격으로 개체가 복사 및 배치되는 것을 확인할 수 있습니다. ❷ 계속해서 가로 규격에 맞는 지점까지 배치를 완료합니다.

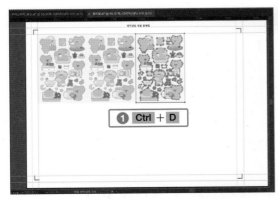

❶ Ctrl + D

❷ Ctrl + D

TIP Ctrl + D 는 연속 복사하기 기능입니다. 연속으로 개체를 복사 및 붙여넣기를 할 때 유용합니다.

05 ❶ 상단에 배치한 전체 도안을 선택하고 ❷ Ctrl + Alt 를 누른 채 아래로 드래그합니다. ❸ 가이드
선 안쪽으로 도안이 잘 배치된 것을 확인할 수 있습니다.

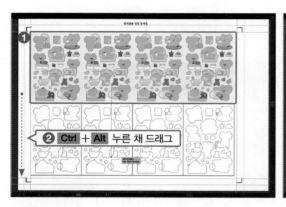 

두부작가의 꼼꼼한 NOTE **칼선 확인하기**

배치를 완료하면 반드시 [칼선], [인쇄] 레이어의 눈을 껐다가 켰다가 하면서 레이어의 분류가 최종적으로 잘 되었는지 확인합니다.

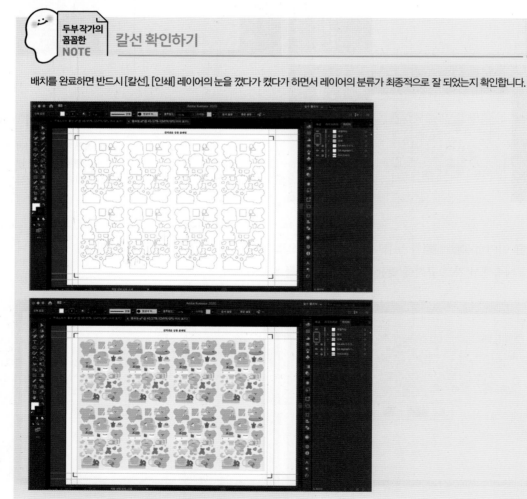

06 마지막으로 개별 재단 레이어에 재단선 작업을 해서 발주 파일을 마무리하겠습니다. ❶ [개별재단] 레이어를 선택하고 ❷ 선 도구를 선택합니다. 색상은 칼선과 마찬가지로 ❸ [칠]을 선택하고 ❹ [색상] 패널에서 [M]을 **100%**로 설정합니다.

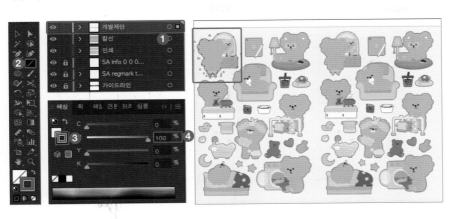

선 도구 사용하는 법

❶ 도구바에서 선 도구를 선택하고 패스를 그리고 싶은 지점을 클릭합니다. ❷ 마우스 왼쪽 버튼을 누르고 있는 상태에서 드래그합니다. ❸ 원하는 길이까지 드래그한 후 Shift 를 누르면 평행선이 됩니다. 마우스 왼쪽 버튼에서 손가락을 뗍니다. 처음에 시작점을 클릭한 상태에서 드래그한 만큼 선이 완성된 것을 확인할 수 있습니다.

스티커 발주 파일에서 개별 재단선을 작업할 때 반드시 Shift 를 함께 누릅니다. 선이 평행하지 않을 경우, 업체로부터 재작업 요청을 받을 수 있습니다.

07

❶ [개별재단] 레이어를 선택하고 선 도구로 가장자리의 가로선부터 평행하게 패스를 그립니다.
❷ 헷갈리지 않게 가로선을 먼저 다 넣습니다. ❸ 이어서 세로선도 모두 넣어 마무리합니다.

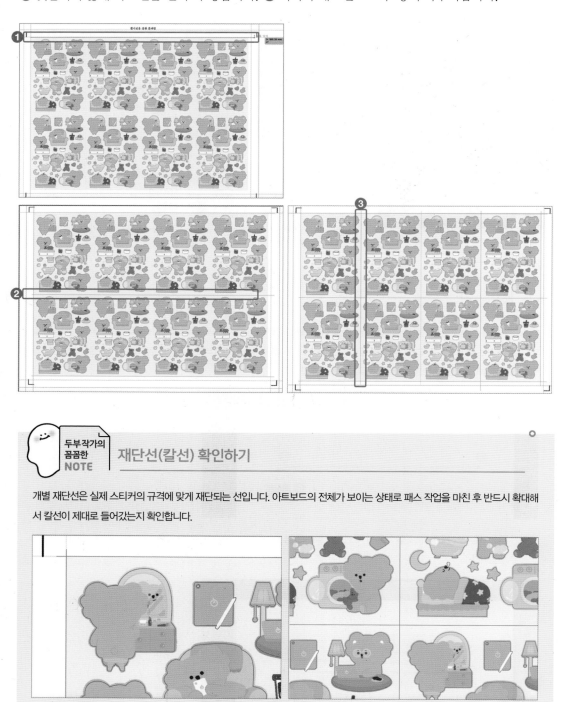

두부작가의
꼼꼼한
NOTE

재단선(칼선) 확인하기

개별 재단선은 실제 스티커의 규격에 맞게 재단되는 선입니다. 아트보드의 전체가 보이는 상태로 패스 작업을 마친 후 반드시 확대해서 칼선이 제대로 들어갔는지 확인합니다.

08 ❶ ❷ 작업을 모두 마치면 레이어의 눈을 껐다가 켰다가 하면서 레이어의 분류가 잘 되었는지 최종적으로 확인합니다. ❸ 업체 폼파일이 완성되었습니다.

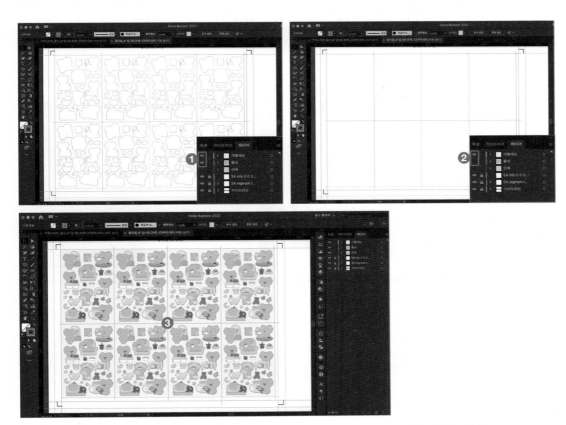

TIP▸ 유테 스티커 칼선 파일도 같은 방식으로 업체 폼파일에 얹어서 별도의 파일(유테스티커_발주)로 작업해줍니다.

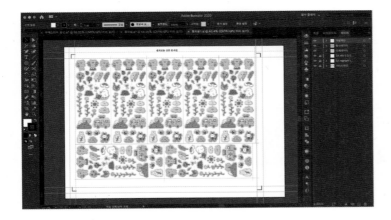

파일 마무리하고 저장하기

09 파일을 저장하고 마무리하겠습니다. ❶ [파일]–[다른 이름으로 저장]을 선택합니다. ❷ 파일 이름을 **무테스티커_발주**로 입력하고 ❸ [저장]을 클릭합니다. 원하는 위치에 저장합니다. ❹ [Illustrator 옵션] 대화상자가 나타나면 업체에서 요구하는 일러스트레이터 버전이 맞는지 확인하고 ❺ [확인]을 클릭해 저장을 마무리합니다.

TIP 제작 업체별로 요구하는 일러스트레이터 버전이 다를 수 있습니다. 꼭 확인한 후 저장합니다.

업체 사이트 방문해서 주문하기

01 ❶ 스티커를 주문하기 위해 업체 사이트인 모다82(smartstore.naver.com/moda82)에 접속합니다. ❷ [PVC 캘지 수성인쇄 리무버블 타입 1–50장]을 클릭해서 상세 페이지로 이동합니다.

02 ① 아래로 스크롤하고 [상세 정보 펼쳐보기]를 클릭합니다. ② 코팅지 종류를 먼저 살펴봅니다. 유광부터 스파클링 등 다양한 코팅지 종류 중 원하는 코팅지를 정합니다.

03 원하는 옵션을 넣어 주문을 진행합니다. ① 무테 스티커의 옵션을 입력합니다. 여기서는 [용지선택]은 [PVC캘지(뒷대지 투명)], [코팅선택]은 [무광]으로 설정했습니다. ② [추가상품]은 [자유형개별재단]으로 선택하고 스티커의 총 매수와 수량을 입력합니다. ③ [구매하기]를 눌러 결제를 진행합니다.

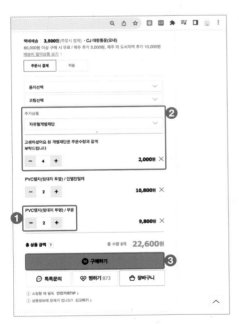

TIP Chapter 05에서는 유테 스티커 만들기를 배워볼 것입니다. 두부는 미리 만들어둔 유테 스티커를 무테 스티커와 함께 발주를 진행했습니다. 그림은 참고만 하고 설명을 따라 하며 주문을 진행합니다.

TIP 자유형개별재단은 주문한 스티커의 총 매수와 동일한 수량으로 설정해 주문합니다. 예제의 이미지는 인델잔밀레 2장+무광 2장 =4장으로 총 4개에 맞춰 주문했습니다.

각 옵션 확인하기

❶ 용지 선택 | PVC캘지 투명/반투명

용지는 스티커 개체를 떼어냈을 때 남는 스티커 뒷대지(후지)가 투명일지 반투명일지를 선택하는 것입니다. 깔끔한 느낌의 투명 용지가 가장 인기 있는 편입니다.

* 여기서의 스티커 수량은 낱장이 아닌 돔보가이드 파일 한 판의 수량을 의미합니다. 가이드 파일 한 판에 도안을 8개 배치했다면 수량 한 개 주문 시 스티커 낱장 8장이 제작됩니다.

❷ 코팅 선택 | 상세 정보의 코팅 확인하고 결정하기

가장 일반적인 느낌은 무광 코팅입니다. 반짝반짝 빛나는 스파클링 계열의 느낌은 프리즘이나 인델잔밀레를 추천합니다.

❸ 자유형개별재단 | 돔보가이드 파일에 배치한 스티커가 낱장으로 잘리도록 커팅하는 개별 재단 작업입니다.

돔보가이드 파일 레이어 중 [개별재단] 레이어의 칼선 작업에 해당하는 단가이기 때문에 옵션 누락 시 스티커가 재단되지 않고 돔 보가이드 파일의 한 판 채로 제작되어 배송됩니다. 따라서 직접 잘라서 사용하지 않을 경우 반드시 추가해서 주문하도록 합니다.

04 구매를 마치고 나면 ❶ 파일명 형식을 참고해서 주문한 옵션과 동일하게 파일명을 변경합니다. ❷ 이때 파일명 가장 마지막에 원하는 출력 인쇄 방식까지 기재해줍니다. ❸ 양식에 맞춰 파일명을 잘 변경해 준 모습입니다.

TIP 무테스티커_발주, 유테스티커_발주라고 되어 있던 파일명을 업체에서 요구하는 형식에 맞게 변경합니다.

05 제작 업체 카카오톡 채널로 주문 번호와(구매 후 상세 페이지에서 확인 가능) 양식에 맞게 파일명을 변경한 최종 파일을 함께 전송합니다. 주문이 완료되었습니다.

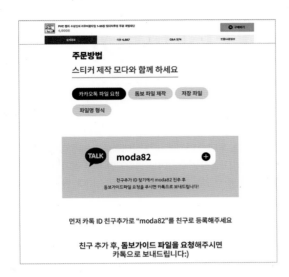

Chapter **05** ────────────────

더 쉽다! 유테 스티커 만들기

흰색 여백? 오히려 좋아! 개체의 가장자리에 여백이 들어간 유테 스티커는 프로크리에이트에서 도안 작업을 마치면 여백지 작업을 하지 않아도 됩니다. 흰색 배경 자체가 여백지 역할을 하기 때문입니다. 무테 스티커에 비해 상대적으로 발주 파일까지의 과정이 수월합니다. 책에서는 칼선 연습을 위해 무테 스티커와 동일한 방법으로 칼선 작업이 진행되지만 두부 작가의 유튜브 재생 목록을 확인하면 직접 칼선을 따지 않아도 5분 만에 자동으로 칼선을 딸 수 있는 방법을 안내하고 있습니다. 반드시 참고하여 즐겁게 작업해봅니다.

유테 스티커 만들기

스티커 제작 사이트 방문하기

01 스티커를 제작하기에 앞서 제작 업체인 모다82(smartstore.naver.com/moda82)에 접속합니다.

02 [주간베스트] 페이지가 열립니다. ❶ [PVC 캘지 수성인쇄 리무버블 타입 1–50장]을 선택합니다.
❷ 상세 페이지로 이동합니다.

제작할 스티커 규격에 맞는 템플릿 다운로드하기

03 제작할 스티커 규격에 맞는 작업 사이즈 템플릿을 다운로드하겠습니다. 상세 페이지에서 아래로
스크롤하면 [상세 정보 펼쳐보기] 버튼이 나타납니다. 클릭하면 주문 방법이 안내되어 있습니다. ❶ 다
음과 같이 카카오톡에서 친구 추가를 한 후 돔보가이드파일(폼파일)을 요청해 다운로드합니다. 상세
페이지에서 아래로 더 스크롤하면 ❷ 돔보마크 가이드 라인 설명이 나옵니다. 약 35cm*26cm의 큰
캔버스에 제작한 스티커 도안을 배치하는 형식의 폼파일이라는 것을 확인할 수 있습니다.

04 다운로드한 ai 버전의 돔보가이드 파일을 실행합니다. 상세 정보 설명과 동일하게 칼선 작업까지 마친 스티커 파일을 배치만 하면 되는 방식임을 확인할 수 있습니다. 따라서 별도로 사이즈, 칼선 등의 제한이나 가이드 없이 원하는 스티커 도안을 제작해보겠습니다.

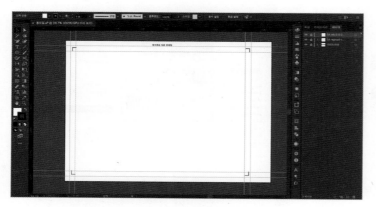

TIP 다른 업체를 이용할 경우 업체별로 도안 사이즈, 칼선 등의 제한이 있을 수 있으므로 반드시 미리 확인하고 진행합니다.

유테 스티커 도안용 캔버스 만들기

05 스티커 도안을 작업할 캔버스를 만들어주겠습니다. 프로크리에이트를 실행합니다. ❶ 갤러리에서 새로운 캔버스 ➕ 를 선택하고 ❷ [사용자지정 캔버스]를 선택합니다. ❸ [크기]는 유테 스티커의 재단 사이즈(실제 사이즈) 규격을 입력합니다. 여기서는 **69×170(mm)** 크기로 제작했습니다. ❹ [색상 프로필]을 선택하고 ❺ 인쇄용 프로파일인 [CMYK] 모드를 선택한 후 ❻ [창작]을 선택합니다.

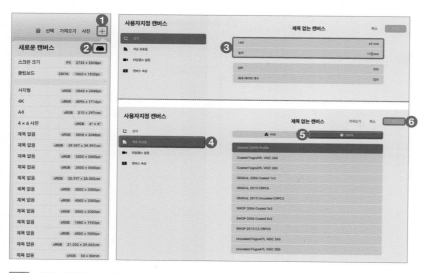

TIP 이번 예제에서 소개한 업체는 실 크기를 폼파일에 얹는 방식으로 발주 파일 제작이 진행됩니다. 즉, 편집 사이즈의 개념 없이 실제 사이즈(재단 사이즈)에 맞춰서 편하게 제작합니다. 이 외의 업체는 편집 사이즈 개념이 있는지 반드시 확인하고 진행합니다.

유테 스티커 도안 작업하기

06 이제 유테 스티커 도안을 작업해주겠습니다. 스티커로 떼어내고 싶은 개체를 레이어별로 나눠서 스케치해야 합니다. ❶ 69×170(mm) 크기의 캔버스가 열리면 대략적으로 어디에 개체를 넣을지 구상합니다. ❷ 개체별로 레이어를 분리해서 스케치합니다.

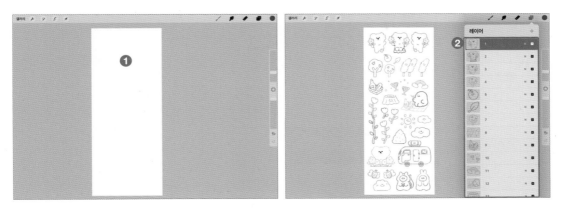

TIP 채색을 마친 개체에 크기를 변형하거나 회전 등을 하게 되면 깨짐 현상이 발생합니다. 반드시 스케치 단계에서 크기 변형, 회전, 위치 선정 등을 완료합니다.

07 유테 채색 방식으로 채색하겠습니다. ❶ 더 수정할 부분이 없다면 스케치한 레이어를 병합하여 **스케치**로 이름을 변경합니다. ❷ 스케치 레이어를 맨 아래에 두고 개체별로 그룹 레이어를 쌓아가면서 유테 채색을 진행합니다. 이때 개체별로 채색 레이어를 잘 구분해 작업하고 그룹으로 묶어 관리합니다. ❸ 작업을 모두 마친 후 갤러리를 선택해 갤러리 화면으로 돌아갑니다.

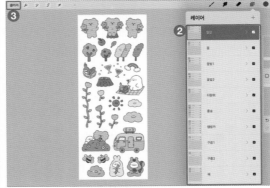

작업한 유테 스티커 도안 파일 정리 및 내보내기

08 작업을 마친 스티커 도안은 원본 파일로 구분해주겠습니다. ❶ 지금까지 작업한 스티커 도안 캔버스를 선택한 후 캔버스 이름을 [유테스티커_원본]으로 변경합니다. 이후 캔버스를 왼쪽으로 스와이프해 복제합니다. ❷ 복제한 파일의 이름을 **유테스티커_최종**으로 변경하고 원본 파일과 구분합니다. ❸ [유테스티커_최종] 캔버스를 열고 레이어를 모두 병합합니다. 레이어 이름을 **인쇄**로 변경합니다.

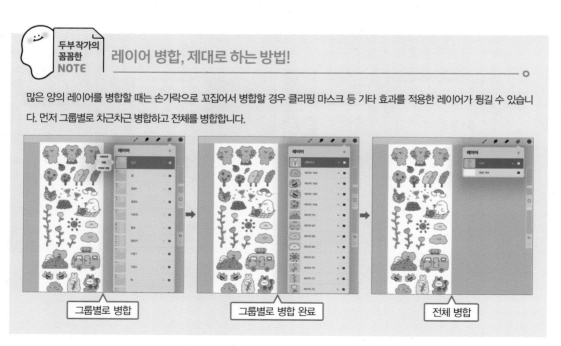

두부작가의 꼼꼼한 NOTE

레이어 병합, 제대로 하는 방법!

많은 양의 레이어를 병합할 때는 손가락으로 꼬집어서 병합할 경우 클리핑 마스크 등 기타 효과를 적용한 레이어가 튕길 수 있습니다. 먼저 그룹별로 차근차근 병합하고 전체를 병합합니다.

그룹별로 병합 → 그룹별로 병합 완료 → 전체 병합

09 파일 내보내기를 진행하겠습니다. ❶ 동작 🔧을 선택하고 [공유]−[PSD]를 선택합니다. ❷ PSD 파일을 노트북으로 옮겨줍니다.

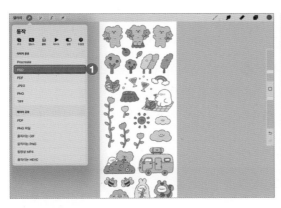

TIP▶ 아이패드에서 노트북으로 파일을 전송할 때는 운영체제에 따라 방법이 상이합니다. 맥(mac os)을 사용할 경우 에어드롭을 활용해서 파일을 전송하고 윈도우(windows)를 사용할 경우 카카오톡, 네이버, 메일 등을 활용해서 파일을 전송해줍니다.

유테 스티커 칼선 따기, 패스 확장하는 법

일러스트레이터에서 유테스티커_최종.psd 파일 열기

01 노트북으로 전송한 유테스티커_최종.psd 파일을 일러스트레이터에서 실행하겠습니다. ❶ **유테스티커_최종.psd** 파일을 마우스 오른쪽 버튼으로 클릭하고 ❷ [다음으로 열기(연결 프로그램)]−[Adobe Illustrator 2020]을 선택합니다. ❸ 이때 [Photoshop 불러오기 옵션] 대화상자가 나타나면 [레이어를 오브젝트로 변환]이 선택되어 있는 상태에서 ❹ [확인]을 클릭합니다.

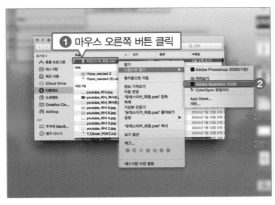
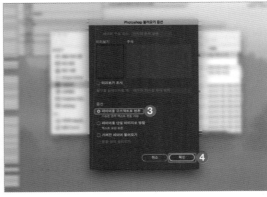

유테 스티커 칼선 작업하기

유테 스티커는 그림과 칼선 사이에 여백이 있어야 합니다. 하지만 직접 동일한 간격으로 여백을 주면서 칼선을 따는 것은 거의 불가능합니다. 먼저 형태 그대로 딴 패스를 확장하는 방식으로 칼선을 만들어주 겠습니다.

02 유테 스티커 도안의 칼선 작업을 진행하겠습니다. ❶ 일러스트레이터에서 **유테스티커_최종.psd** 파 일이 열리면 ❷ [인쇄 이미지] 레이어와 [배경 이미지] 레이어를 잠급니다. ❸ [레이어] 패널의 맨 위에 새 레이어를 추가하고 이름을 **칼선**으로 변경합니다. ❹ 무테 스티커와 동일한 과정으로 펜 도구로 칼선 을 작업합니다.

TIP 형태 그대로 떼어내는 무테 스티커와 달리 유테 스티커는 칼선 자체가 확장되어 있기 때문에 테두리를 정교하게 작업하지 않아 도 괜찮습니다.

두부의 작업실

구독 www.youtube.com/@dubu_studio

이젠 5분 만에 칼선까지 딸 수 있다! 스티커 칼선을 빠르고 정확하게 따는 방법을 알려드립니다.
QR 코드로 접속하고 두부 작가의 재생 목록에서 학습해보세요.

패스 이동으로 기존 칼선 확장하기

03 이제 스티커 개체에서 동일한 간격으로 여백을 둘 수 있도록 칼선을 확장해주겠습니다. ❶ [칼선] 레이어를 선택합니다. ❷ [오브젝트]-[패스]-[패스 이동]을 선택합니다. ❸ [패스 이동] 대화상자가 나타나면 다음과 같이 설정하고 ❹ [확인]을 클릭합니다. 미리 보기로 간격을 사전에 가늠해볼 수 있습니다.

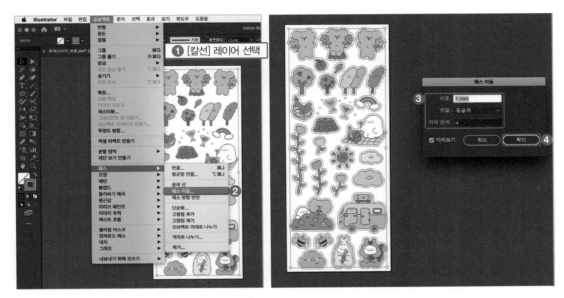

TIP ▶ 패스 이동은 1~2mm 내외로 추천드립니다. 개체 간의 간격이 좁을 때는 1mm, 넓을 때는 2mm를 사용하며 두부는 1.5mm를 주로 사용합니다.

TIP ▶ [패스 이동] 대화상자에서 [이동] 단위가 [mm]로 설정되지 않을 경우, [파일]-[문서 설정] 메뉴를 선택하고 [단위]를 [밀리미터]로 설정합니다.

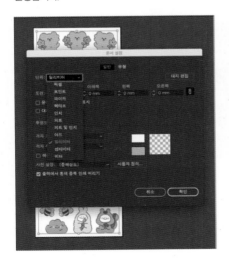

04 기존 칼선에 확장된 칼선까지 추가된 것을 확인할 수 있습니다. 칼선은 스티커가 잘리는 선으로 최종으로는 확장된 칼선만 필요하기 때문에 기존 칼선을 정리하는 두 가지 방법을 알아보겠습니다. 이 중에서 상황에 맞는 방법을 선택해서 진행합니다. 먼저 첫 번째 방법은 ❶ 선택 도구로 ❷ 기존 칼선을 선택합니다. ❸ Backspace 로 지워서 확장된 칼선만 남깁니다. ❹ 태양 개체와 같이 칼선이 서로 겹쳐 있는 경우에는 선택 도구로 해당 개체의 칼선을 모두 드래그합니다. ❺ [패스파인더] 패널에서 [합치기]를 클릭합니다. 패스가 하나로 합쳐집니다.

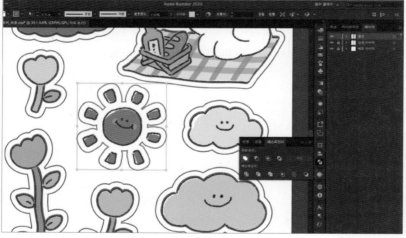

TIP [패스파인더] 패널이 보이지 않는다면 [윈도우]-[패스파인더]를 선택합니다.

05 기존 칼선을 정리하는 두 번째 방법은 기존 칼선과 확장된 칼선을 모두 하나의 칼선으로 합쳐서 한번에 작업하는 것입니다. ❶ [칼선] 레이어를 선택하면 기존 칼선과 확장된 칼선이 모두 선택됩니다. ❷ [패스파인더] 패널에서 [합치기]를 클릭합니다. 패스가 하나로 합쳐집니다. ❸ [칼선] 레이어를 열어 보면 합치기를 하면서 칼선이 모두 그룹으로 묶인 것을 확인할 수 있습니다. ❹ Ctrl + Shift + G 를 눌러 그룹을 해제합니다.

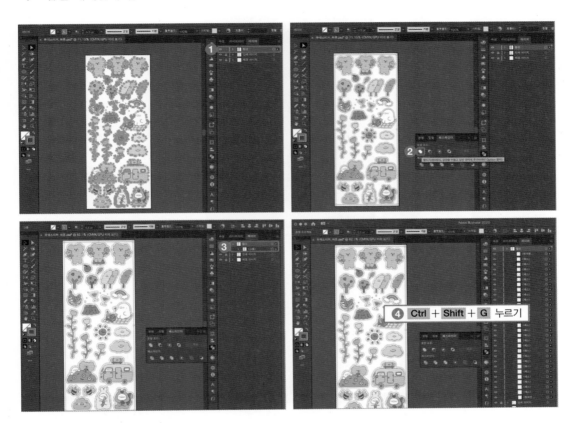

 두부작가의 꼼꼼한 NOTE

칼선끼리 너무 가까울 때 이렇게 해결하세요!

다음과 같이 개체의 칼선이 가깝게 붙어 있는 경우 선택 도구로 간격을 더 띄어줍니다. 이때 그룹으로 묶여 있으면 개체 하나하나를 수정하는 것이 어렵습니다. 여러 칼선 개체가 하나로 병합되어 있을 경우 그룹을 해제하고 수정을 진행합니다.

06 ❶ 마지막으로 모든 레이어의 잠금을 풀어줍니다. ❷ [인쇄 이미지] 레이어에 [배경 이미지] 레이어를 넣어준 후 이름을 **인쇄**로 변경합니다.

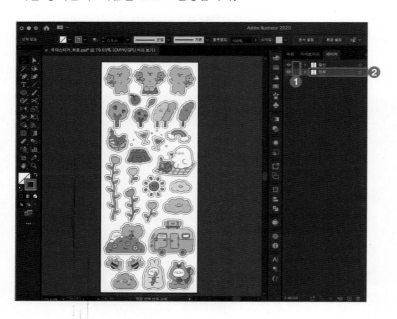

 두부작가의 꼼꼼한 NOTE | **칼선과 인쇄 레이어 완벽하게 분리하기!**

스티커 칼선 파일의 경우, 레이어는 [칼선]과 [인쇄]로만 정리합니다. 칼선 작업을 마치고 레이어를 정리할 때는 칼선(패스)은 칼선끼리, 인쇄(여기서의 인쇄는 칼선을 제외한 원본, 배경 등 모든 그림 이미지가 해당합니다)는 인쇄끼리 레이어가 분리되어 있는지 꼭 확인합니다.

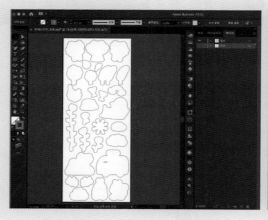 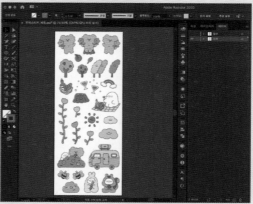

파일 마무리하고 저장하기

07 파일을 저장해서 칼선 작업을 마무리하겠습니다. ❶ [파일]−[다른 이름으로 저장]을 선택합니다. ❷ 파일 이름을 **유테스티커_칼선**으로 입력하고 ❸ [저장]을 클릭합니다. 원하는 위치에 저장합니다. ❹ [Illustrator 옵션] 대화상자가 나타나면 업체에서 요구하는 일러스트레이터 버전이 맞는지 확인하고 ❺ [확인]을 클릭해 저장을 마무리합니다.

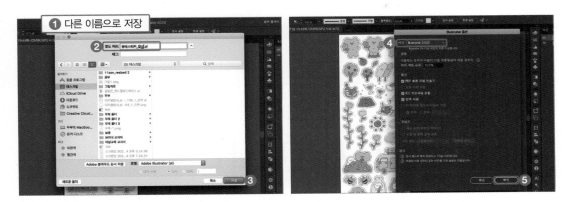

TIP 발주 파일로 주문하는 것은 무테 스티커와 같은 방식이므로 **Chapter 04**의 주문하기(294쪽)를 참고하세요.

07

언제나 가지고 다니는
나만의 디지털 굿즈 만들기

굿즈는 하나같이 모두 귀엽습니다. 특히, 항상 지니고 다닐 수 있는 굿즈라면 더욱 애착이 가기 마련입니다. 바로 디지털 굿즈가 그러한 예입니다. 항상 지니고 다니는 스마트폰과 폰케이스 액세서리, 빼놓을 수 없는 에어팟 등 실생활에서 늘 지니고 다녀서 더욱 정이 드는 나만의 디지털 굿즈를 제작해보겠습니다.

Chapter 01

세상에 하나뿐인
스마트폰 케이스 만들기

일상생활에서 가장 많이 쓰는 전자기기 중 하나인 스마트폰. 자주 바꿀 수 없는 기기인 만큼 디자인이 금방 질리기 마련인데요. 스마트폰 케이스와 관련한 액세서리 제품은 항상 인기 있는 굿즈 중 하나입니다. 이번 챕터에서는 남들과 다른 나만의 스마트폰 케이스를 제작해보겠습니다.

스마트폰 케이스 제작 템플릿 다운로드하기

제작 사이트 방문하기

01 ❶ 스마트폰 케이스 제작 업체인 붐잉케이스(boom-ing.com)에 접속합니다. ❷ [굿즈제작]−[폰케이스]를 선택합니다.

02 다양한 종류의 폰케이스를 선택할 수 있습니다. ❶ [투명젤하드 케이스]를 선택합니다. ❷ 선택한 종류의 옵션에 원하는 기종이 있는지 확인합니다. 여기서는 아이폰12로 제작할 것입니다.

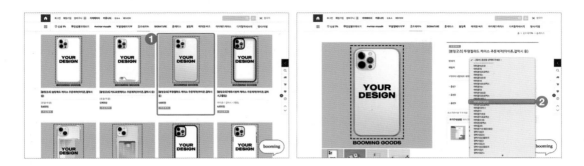

제작할 스마트폰 케이스 규격에 맞는 가이드 파일 다운로드하기

03 스마트폰 케이스 규격에 맞는 가이드 파일을 다운로드하겠습니다. ❶ [커뮤니티]−[커스텀 제작파일 다운로드]를 선택합니다. ❷ [칼선 다운로드 링크] 게시물을 선택하고 페이지가 이동하면 ❸ 다음과 같이 이미지를 클릭합니다. 다운로드 링크에서 암호를 꼭 기억합니다.

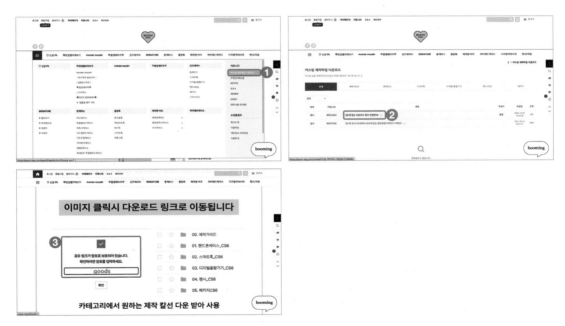

TIP 해당 업체는 템플릿 다운로드 방법이나 템플릿 파일, 사이트 구조가 자주 개편되는 편입니다. 이를 참고해서 변동 사항이 없는지 확인하고 진행합니다.

04 ❶ 암호를 입력하고 ❷ [핸드폰케이스_CS6] 폴더를 클릭합니다. ❸ [투명젤하드 케이스_CS6]- [투명젤하드_(UV인쇄)_아이폰12,12PRO] 파일을 다운로드합니다.

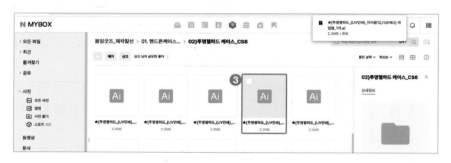

두부작가의 꼼꼼한 NOTE | **UV 인쇄 도안 제작 시 주의사항**

도안 제작 전에 인쇄 방식에 따라 주의사항이 다르므로 반드시 제작 가이드를 살펴봅니다. 투명 젤하드 케이스의 경우 UV인쇄로 제작되기 때문에 추후 도안을 작업할 때 가이드에 따라 CMYK 값이 모두 0인 흰색 대신에 Y 값이 2% 이상 들어간 미색을 사용합니다.

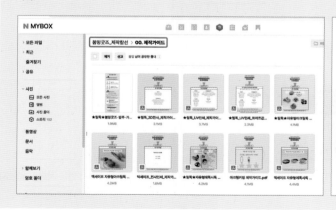

05 ❶ 다운로드한 가이드 파일을 실행합니다. ❷ 각 레이어의 잠금을 모두 해제하고 ❸ [케이스라인] 레이어를 제외한 모든 레이어를 삭제합니다.

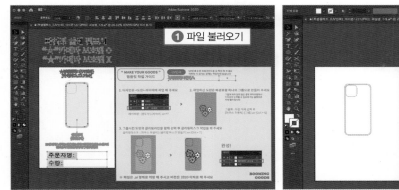
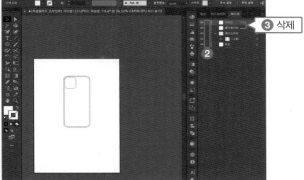

06 ❶ 도구바의 아트보드 도구를 클릭하고 ❷ 케이스 라인에 딱 맞게 사방의 크기를 조절합니다. 폭, 높이를 확인합니다. 프로크리에이트에서 템플릿으로 활용합니다.

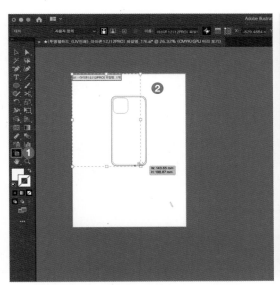

TIP 아트보드 사이즈와 동일하게 프로크리에이트의 캔버스 사이즈를 제작합니다. 사이즈는 소수점을 떼고 1mm 내외로 딱 떨어지는 값으로 가늠해줍니다. 예제의 경우 소수점을 떼고 폭과 높이를 73×148(mm)로 가늠했습니다.

07 이제 프로크리에이트에서 사용할 수 있도록 PNG 형태로 저장하겠습니다. [파일]-[내보내기]-[내보내기 형식] 메뉴를 선택합니다. 해당 템플릿은 추후에 발주할 때 다시 사용하기 때문에 삭제하지 않고 잘 보관합니다. ❶ [포맷]은 PNG로 선택하고 ❷ [내보내기]를 클릭합니다. ❸ [PNG 옵션] 대화상자에서 [해상도]는 **고(300ppi)**, [배경색]은 [투명]으로 설정한 후 ❹ [확인]을 클릭합니다.

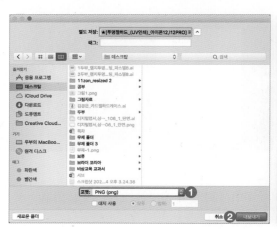
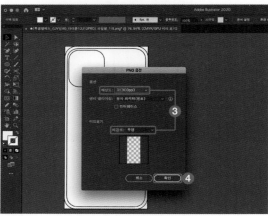

아이패드로 템플릿 파일 전송하기

08 모두 완료하면 파일을 저장해둔 위치로 이동합니다. 여기서는 편의상 바탕화면에 저장했습니다. ❶ 투명한 형태로 저장된 PNG 템플릿 파일을 확인할 수 있습니다. ❷ 이제 노트북에 저장된 PNG 파일을 아이패드로 옮깁니다.

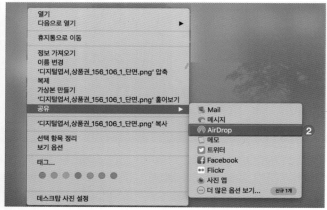

TIP 맥(mac os)은 Airdrop(에어드롭)을 활용해서 아이패드로 파일을 전송하면 [사진] 앱에 자동으로 파일이 저장됩니다. 윈도우 (windows)는 카카오톡, 네이버, 메일 등을 활용해서 아이패드로 파일을 전송해줍니다..

TIP 노트북이나 데스크톱 등 개인용 컴퓨터(PC)에서 작업합니다. 여기서는 두부가 노트북에서 작업을 진행했으므로 편의상 노트북으로 칭하겠습니다.

스마트폰 케이스 도안 제작하기

스마트폰 케이스 도안용 캔버스 만들기

01 스마트폰 케이스 도안을 작업할 캔버스를 만들어보겠습니다. 프로크리에이트를 실행합니다. ❶ 갤러리에서 새로운 캔버스 ➕를 선택하고 ❷ [사용자지정 캔버스]를 선택합니다. ❸ [크기]는 아이폰 12 규격으로 만든 템플릿 사이즈와 동일하게 **73×148(mm)**로 설정합니다. ❹ [색상 프로필]을 선택하고 ❺ 인쇄용 프로파일인 [CMYK] 모드를 선택합니다. ❻ [창작]을 선택합니다.

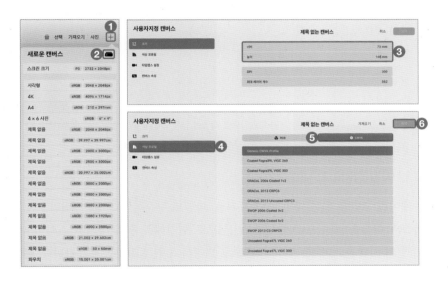

템플릿 적용하기

02 제작한 캔버스에 템플릿을 불러오겠습니다. ❶ 동작 🔧을 선택하고 [추가]–[사진 삽입하기]를 선택합니다. ❷ 템플릿을 불러옵니다. ❸ 템플릿 레이어를 왼쪽으로 스와이프해 템플릿이 다른 작업에 방해받지 않도록 레이어를 잠급니다.

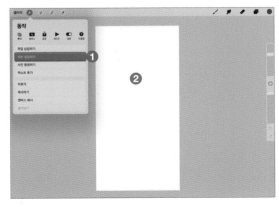

❸ 왼쪽으로 스와이프해 잠그기

스마트폰 케이스 도안 작업하기

03 템플릿을 적용한 후에는 원하는 방식으로 스마트폰 케이스 도안을 작업합니다. ❶ 원하는 이미지를 상상하며 ❷ 다음과 같이 레이어를 잘 분리하며 작업합니다. 추후 발주 파일에 이상이 있어서 도안을 수정해야 할 경우를 대비하기 위함입니다.

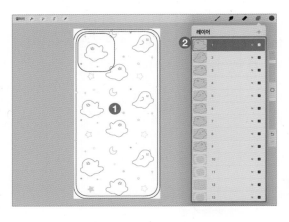

TIP▶ 카메라가 있는 부분을 고려하여 작업합니다. 예제처럼 라인 드로잉으로 작업할 경우 라인이 너무 얇지 않도록 유의합니다.

작업한 스마트폰 케이스 도안 파일 정리하고 내보내기

04 작업을 마친 스마트폰 케이스 도안은 원본 파일과 발주(최종) 파일로 구분합니다. ❶ 갤러리 화면에서 지금까지 작업한 캔버스의 이름을 [스마트폰 케이스_원본]으로 변경해준 후 왼쪽으로 스와이프해 복제합니다. ❷ 복제한 파일의 이름을 **스마트폰 케이스_최종**으로 변경하고 원본 파일과 구분합니다. ❸ [스마트폰 케이스_최종] 캔버스를 열고 템플릿 레이어를 삭제합니다. ❹ 나머지 도안 레이어를 모두 병합한 후 레이어 이름을 **인쇄**로 변경합니다.

❸ 템플릿 레이어 삭제

05 파일 내보내기를 진행하겠습니다. ❶ 동작 🔧을 선택하고 [공유]-[PSD]를 선택합니다. ❷ PSD 파일을 노트북로 옮겨줍니다.

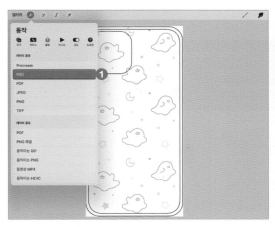 

TIP 아이패드에서 노트북으로 파일을 전송할 때는 운영체제에 따라 방법이 상이합니다. 맥(mac os)을 사용할 경우 에어드롭을 활용해서 파일을 전송하고 윈도우(windows)를 사용할 경우 카카오톡, 네이버, 메일 등을 활용해서 파일을 전송해줍니다.

스마트폰 케이스 발주 파일 만들고 주문하기

일러스트레이터로 스마트폰 케이스_최종.psd 파일 열기

01 노트북으로 전송한 스마트폰 케이스_최종.psd 파일을 일러스트레이터에서 실행하겠습니다. ❶ **스마트폰 케이스_최종.psd** 파일을 마우스 오른쪽 버튼으로 클릭하고 ❷ [다음으로 열기(연결 프로그램)]-[Adobe Illustrator 2020]을 선택합니다. ❸ 이때 [Photoshop 불러오기 옵션] 대화상자가 나타나면 [레이어를 오브젝트로 변환]이 선택되어 있는 상태에서 ❹ [확인]을 클릭합니다.

스마트폰 케이스 도안을 업체 템플릿 파일로 옮겨서 발주 파일 준비하기

02 ❶ 일러스트레이터에서 **스마트폰 케이스_최종.psd** 파일이 열리면 ❷ 이어서 업체에서 다운로드한 템플릿 파일도 불러옵니다.

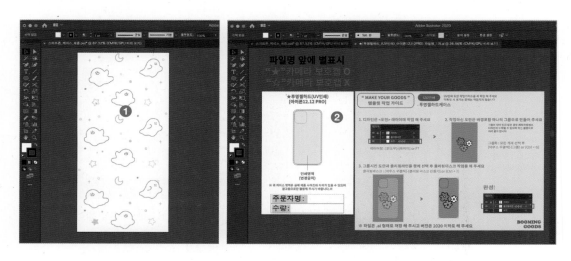

03 ❶ [클리핑라인] 레이어를 잠그고 ❷ [스마트폰 케이스_최종.psd] 탭에서 ❸ 인쇄 이미지를 선택하고 Ctrl + C 를 눌러 복사합니다. ❹ 다시 템플릿 탭으로 와서 ❺ [도안] 레이어를 선택하고 ❻ 복사한 이미지를 붙여 넣습니다. 이미지는 케이스 라인에 딱 맞도록 위치를 조절합니다.

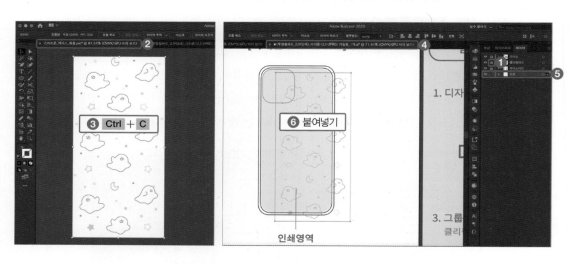

04 이제 배치한 도안과 클리핑라인에 클리핑 마스크 기능을 적용해 마무리하겠습니다. ❶ [도안] 레이어와 [〈사각형〉] 레이어를 함께 선택합니다. ❷ Ctrl + 7 을 눌러서 클리핑 마스크 작업을 해줍니다. ❸ 주문자명과 수량을 입력합니다.

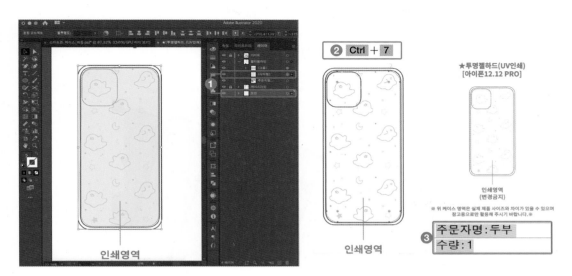

TIP▶ 붐잉 케이스의 경우 템플릿에 발주 파일을 만드는 법이 아주 자세히 나와 있습니다. 가이드를 참고해서 순서대로 진행하면 어려움 없이 작업할 수 있습니다.

파일 마무리하고 저장하기

05 [파일]–[다른 이름으로 저장]을 선택합니다. ❶ 파일 이름은 업체에서 요구하는 양식대로 맞춰 저장합니다. 여기서는 임의로 **파일명_1개** 부분만 **두부_1개**로 수정하고 원하는 위치에 저장합니다. ❷ [Illustrator 옵션] 대화상자가 나타나면 업체에서 요구하는 일러스트레이터 버전이 맞는지 확인하고 ❸ [확인]을 클릭해 저장을 마무리합니다.

TIP▶ 업체에서 요구하는 양식대로 파일명을 변경한 후 저장합니다.

업체 사이트 방문해서 주문하기

06 스마트폰 케이스를 주문하기 위해 붐잉케이스(boom-ing.com)에 접속합니다. 원활한 주문 및 결제를 위해 미리 회원가입을 하고 발주를 진행하는 것을 추천합니다.

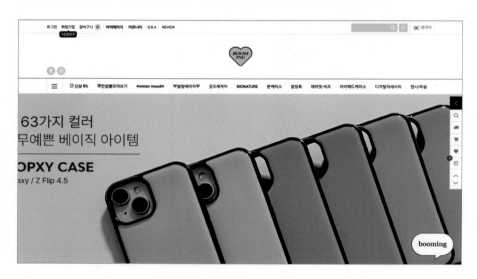

07 ❶ [굿즈제작]-[폰케이스]를 선택합니다. ❷ [투명젤하드 케이스]를 선택하고 ❸ 주문 옵션을 설정합니다. 여기서는 [옵션1]은 [투명젤하드(UV인쇄)], [옵션2]는 [아이폰12×12프로], [옵션3]은 [1-9 구매시 1개 단가]로 설정했습니다. ❹ [바로구매] 혹은 [장바구니]를 클릭한 후 결제를 진행합니다.

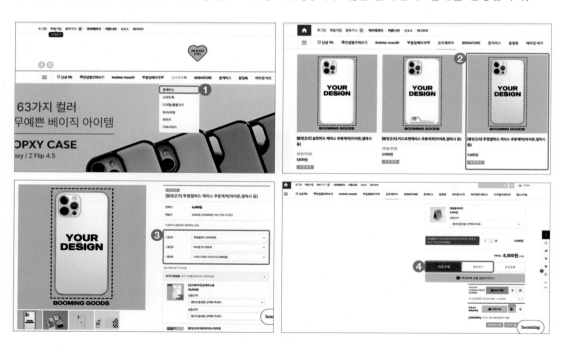

08 마지막으로 업체 카카오톡 채널로 주문번호와(구매 후 확인 가능) 최종 파일을 함께 전송합니다.
주문을 완료했습니다.

Chapter 02

스마트폰이 손 안에 착 감기도록!
에폭시 그립톡 만들기

스마트폰 케이스를 가장 예쁘게 쓸 수 있는 방법은 바로 그립톡과 함께 사용하는 것입니다. 스마트폰을 사용하다가 손에서 떨어지는 것을 방지하거나 손의 부담을 줄여주는 그립톡은 다양한 형태의 디자인으로 제작할 수 있습니다. 그중 에폭시나 아크릴 그립톡이 일반적인데, 스마트폰 케이스와 디자인을 맞춰서 함께 제작하면 더욱 매력적으로 사용할 수 있습니다.

에폭시 그립톡 도안 만들기

제작 사이트 방문하기

01 ❶ 그립톡 제작 업체인 픽업팩토리(smartstore.naver.com/pickupfactory)에 접속합니다. ❷ [스마트톡 주문제작]–[에폭시 스마트톡]을 선택합니다.

제작할 에폭시 그립톡의 가이드 파일을 숙지하고 다운로드하기

02 상세 정보에서 아래로 스크롤하여 자유형 스마트톡 제작가이드 바로가기를 클릭해줍니다. 가이드 내용을 잘 읽어본 후 제작가이드 파일을 다운로드합니다.

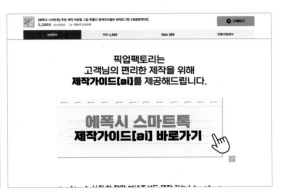

TIP ▶ 픽업팩토리의 에폭시 그립톡은 도안과 칼선 사이에 여백이 반드시 필요합니다. 이를 숙지하고 작업합니다.

03 다운로드한 가이드 파일을 실행합니다. 그립톡 부착 면적(그립 바디) 지름인 40mm 원보다 도안을 크게 작업해야 하고, 유테 스티커와 같이 여백을 준 칼선과 화이트 레이어가 필요함을 확인할 수 있습니다. 별도로 가이드 레이어를 추출해야 하는 방식이 아니기 때문에 이 정보만 참고해서 도안을 작업하겠습니다.

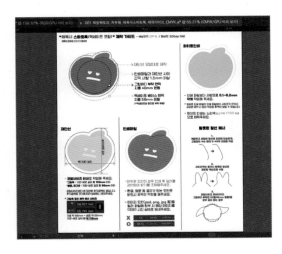

TIP ▶ 화이트 레이어에 대한 개념은 추후 키링 제작 방법에서 익히도록 하겠습니다.

에폭시 그립톡 도안용 캔버스 만들기

04 에폭시 그립톡 도안을 작업할 캔버스를 만들어주겠습니다. 프로크리에이트를 실행합니다. ❶ 갤러리에서 새로운 캔버스 ⊞를 선택하고 ❷ [사용자지정 캔버스]를 선택합니다. ❸ 40mm 원보다 큰 도안을 만들어야 하기 때문에 사방 여백을 고려해서 넉넉하게 제작합니다. 여기서는 **80×80(mm)** 크기로 설정했습니다. ❹ [색상 프로필]을 선택하고 ❺ 업체에서 권장한 프로파일인 [CMYK] 모드를 선택합니다. ❻ [창작]을 선택합니다.

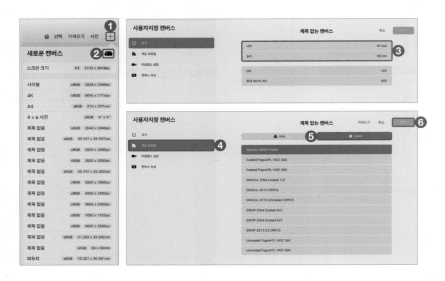

원본 도안 작업하기

05 업체 템플릿 파일에서 별도의 가이드 레이어를 추출하지 않았기 때문에 원형 가이드를 직접 그려서 도안을 작업하겠습니다. ❶ 80×80(mm) 크기의 캔버스가 열리면 ❷ 검은색으로 정방향의 원형을 그린 후 투명도를 조절해줍니다. 투명도를 조절해야 도안을 보면서 작업할 수 있기 때문입니다. 이 레이어가 그립톡의 원형 바디 부분이라고 생각하고 참고해서 작업합니다. ❸ 원형 가이드 레이어 아래에 형태별로 레이어를 쌓아가며 도안을 제작합니다.

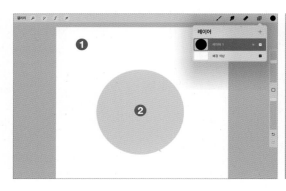
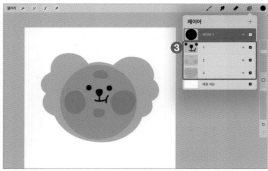

두부 작가의 꼼꼼한 NOTE | 그립톡 도안은 원형 비율을 고려해서 제작해요

그립톡은 40mm 정도의 원형 그립 부분에 에폭시 도안이 부착되는 형태로 제작합니다. 도안 크기는 일러스트레이터에서 조절할 수 있습니다. 그러나 디자인은 원형 그립톡 바디 위에 얹는다는 것을 감안하면서 작업해야 하므로 원형을 미리 잡아두고 작업하는 것을 권장합니다.

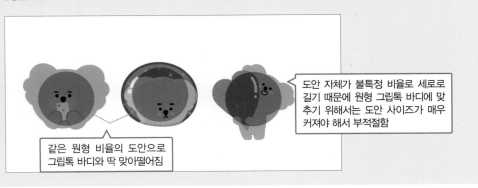

여백지 작업하기

06 작업을 마친 에폭시 그립톡 도안은 원본 파일과 발주(최종) 파일로 구분합니다. ❶ 갤러리 화면에서 지금까지 작업한 캔버스의 이름을 [그립톡_원본]으로 변경합니다. 그런 다음 왼쪽으로 스와이프해 복제합니다. ❷ 복제한 파일의 이름을 **그립톡_최종**으로 변경하고 원본 파일과 구분합니다. ❸ [그립톡_최종] 캔버스를 열고 원형 가이드 레이어를 삭제합니다. 나머지 그립톡 도안에 해당하는 레이어를 모두 병합한 후 레이어 이름을 **인쇄**로 변경합니다.

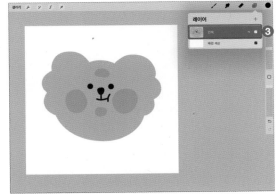

작업한 에폭시 그립톡 도안 파일 내보내기

07 파일 내보내기를 진행하겠습니다. ❶ 동작 ⚡을 선택하고 [공유]-[PSD]를 선택합니다. ❷ PSD 파일을 노트북으로 옮겨줍니다.

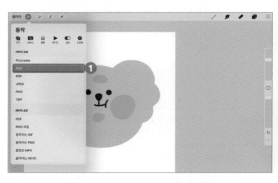

> **TIP** 아이패드에서 노트북으로 파일을 전송할 때는 운영체제에 따라 방법이 상이합니다. 맥(mac os)을 사용할 경우 에어드롭을 활용해서 파일을 전송하고 윈도우(windows)를 사용할 경우 카카오톡, 네이버, 메일 등을 활용해서 파일을 전송해줍니다

> **TIP** 노트북이나 데스크톱 등 개인용 컴퓨터(PC)에서 작업합니다. 여기서는 두부가 노트북에서 작업을 진행했으므로 편의상 노트북으로 칭하겠습니다.

에폭시 그립톡 발주 파일 만들고 주문하기

일러스트레이터로 그립톡_최종.psd 파일 열기

01 노트북으로 전송한 그립톡_최종.psd 파일을 일러스트레이터에서 실행하겠습니다. ❶ **그립톡_최종.psd** 파일을 마우스 오른쪽 버튼으로 클릭하고 ❷ [다음으로 열기(연결 프로그램)]-[Adobe Illustrator 2020]을 선택합니다. ❸ 이때 [Photoshop 불러오기 옵션] 대화상자가 나타나면 [레이어를 오브젝트로 변환]이 선택되어 있는 상태에서 ❹ [확인]을 클릭합니다.

에폭시 그립톡 도안을 업체 템플릿 파일로 옮겨서 발주 준비하기

02 ❶ 일러스트레이터에서 **그립톡_최종.psd** 파일이 열리면 ❷ [인쇄 이미지] 레이어 위에 새 레이어를 추가해 도안으로부터 2mm 바깥으로 칼선 작업을 진행합니다. ❸ 다음과 같이 레이어 이름을 **칼선, 인쇄**로 변경하고 레이어를 정리합니다.

 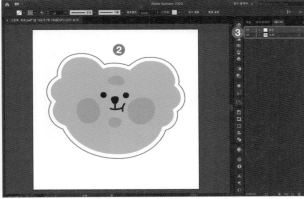

TIP 유테 스티커 칼선 따는 과정과 동일하게 칼선 작업 및 레이어 작업을 해줍니다. 단, 에폭시 그립톡 칼선의 패스 이동값은 2mm로 작업합니다.

03 ❶ 업체에서 다운로드한 가이드 파일을 다시 확인합니다. ❷ 샘플 파일이 들어가 있는 [삭제O] 레이어를 삭제합니다. ❸ [그립톡_최종.psd] 탭에서 ❹ [칼선] 레이어와 [인쇄] 레이어가 모두 포함되도록 아트보드를 크게 드래그해 선택하고 Ctrl + C 를 눌러 복사합니다. ❺ 다시 템플릿 탭으로 와서 ❻ [재단선] 레이어를 선택하고 복사한 이미지를 붙여 넣습니다.

 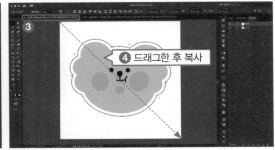

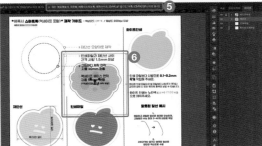

04 이제 도안을 원형 가이드에 맞춰서 배치한 후 화이트 레이어를 만들겠습니다. ❶ [칼선]과 [인쇄] 이미지가 함께 선택되어 있는 상태에서 원형 가이드에 맞춰 크기와 위치를 알맞게 배치합니다. ❷ 다음으로 칼선은 [재단선] 레이어로, 인쇄는 [인쇄 파일] 레이어로 분류합니다. ❸ 칼선 레이어를 선택한 상태에서 [오브젝트]-[패스]-[패스 이동]을 클릭하고 [이동]은 **-2.3mm**, [연결]은 [둥글게], [각의 한계]는 4를 입력한 후 ❹ [확인]을 클릭합니다.

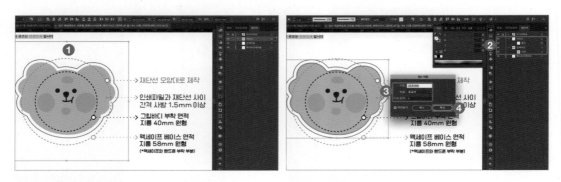

TIP ▶ 유테 스티커 작업 시 패스 이동을 활용해 바깥으로 칼선을 확장했다면 이번 작업에서는 마이너스(-) 값을 입력해 안쪽으로 축소 시키는 데에 활용해줍니다.

05 ❶ 칼선 안쪽으로 새로 생긴 〈패스〉 레이어를 클릭하고 [칠과 선 교체] 클릭해서 칠(면)로 만들어 줍니다. ❷ 이어서 [칠]을 클릭하고 [색상] 패널에서 [Y] 값만 **100%**로 설정합니다. ❸ Y값 100%로 만든 〈패스〉 레이어를 [화이트인쇄파일] 레이어로 옮겨서 레이어 분류를 마무리합니다.

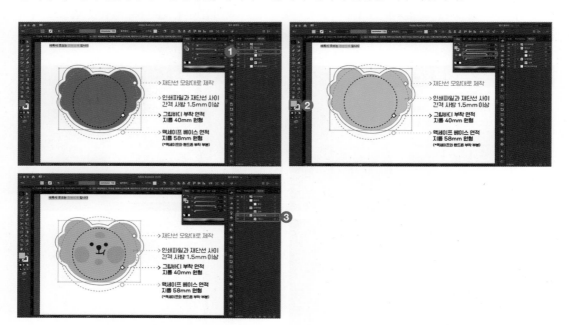

파일 마무리하고 저장하기

06 템플릿을 모두 완성하면 다른 이름으로 저장하고 마무리합니다. ❶ 파일 이름을 **그립톡_발주**로 입력하고 원하는 위치에 저장합니다. ❷ [Illustrator 옵션] 대화상자가 나타나면 업체에서 요구하는 일러스트레이터 버전이 맞는지 확인하고 ❸ [확인]을 클릭해 저장을 마무리합니다.

업체 사이트 방문해서 주문하기

07 ❶ 에폭시 그립톡을 주문하기 위해 픽업팩토리(smartstore.naver.com/pickupfactory)에 접속합니다. ❷ [스마트톡 주문제작]-[에폭시 스마트톡]을 선택합니다.

08 ❶ 아래로 스크롤하여 [상세 정보 펼쳐보기]를 클릭하고 ❷ 그립톡 바디 색상 등 주문하고 싶은 옵션의 상세 정보를 확인합니다. ❸ 주문 옵션을 다음과 같이 설정합니다. ❹ [구매하기] 혹은 [장바구니]를 클릭한 후 결제를 진행합니다.

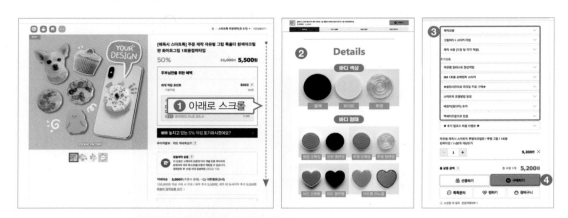

TIP 아크릴판과 그립 바디는 같은 계열의 색과 종류로 맞추면 깔끔한 느낌으로 제작할 수 있습니다.

09 마지막으로 업체 카카오톡 채널로 주문자 성함, 주문번호(구매 후 확인 가능), 양식에 맞게 파일명을 변경한 최종 파일을 함께 전송합니다. 주문을 완료했습니다.

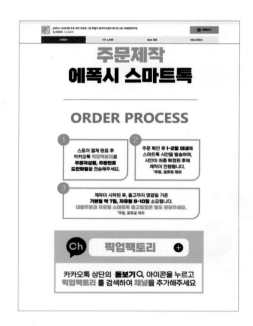

Chapter 03

귀여움이 대롱대롱, 키링 만들기

굿즈를 실물로 받아봤을 때 가장 반응이 좋은 굿즈는 다름 아닌 키링입니다. 예상 외로 다른 굿즈들을 제치고 가장 만족도가 높은 제품이었습니다. 특별히 도안 제약 없이 만들 수 있는 것은 물론이고 아크릴이라는 투명한 재질 안에 그림이 인쇄되어 영롱한 느낌까지 주기 때문에 그렇습니다. 어디든지 착용하고 다닐 수 있기 때문에 실용성도 좋습니다. 귀여움을 주는 키링을 만들어보겠습니다.

키링 도안 만들기

제작 사이트 방문하기

01 아크릴 제작 업체인 올댓프린팅(allthatprinting.co.kr)에 접속합니다. 제작 가이드를 확인해주겠습니다.

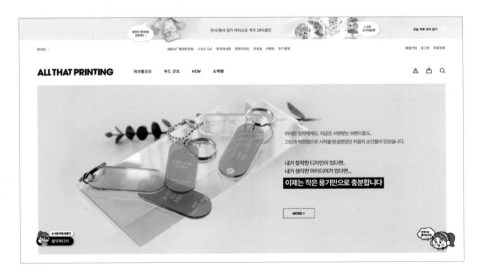

제작할 키링의 제작 가이드 숙지하기

02 ❶ [아크릴굿즈]-[아크릴키링]-[투명아크릴]을 선택합니다. ❷ 상세 페이지로 이동하면 아래로 스크롤하여 제작 가이드 내용을 모두 확인합니다. 여백이 있는 투명 아크릴을 제작해보겠습니다.

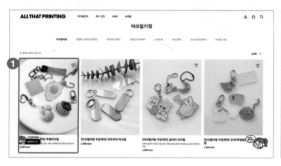

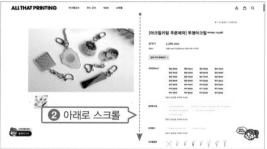

03 제작 가이드 내용을 확인해보면 **재단 : 빨간색 선(사방여백 + 키링 구멍) / 화이트 : C값 100% / 컬러 : 사진이나 일러스트, PDF 파일로 저장**으로 중요한 가이드를 확인할 수 있습니다. 초보자용 에디터를 사용해서 손쉽게 제작할 수 있으나 어느 업체에서든 원하는 종류의 아크릴 굿즈를 제작할 수 있도록 직접 발주 파일을 제작하는 방식으로 진행하겠습니다.

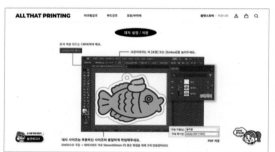

두부작가의 꼼꼼한 NOTE | 화이트 인쇄란?

화이트 인쇄는 주로 투명한 소재(아크릴, 투명 스티커 등)에 개체를 인쇄할 때 필요한 방식입니다. 인쇄될 이미지 아래에 화이트 레이어를 두어 선명하고 불투명하게 만드는 작업입니다. 화이트 인쇄 없이 투명한 소재에 인쇄를 하면 인쇄된 이미지가 투명하게 비쳐서 선명도가 다소 떨어지고 물체가 투과되어 보입니다.

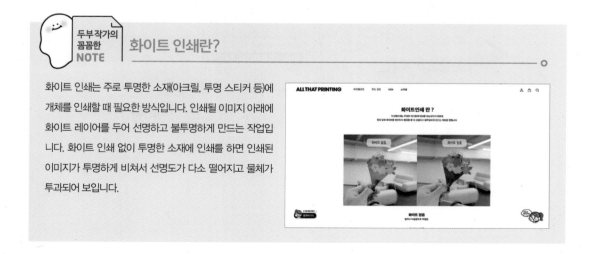

키링 도안용 캔버스 만들기

04 키링 도안을 작업할 캔버스를 만들어주겠습니다. 프로크리에이트를 실행합니다. ❶ 갤러리에서 새로운 캔버스 ➕ 를 선택하고 ❷ [사용자지정 캔버스]를 선택합니다. ❸ 키링은 30~60(mm) 정도 크기의 도안이 일반적이기 때문에 사방 여백을 고려해서 넉넉하게 제작합니다. 여기서는 **80×80(mm)** 크기로 설정했습니다. ❹ [색상 프로필]을 선택하고 ❺ 인쇄용 프로파일인 [CMYK] 모드를 선택합니다. ❻ [창작]을 선택합니다.

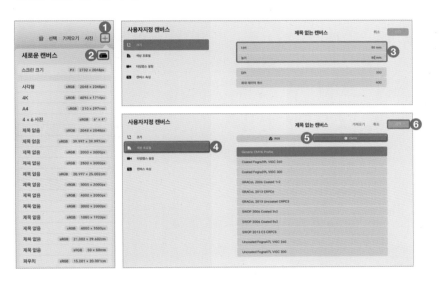

키링 도안 작업하기

05 도안 작업을 진행하겠습니다. 여백이 있는 아크릴 키링의 경우 도안과 칼선 사이에 아크릴 자체로 여백이 들어가기 때문에 특별한 제약 없이 원하는 채색법 및 형태로 제작할 수 있습니다. 이 점을 참고해서 원하는 도안을 제작합니다.

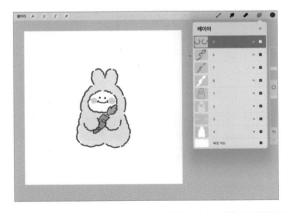

TIP▶ 키링의 경우 유테 스티커와 동일하게 사방 여백을 준 칼선으로 작업합니다.

작업한 키링 도안 파일 정리하고 내보내기

06 작업을 마친 키링 도안은 원본 파일과 발주(최종) 파일로 구분합니다. ❶ 갤러리 화면에서 지금까지 작업한 캔버스의 이름을 [키링_원본]으로 변경합니다. 그런 다음 왼쪽으로 스와이프해 복제합니다. ❷ 복제한 파일의 이름을 **키링_최종**으로 변경하고 원본 파일과 구분합니다. ❸ [키링_최종] 캔버스를 열고 도안 레이어를 모두 병합합니다. 레이어 이름을 **인쇄**로 변경합니다.

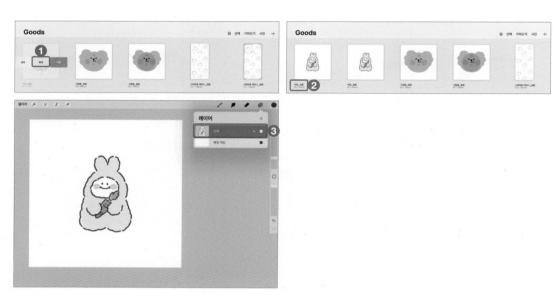

07 파일 내보내기를 진행하겠습니다. ❶ 동작 🔧을 선택하고 [공유]-[PSD]를 선택합니다. ❷ PSD 파일을 노트북로 옮겨줍니다.

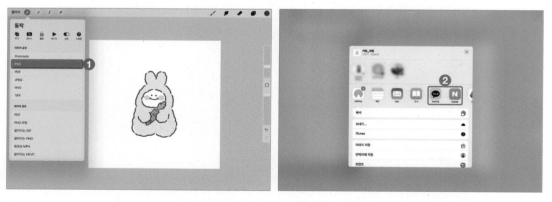

> **TIP** 아이패드에서 노트북으로 파일을 전송할 때는 운영체제에 따라 방법이 상이합니다. 맥(mac os)을 사용할 경우 에어드롭을 활용해서 파일을 전송하고 윈도우(windows)를 사용할 경우 카카오톡, 네이버, 메일 등을 활용해서 파일을 전송해줍니다.

> **TIP** 노트북이나 데스크톱 등 개인용 컴퓨터(PC)에서 작업합니다. 여기서는 두부가 노트북에서 작업을 진행했으므로 편의상 노트북으로 칭하겠습니다.

키링 발주 파일 만들고 주문하기

일러스트레이터로 키링_최종.psd 파일 열기

01 노트북으로 전송한 키링_최종.psd 파일을 일러스트레이터에서 실행하겠습니다. **①** **키링_최종.psd** 파일을 마우스 오른쪽 버튼으로 클릭하고 **②** [다음으로 열기(연결 프로그램)]−[Adobe Illustrator 2020]을 선택합니다. **③** 이때 [Photoshop 불러오기 옵션] 대화상자가 나타나면 [레이어를 오브젝트로 변환]이 선택되어 있는 상태에서 **④** [확인]을 클릭합니다.

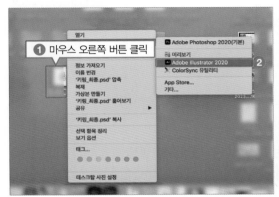

키링 도안 발주 준비하기

02 **①** 일러스트레이터에서 **키링_최종.psd** 파일이 열리면 **②** [인쇄 이미지] 레이어 위에 새 레이어를 추가해 이름을 **칼선**으로 변경합니다. 이때 [칼선] 레이어를 제외한 나머지 레이어를 모두 잠그고 진행합니다. **③** 예제처럼 원래 형태보다 조금 안쪽으로 칼선을 따주도록 합니다.

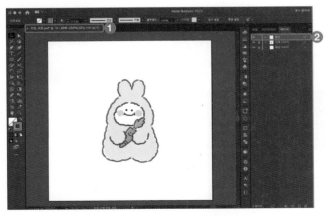

TIP 칼선을 활용해서 [재단] 레이어, [화이트] 레이어를 만들 것입니다. [화이트] 레이어는 인쇄 도안보다 커서는 안 됩니다. 원래 형태보다 조금 안쪽으로 작업할 것을 권합니다.

03 이제 직접 딴 칼선을 활용해서 [재단] 레이어와 [화이트] 레이어를 만들겠습니다. ❶ 칼선을 선택한 상태에서 ❷ [오브젝트]–[패스]–[패스 이동]을 선택합니다. ❸ [패스 이동] 대화상자가 나타나면 [이동]은 **2mm**, [연결]은 [둥글게], [각의 한계]는 **4**로 설정하고 ❹ [확인]을 클릭합니다.

TIP 이동 단위가 mm로 뜨지 않는다면 [파일]–[문서 설정]에서 단위를 [밀리미터]로 변경하고 진행합니다.

04 ❶ 이어서 패스 이동을 진행하기 전 초기 칼선을 선택하고 ❷ 도구바에서 선을 면(칠)으로 바꿔줍니다. ❸ 도구바의 [칠]을 클릭하면 [색상] 패널이 나타납니다. [C] 값만 **100%**로, 나머지 [M], [Y], [K] 값은 모두 **0%**로 설정합니다. ❹ 칼선 레이어 상단에 새 레이어를 추가한 후 이름을 **화이트**로 바꿔줍니다. ❺ 이어서 C값 100%의 면 레이어를 상단의 화이트 레이어로 옮겨줍니다.

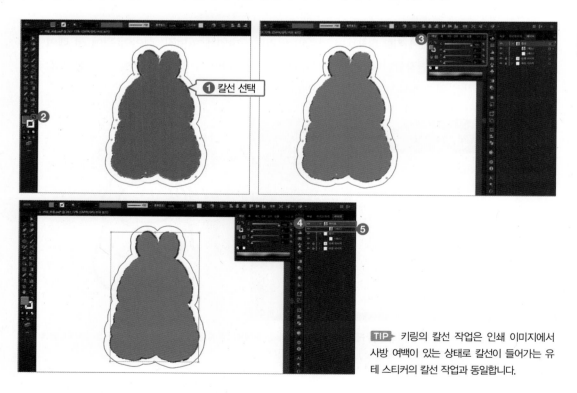

TIP 키링의 칼선 작업은 인쇄 이미지에서 사방 여백이 있는 상태로 칼선이 들어가는 유테 스티커의 칼선 작업과 동일합니다.

05 다음으로 키링 고리줄 구멍에 해당하는 칼선을 만들어주겠습니다. 헷갈리지 않도록 화이트 레이어는 숨기고 작업합니다. ❶ [M] 값이 100%인 재단선(직접 딴 칼선)을 선택한 후 ❷ 도구바에서 원형 도구를 선택합니다. ❸ 아트보드의 빈 공간에 Shift 를 누른 채 드래그해 2.5mm 이상의 원을 만듭니다.

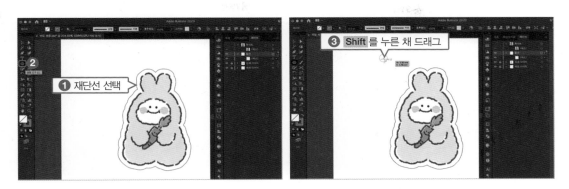

06 칼선과 마찬가지로 키링 고리줄 구멍에도 2mm 두께를 넣어준 후 재단선끼리 합쳐주겠습니다. ❶ ❷ 05에서 제작한 원을 클릭한 후 03 단계와 동일하게 2mm 확장된 칼선을 만들어줍니다. ❸ 이어서 키링 구멍에 해당하는 두 개의 원형을 선택하고 도안의 가운데로 옮깁니다. ❹ 고리줄 구멍이 될 두개의 원형을 확장된 도안 칼선과 맞물리도록 위치시켜준 후 고리줄 구멍 칼선 중 외곽선 칼선과 도안 형태의 외곽선 칼선을 선택하고 ❺ [패스파인더] 패널에서 [합치기]를 클릭합니다.

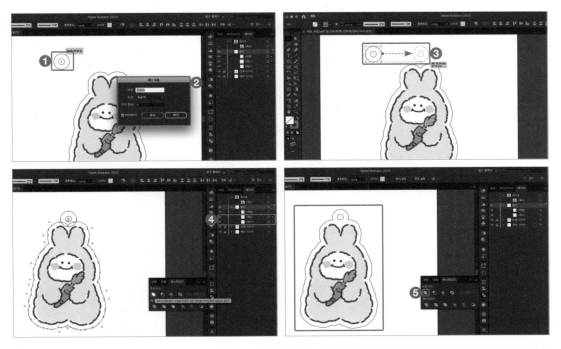

TIP 패스파인더로 칼선을 합칠 때는 고리줄 구멍 칼선 중 외곽선 칼선과 도안 형태의 외곽선 칼선만 선택해서 합쳐줍니다. 고리줄 구멍의 안쪽 칼선까지 함께 선택해서 병합하면 구멍 타공이 사라지게 됩니다.

07 레이어를 정리하고 키링의 크기를 조절해서 도안을 마무리하겠습니다. **➊** 모든 작업이 끝나면 업체 가이드에서 확인했던 것과 같이 [재단], [컬러], [화이트] 레이어로 정리합니다. **➋** 도안의 정확한 크기를 측정하기 위해 도구바에서 측정 도구를 선택하고 **➌ ➍** 폭과 높이를 재서 사이즈를 가늠합니다.

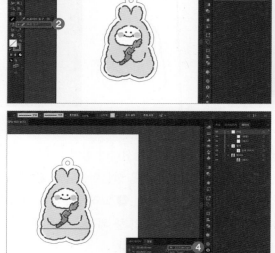

> **TIP** 예제에서는 30~50(mm) 사이의 키링을 제작하기로 했으므로 측정된 사이즈인 약 40×28(mm) 정도에서 크기 변형 없이 진행했습니다. 만약 측정했을 때 원했던 사이즈와 다르다면 선택 도구로 크기를 조절합니다.

파일 마무리하고 저장하기

08 템플릿을 모두 완성하면 다른 이름으로 저장하고 마무리합니다. 업체의 요청에 따라 PDF 버전으로 저장해야 하기 때문에 AI, PDF 버전 두 개의 형태로 저장하겠습니다. **➊** 파일 이름을 **키링_발주**로 입력하고 **➋** [포맷]을 **ai**로 설정한 후 원하는 위치에 저장합니다. **➌** [Illustrator 옵션] 대화상자가 나타나면 업체에서 요구하는 일러스트레이터 버전이 맞는지 확인하고 **➍** [확인]을 클릭합니다.

09 ❶ 다시 파일 이름을 동일하게 **키링_발주**로 입력하고 ❷ [포맷]을 **pdf**로 설정한 후 원하는 위치에 저장합니다. ❸ [Adobe PDF 저장] 대화상자가 나타나면 [PDF 저장]을 클릭해 발주 파일 저장을 완료합니다.

업체 사이트 방문해서 주문하기

10 ❶ 올댓프린팅(allthatprinting.co.kr)에 접속합니다. ❷ [아크릴굿즈]-[아크릴키링]-[투명아크릴]을 선택합니다.

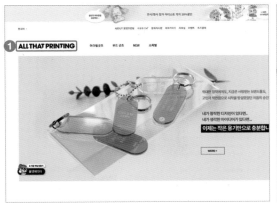
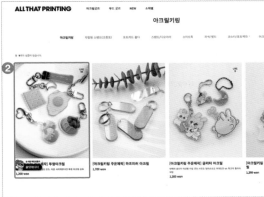

11
❶ 다음과 같이 옵션을 설정합니다. ❷ 이어서 [파일업로드]의 [+]를 클릭하고 ❸ 키링_발주 파일을 업로드합니다. ❹ 구매하기인 [BUY IT NOW] 혹은 장바구니인 [CART]를 클릭합니다.

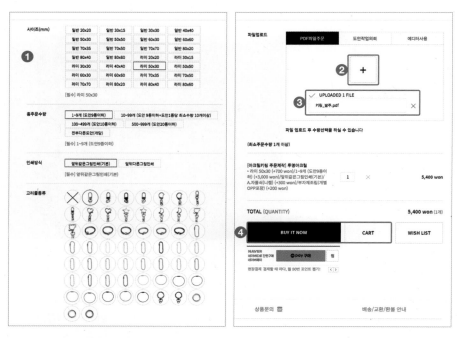

TIP 예제에서 제작한 키링의 크기는 약 40×28(mm)이었으므로 이에 맞게 옵션을 선택한 모습입니다. 크기에 따라 가격이 다르니 제작하고자 하는 크기에 맞춰서 주문을 진행합니다.

12
마지막으로 옵션 및 파일을 확인하고 결제를 진행합니다. 주문을 완료했습니다.

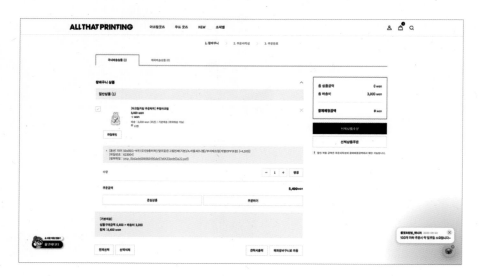

두부의 작업실
구독 www.youtube.com/@dubu_studio

실물 깡패 굿즈 하나를 꼽으라면 단연 키링!
나만의 영롱한 아크릴 키링 제작하는 방법을 A~Z까지, 두부와 함께 키링 만들러가요!
QR 코드로 접속하고 두부 작가의 재생 목록에서 학습해보세요.

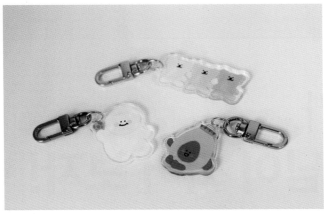

PART 08

캐릭터 작가,
문구 사장님이 되어 보자!

나만의 캐릭터부터 굿즈 제작까지 직접 그린 작업물로 실물 굿즈를 받으면 '이거 팔아볼까?'라는 꿈이 생기기 마련입니다. 좋아하는 그림으로 수익화까지 할 수 있다면 그야말로 금상첨화입니다. 이번에는 그 꿈을 실현할 수 있는 방법에 대해서 알아보겠습니다.

Chapter 01

SNS를 활용한 마케팅과 캐릭터 인플루언싱하기

나만의 캐릭터로 굿즈를 만들 수 있게 되면 본격적으로 SNS 브랜딩을 통해서 홍보와 판매를 도전해볼 수 있습니다. 굿즈를 판매하고 홍보하는 데에 가장 대표적인 채널이 되는 인스타그램부터 기타 채널까지 채널별 특징과 운영 방법에 대해서 알아보겠습니다.

인스타그램(Instagram)

인스타그램 계정 만들기

인스타그램 계정을 만들 때는 유저들이 인식하기 쉽도록 프로필 사진과 이름을 직관적으로 설정하고 계정 아이디를 기억하기 쉽게 만듭니다. 이렇게 처음에는 간단하고 직관적으로 계정을 설정해준 후에 계정을 운영해가면서 전체적인 브랜드의 톤앤매너를 만들어가며 발전을 모색합니다.

두부의 인스타그램 계정(@grim.gle_dubu)

게시물

계정을 만들었다면 게시물을 업로드할 차례입니다. 이때 SNS 홍보가 처음이라면 어떤 게시물을 업로드 해야 할지 막막할 수 있습니다. 무조건 어떤 게시물이든 꾸준히 업로드하는 것이 중요하다는 의견도 있 지만, 막상 계정을 운영하다 보면 게시물 하나하나의 퀄리티가 꾸준함보다 더 중요하다는 것을 알게 됩 니다. 따라서 기획과 구상을 거친 뒤에 일정한 주기로 특정 시간에 업로드하는 것을 권합니다.

캐릭터를 활용한 삽화(작업)와 실제 굿즈의 상품 이미지 및 활용샷

내가 제작한 굿즈를 홍보하기 위해 상품 이미지나 사용자들의 후기를 업로드하는 것은 기본 중에 기본 입니다. 하지만 상품 이미지만으로 피드를 구성하는 것은 캐릭터에 대한 유저들의 공감이나 팬심을 형 성하기에 다소 약한 마케팅이 될 수 있습니다. 따라서 캐릭터의 세계관이나 성격이 드러날 수 있는 간단 한 형식의 인스타툰 혹은 일러스트(삽화)를 함께 업로드하면서 유저와 캐릭터를 보다 친밀한 관계로 형 성하는 것을 추천합니다.

두부가 제작한 굿즈 제품과 캐릭터 삽화

오프라인 페어, 마켓 등 활동 사진 및 판매 예정인 굿즈 섬네일

브랜드가 어떻게 활동을 하는지 유저들에게 꾸준히 알려주는 것이 중요합니다. 다양한 활동과 작업을 하고 있다는 정보는 구매를 망설이고 있는 유저들에게 신뢰를 줄 수 있습니다. 또한, 자연스럽게 온오프라인에서 홍보 효과를 누릴 수 있습니다. 이와 함께 판매되고 있는 혹은 판매 예정인 굿즈들은 따로 섬네일 이미지를 만들어서 상품 인포를 미리 전달하는 것도 중요한 작업 중 하나입니다.

두부가 참여한 각종 오프라인 페어와 마켓

게시물에 알맞은 해시태그(#) 사용하는 법

해시태그는 특정 키워드로 피드를 찾고 싶을 때 사용합니다. 팔로워 유입에는 크게 관여하지 않으며 남용할 경우 인스타그램 자체에서 나쁜 게시물로 선정되어 게시물 노출이 제한될 수 있습니다. 계정 이름과 캐릭터 이름 등 직관적으로 계정에 대해 알 수 있는 해시태그와 계정 유형을 잘 보여주는 해시태그로 10~15개 미만으로 선별하여 필요한 태그만 사용합니다.

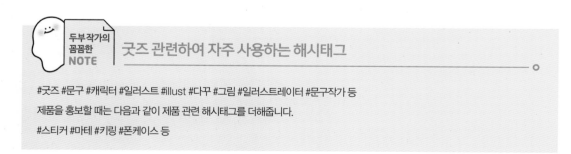

두부작가의 꼼꼼한 NOTE **굿즈 관련하여 자주 사용하는 해시태그**

#굿즈 #문구 #캐릭터 #일러스트 #illust #다꾸 #그림 #일러스트레이터 #문구작가 등

제품을 홍보할 때는 다음과 같이 제품 관련 해시태그를 더해줍니다.

#스티커 #마테 #키링 #폰케이스 등

이벤트, 서포터즈 등 광고 게시물

신규 팔로워를 유입하기 위해서 혹은 기존의 팔로워를 대상으로 하는 이벤트성 게시물을 업로드합니다. 유저들과 소통도 하며 홍보도 할 수 있어 팔로워 유입에 도움이 됩니다. 이 방법은 뒤에서 자세히 알아 보겠습니다.

스토리

업로드한 게시물 홍보용

과거와 달리 스토리 기능이 생긴 이후에는 게시물보다 스토리를 활용하는 유저들이 많아졌습니다. 유저가 팔로우하는 사람이 많을 경우에 내가 업로드한 게시물이 누락되어 확인하지 못하는 경우도 생기는데 이때 스토리를 활용합니다. 즉, 인스타그램에 게시물을 업로드하고 스토리로 공유하면 새 게시물을 업로드했다는 사실을 스토리를 통해 알리는 것입니다.

팔로워와 소통용

스토리는 게시물보다 조금 더 가벼운 느낌으로 더 친밀하게 팔로워와 소통할 수 있습니다. 신중하고 꼼꼼하게 정리해서 업로드해야 할 것 같은 게시물과 달리 스토리는 소소한 일상부터 굿즈 활용 후기(리그램 기능) 등을 틈틈이 가볍게 공유합니다. 채널을 자주 노출할 수 있는 장점이 있습니다.

업로드

업로드는 일주일에 몇 번 해야 할까요?

평균 주 2~3회 정도 꾸준히 게시물을 업로드한다면 계정의 빠른 성장을 노려볼 수 있습니다. 하지만 앞서 언급한 바와 같이 자주 업로드하는 데에 중점을 두기보다는 시간이 더 들더라도 퀄리티 있는 콘텐츠를 업로드하는 것을 권장합니다.

업로드하면 좋은 시간대가 따로 있나요? 오후 12~1시, 오후 8~9시(점심과 저녁 시간 활용하기)

사람들이 스마트폰을 가장 많이 사용하는 시간대를 생각해보면 직장인을 기준으로 했을 때 점심시간인 12~1시, 저녁에 퇴근하고 쉬는 8~9시라고 할 수 있습니다. 한편, 내 계정에서 인사이트 페이지에 들어가면 나를 팔로우하고 있는 유저들이 가장 활발하게 활동하는 시간대를 알 수 있습니다. 그 시간에 맞춰 업로드하는 것도 좋은 팁입니다. 인사이트 자료는 팔로워 100명 이상부터 확인할 수 있습니다.

유튜브(Youtube)

유튜브는 대표적인 동영상 공유 플랫폼입니다. 직접 영상을 제작해서 업로드할 수 있고 특정 조건을 만족하면 이를 통해 수익을 창출할 수 있어 이미 많은 사람이 채널을 운영하고 있습니다. 브랜드를 운영하는 사람이라면 한번쯤 운영을 고려해보게 됩니다. 유튜브의 알고리즘을 잘 활용하면 굿즈, 문구류를 선호하는 사람들에게 노출되어 결과적으로 브랜드 홍보로 인해 매출이 상승할 수 있으며 광고 등 다양한 기회를 접할 수 있습니다.

두부의 유튜브 채널 : 두부의 작업실
(@dubu_studio)

유튜브에서 활용할 수 있는 콘텐츠

다이어리 꾸미기 영상(내 캐릭터로 제작한 굿노트 스티커)

내가 제작한 스티커나 메모지 등으로 다이어리를 직접 꾸미는 영상은 제품 홍보에 큰 도움이 될 수 있습니다. 내 브랜드 제품이 아니더라도 유명한 브랜드의 굿즈를 구매해서 예쁘게 다이어리를 꾸미는 영상은 잠재 고객들에게 내 브랜드를 간접적으로 노출할 수 있는 홍보 효과를 줄 수 있습니다.

톡톡 ASMR🤍 | 4월 아이패드 굿노트 다이어리 꾸미기💕 | April Goodnotes...

치앙마이 한달살이 vlog☰ + 굿노트 다이어리 꾸미기🖊 | 아이패드로 먼슬리 다꾸...

문구사장의 포장 영상 & 브이로그(vlog)

브랜드를 운영하면서 온오프라인에서 판매하는 굿즈를 직접 포장하는 영상도 굉장히 인기가 많은 편입니다. 직접 발주한 물품을 소개하거나 제품을 리뷰하고 포장하는 콘텐츠, 실제 브랜드를 운영하며 생기는 일들과 업무하는 모습을 브이로그로 담은 영상은 굿즈를 좋아하는 사람들에게는 꽤 인기가 높습니다.

오프린트미 스티커 제작 후기! | 아이패드로 스티커 만들기 3편✍ | 엽서, 씰스티...

프리랜서 일러스트레이터 vlog ✨ | K-핸드메이드페어 후기 | 일러스트레이터가 ...

아이패드 드로잉 ASMR

브랜드의 굿즈 도안이나 내 캐릭터를 활용한 일러스트를 그리는 영상을 제작해보는 것도 좋습니다. 직접 그리는 과정을 통해 유저들과 보다 가깝게 소통할 수 있고 홍보 효과를 누릴 수 있습니다.

오늘은 내가 요리사! 🍳 아이패드로 요리하는 그림 그리기 | 아이패드 ASMR | ipa...

톡톡 asmr | 사각사각 아이패드 종이필름 소리✏ | 1시간 모음집 | 프로크리에이트...

그 외 포트폴리오 사이트

노트폴리오(notefolio), 그라폴리오(grafolio)

노트폴리오(notefolio.net/)와 그라폴리오(grafolio.ogq.me/)는 대표적인 디자인 포트폴리오 사이트입니다. 여기에 나의 작업물을 올려두면 포트폴리오 사이트를 이용하는 사람들, 기업 관계자 등 많은 사람들에게 나의 작업물이 노출됩니다. 또, 나의 다양한 작업물을 별도로 관리할 수 있는 포트폴리오 자체가 되기 때문에 꾸준히 업로드하는 것을 추천합니다.

이벤트와 광고를 활용한 채널 홍보

나만의 브랜드 채널이 성장할 수 있는 가장 효과적인 방법 중 하나는 이벤트와 광고를 활용하는 것입니다. 이벤트는 기존 팔로워들과의 소통의 창이 됨과 동시에 신규 팔로워들의 유입을 도와줍니다. 광고는 불특정 다수 중에서 내 계정에 관심 있는 사람들을 끌어모을 수 있습니다. 이러한 이벤트와 광고는 비용을 온전히 지불해야 하는 브랜드 입장에서는 적지 않은 부담이 될 수 있습니다. 하지만 팔로워들과 소통하는 효과적인 방법 중 하나이기 때문에 새로 계정을 만들었을 때 또는 계정을 운영하고 있다가 정체기가 왔을 때 등 시의 적절하게 활용해볼 것을 추천합니다.

서포터즈 모집 이벤트

서포터즈는 다양한 SNS 채널에서 기업의 제품이나 서비스를 홍보하는 활동을 합니다. 제품이나 서비스를 미리 체험하고 평가하는 것이 주요 역할입니다. 서포터즈를 모집해서 내 브랜드의 굿즈를 미리 제공하고 이를 활용한 다이어리 꾸미기, 제품 착용샷 등을 게시물(스토리)과 사진의 형태로 받아서 제품 홍보 활용 목적으로 사용하는 것이 바로 서포터즈 모집 이벤트입니다. 브랜드를 자체적으로 홍보하는 것보다 제3자가 직접 사용한 이미지와 후기가 훨씬 신뢰를 주기 때문에 채널을 처음 시작할 때뿐만 아니라 정기적으로 활용하면 홍보에 큰 도움이 됩니다.

오프라인 수강생 실제 서포터즈 모집 사례

소문내기 이벤트

소문내기 이벤트는 새 상품을 홍보하는 가장 대표적인 이벤트 중 하나입니다. 새 상품의 경우 아직 해당 제품에 대한 홍보나 리뷰 등이 부족하기 때문에 이를 팔로워들에게 자체적으로 공유하게 해서 상품과 계정을 모두 홍보하는 방법입니다.

오프라인 수강생 실제 이벤트 운영 사례

온오프라인 행사 홍보 및 초대권 이벤트

브랜드가 참여하는 온오프라인 행사를 홍보하는 것도 중요한 이벤트입니다. 내 브랜드가 오프라인 마켓이나 페어에 참가할 경우 초대권 이벤트를 열어 기존 팔로워들을 대상으로 소통도 하고 신규 팔로워를 유입합니다.

광고를 활용한 게시물, 계정 홍보

광고를 활용해 내 게시물이나 계정을 홍보하는 방법입니다. 이 방법은 내 게시물을 노출할 사람들을 타겟팅할 수도 있고 내가 비용을 더 많이 지불할수록 더 많은 유저들에게 내 계정과 게시물을 노출할 수 있습니다. 얼마만큼 투자하느냐에 따라서 도달하는 수치가 다를 수 있습니다. 광고를 사용하는 만큼 내 브랜드가 같은 속도로 성장하는 것은 절대 아닙니다. 무작정 광고비를 많이 지불해서 홍보하는 방법은 추천하지 않습니다. 광고도 어떻게 기획하고 사용하는지에 따라 효과가 많이 다르기 때문에 신중하게 합니다.

이벤트 게시물에 활용

이벤트 게시물을 활용해 광고를 하는 경우는 주로 이벤트를 진행하는 기간에만 홍보하는 단기 광고입니다. 목적성에 맞게 광고 내용과 예산을 잘 기획합니다.

이미 반응이 좋은 게시물 홍보하기

이미 인기 있는 게시물을 홍보하는 것은 단기적으로 진행하는 이벤트 게시물과 달리 내 계정을 정기적으로 신규 팔로워에게 노출하고 홍보하는 방법입니다. 이미 사람들에게 반응이 좋은 게시물은 노출이 잘 되는 게시물이라는 뜻이므로 큰 홍보 효과를 낼 수 있습니다.

Chapter 02

다양한 경로로 캐릭터와 굿즈 판매하기

열심히 제작한 굿즈, 어디에서 어떻게 팔아야할지 고민이 될텐데요. 아무리 좋은 굿즈를 제작했다고 해도 결국 판매할 채널이 있어야하기 때문입니다. 온라인인지 오프라인인지, 나의 상품이 어떤 방식으로 소비될 지를 고려해서 브랜드와 맞는 플랫폼, 판매 방식을 선택하는 방법에 대해 알아보도록 하겠습니다.

온라인 판매 알아보기

첫 판매를 시작할 때 가장 많이 선택하게 되는 방법이 바로 온라인 판매일 것입니다. 오프라인 판매에 비해 진입 장벽이 낮고 언제 어디서나 상품을 게시해서 팔 수 있다는 장점이 분명합니다. 하지만 구매자를 직접적으로 만날 수 없는 만큼 판매 채널이나 브랜드 홍보가 제대로 되지 않으면 아예 판매가 이루어지지 않기도 합니다. 즉, 눈에 보이는 성과나 수익을 얻기 힘든 구조입니다. 그럼에도 어느 정도 투자 비용이 발생하는 오프라인 판매에 비해 초기 투자 비용에 대한 부담이 훨씬 적기 때문에 많은 브랜드가 선호하는 판매 방식 중 하나입니다.

적합한 판매 채널 선택하기

현재 내가 운영하고 있는 브랜드의 규모나 성격에 맞게 판매 채널을 선택하는 것이 중요합니다. 무조건 유명하고 규모가 큰 채널이라고 좋은 것이 아닙니다. 내 브랜드에 적합한 성격을 가지고 있는지 확인해야 하며, 구매자 입장에서 편리한지도 꼭 살펴봐야 합니다.

판매 채널별 수수료 확인하기

채널에 따라 수수료는 모두 다르게 부과되고 일정 시간이 지나면 수수료가 오르는 경우도 있습니다. 비용이 발생할 수 있는 부분은 미리 꼼꼼히 확인합니다. 무조건 수수료가 저렴하다고 해서 상품 노출이 거의 없는 채널을 선택할 수 없는 것처럼 단순히 수수료의 %보다는 기회비용을 잘 따져서 선택합니다.

재고 관리하기

처음 굿즈를 제작할 때는 어느 정도를 준비해야 할지 막막합니다. 첫 판매를 시작할 때는 제품이 배송되기까지의 기간을 넉넉하게 잡아두고, 주문이 들어오면 제작을 하는 등의 다양한 방법을 통해 평균적으로 필요한 재고를 확인해나가는 것이 중요합니다. 초반에는 제품과 브랜드 자체가 이제 막 발전해가는 과정에 있기 때문에 재고를 많이 쌓아두지 않도록 신경을 씁니다.

사업자, 통신판매업 등록하기

사업자등록은 수익이 발생하기 전부터 반드시 해야 한다는 것은 아닙니다. 하지만 판매 플랫폼에서 수익이 일정 규모 이상 발생하면 '통신판매업 신고증'이 필요한데, 통신판매업을 등록하기 위해서는 사업자등록이 필수입니다. 사업자등록이 되어 있어야만 입점이 가능한 플랫폼도 많아지는 추세입니다. 따라서 온오프라인에서 지속적인 판매를 계획하고 있다면 꼭 사업자등록을 하는 것을 권장합니다.

TIP 통신판매업(전자상거래 및 통신판매) 등록은 사업자등록과 달리 소규모 사업자(간이과세자, 직전 연도 통신판매 거래 횟수가 50회 미만)가 아닌 경우 신고가 면제됩니다. 다만 대부분의 오픈마켓 플랫폼에서는 입점 시 '통신판매업 신고증'을 요구하고 있기 때문에 미리 해놓는 것이 좋다고 할 수 있습니다.

 두부작가의 꼼꼼한 NOTE | 사업자, 통신판매업 등록하기

사업자등록하기

❶ 방문 신청 | 주소지 관할세무소 혹은 모든 세무소 민원실에서 신청 가능

❷ 온라인 신청 | 홈텍스(www.hometax.go.kr)를 통한 온라인 신청 가능

홈텍스(www.hometax.go.kr) 로그인 → 신청/제출 → 사업자등록 신청/정정 등 → 사업자등록 신청(개인) → 기본 인적사항 작성 후 업종 선택

(업종 선택 → 업종 입력/수정 → 업종 코드 검색 → 업종에 '통신 판매' 검색 후 해당하는 업종 등록하기 → 이후 타 사항들은 필수사항만 입력해도 신청 가능), 궁금한 사항은 도움말 참고

처리가 완료되면 (신청/제출 → 민원신청 처리결과조회)에서 사업자등록증 인쇄 가능

이미지 출처 : 국세청 홈페이지

통신판매업(전자상거래 및 통신판매) 등록하기

❶ 통신판매업과 사업자등록, 무엇을 먼저 해야 할까?

소비자와 직접 상거래가 이루어지지 않는 사업을 할 경우, 즉 온라인에서 무언가를 판매하려면 통신판매업을 등록해야 합니다. 이러한 통신판매업은 신청하는 과정에서 사업자등록이 필요하기 때문에 사업자등록을 먼저 진행한 후 통신판매업을 등록하여 온라인 판매를 진행하면 됩니다. 기존에 오프라인에서만 판매를 하던 사업자의 경우에도 온라인상에서 판매를 하게 된다면 동일하게 통신판매업신고를 진행해야 합니다.

❷ 통신판매업신고증 등록하는 방법 | 정부24(www.gov.kr)를 통한 온라인 신청 가능

정부24(www.gov.kr) 접속 → '통신판매업신고' 검색 → 신청서비스에 나온 [통신판매업신고] 클릭 → 통신판매업 신고 페이지에서 인적사항 및 정보 입력 → 접수 완료 후 관할 시청이나 구청에 수령 방문

이미지 출처 : 정부24홈페이지

대표적인 온라인 판매 채널 알아보기

트웬티

크리에이터 굿즈 마켓 모음 앱인 트웬티(twenty.style)는 온라인에서 굿즈를 구매해본 사람이라면 한번쯤 사용해봤을 법한 아주 대표적인 굿즈 마켓 플랫폼입니다. 간편하게 마켓을 열어 상품을 등록할 수 있기 때문에 특정 기간에만 판매하는 시즌 마켓에 특화되어 있습니다. 매달 새 상품을 선보이는 것이 일반적인 굿즈 시장에서는 가장 대표적으로 사용된다고 할 수 있습니다. 새 상품을 공개하면 트웬티 앱 메인에 해당 마켓 배너가 걸리기 때문에 인지도가 낮은 브랜드 입장에서는 신규 고객 유입에 큰 도움이 됩니다. 또, 입점 수수료가 타 서비스에 비해 저렴한 편입니다. 따라서 처음 판매를 준비한다면 트웬티를 사용해보는 것을 추천합니다.

- **장점** : 손쉽게 굿즈 판매를 시작할 수 있고 원할 때만 마켓을 열고 닫을 수 있어서 관리가 용이합니다.
- **단점** : 상시 판매가 어렵기 때문에 특정 기간에만 마켓을 여는 형태로 운영해야 하고, 상세 페이지 관리 등 세부적인 관리에 어려움이 있습니다.

오프라인 수강생 실제 트웬티 마켓 운영 사례
(출처 : 댕구르미 dang.gurmi)

스마트스토어

스마트스토어(sell.smartstore.naver.com)는 온라인에서 상품을 판매할 때 가장 대표적으로 쓰이는 플랫폼입니다. 별도로 웹사이트를 만들지 않고도 스마트스토어 자체가 브랜드의 대표 판매 채널의 역할을 하면서 상품 관리, 배송, cs 등 모든 것을 관리할 수 있습니다. 처음 판매를 시작한다면 운영 측면에서 많이 까다롭고 어려울 수 있는 방식이기도 합니다. 따라서 스마트스토어 운영은 정기적으로 마켓을 운영하기가 힘든 초보자보다는 어느 정도 판매가 안정화되어서 시즌이 아니라 상시 운영이 가능한 수준의 판매자에게 추천합니다.

TIP 트웬티에서 스마트스토어로 넘어가는 수순을 추천합니다.

- **장점** : 브랜드의 전문적인 온라인 판매 페이지를 만들 수 있으며 수수료가 저렴하고 사업자등록 없이 개인판매자 자격으로 오픈할 수 있습니다. 소득 발생 후에는 사업자등록을 권장합니다. 스마트스토어 자체적인 결제 시스템으로 직접 관리가 가능하고 상시 판매 및 운영이 가능합니다.

- **단점** : 원하는 기간에만 판매하는 시즌성 판매가 어렵고, 상위 노출이 힘들어 자체 채널의 인지도가 어느 정도 필요합니다. 스토어 관리가 까다로운 편으로 초보자가 관리하기에 어려움이 있습니다.

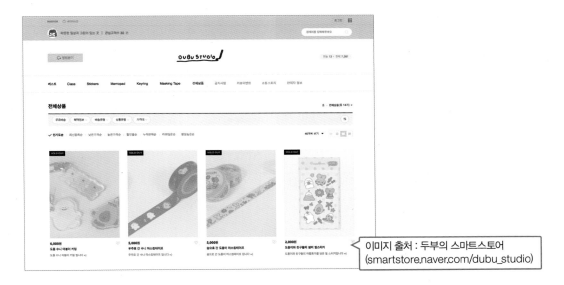

이미지 출처 : 두부의 스마트스토어
(smartstore.naver.com/dubu_studio)

아이디어스

아이디어스(idus.com)는 대한민국 최대 온라인 핸드메이드 제품 쇼핑몰로 굿즈뿐만 아니라 다양한 수공예 제품이 판매되고 있는 플랫폼입니다. 내가 직접 마케팅하지 않아도 핸드메이드 제품에 관심이 있는 다양한 사람들에게 상품을 노출할 수 있습니다. 마케팅에 직접적으로 관여하지 않으면서 제품을 상시 판매할 수 있다는 장점이 있습니다. 아이디어스의 경우 브랜드 입점을 신청하고 제품을 판매하면 되는 단순한 구조이지만 입점 심사에 통과해야만 제품을 판매할 수 있기 때문에 트웬티, 스마트스토어에 비해서 다소 진입 장벽이 높은 편이라고 할 수 있습니다. 또한 입점을 하기 위해서는 필요한 서류들이 있는데 작품 설명, 작품 제작 과정과 사진 등 다양한 자료들이 필요하기 때문에 처음부터 아이디어스에 입점하기보다는 트웬티를 통해 사전에 판매하고 모은 자료들을 토대로 아이디어스에 입점 신청하는 것을 추천합니다.

- **장점** : 인지도가 높은 플랫폼이기 때문에 브랜드 상위 노출에 용이하고 입점 작가 혜택 등 플랫폼 자체에서 운영하는 작가 혜택이 있습니다. 상품만 등록해두면 결제 및 기타 관리를 플랫폼을 중계로 편리하게 처리할 수 있습니다.

- **단점** : 입점이 까다롭고 수수료가 높은 편입니다. 플랫폼에서 요구하는 조건에 맞춰서 상품 등록 및 판매가 이루어집니다.

오프라인 수강생 실제 아이디어스 입점 사례

오프라인 판매(각종 페어, 마켓 등)

이미지 출처 : K일러스트레이션페어, 서울일러스트레이션페어, 일러스트코리아 홈페이지

브랜드를 홍보해야 판매가 이루어질 수 있는 온라인 판매와 달리 구매자를 직접 만날 수 있는 오프라인의 경우 조금 더 높은 확률로 판매가 쉽게 이루어질 수 있습니다. 하지만 초기 자본이 거의 들어가지 않는 온라인 판매와 달리 페어를 참가하는 참가 비용(부스 비)과 사전에 재고를 넉넉하게 준비해서 나가야 하는 재고비 등 비용이 많이 발생할 수 있다는 단점이 있습니다. 온라인보다는 비용적으로 부담이 될 수 있지만 제품을 직접 판매할 수 있는 장이 있고 구매자의 반응을 볼 수 있다는 점에서 초보자에게는 오프라인 판매를 추천합니다.

오프라인 페어 & 마켓 선택하기

오프라인 판매의 경우 대형 주최사에서 운영하는 페어와 마켓이 대표적입니다. 페어 중에서 거주지와의 거리, 개최되는 장소의 특성(유동 인구), 페어 비용 등 여러 가지 요소들을 고려해서 나의 현재 상황과 예산에 적합한 오프라인 페어 & 마켓을 선택합니다.

신청하기

오프라인 페어와 마켓의 경우 최근에 인기가 많아지는 추세이기 때문에 실제 페어를 개최하는 일정에서 길게는 6개월 전부터 모집하는 경우도 있습니다. 신청하는 방법은 주최사의 홈페이지에서 상세히 확인할 수 있습니다. 따라서 페어나 마켓을 참가하고 싶은 경우에는 주최사의 채널을 팔로우해두고 모집 일정을 미리 알아두고 준비하는 것이 무엇보다 중요합니다.

준비하기

페어나 마켓을 신청하는 순간부터 준비가 시작된다고 할 수 있습니다. 신청을 한다고 무조건 통과되는 것이 아니라 주최사가 요구하는 방식대로 자료를 제출하고 심사 과정을 통해서만 참가할 수 있습니다. 보통 나의 작업(캐릭터 관련 일러스트, 실제 제품 등)이 담긴 개인 SNS 채널과 자료를 기반으로 한 포트폴리오 제출이 일반적입니다. 이후 참가가 결정되고 나면 적어도 페어나 마켓이 개최되는 한 달 전까지는 페어에서 판매할 물품, 부스 디피 등 모든 준비를 마치도록 합니다.

참여하기

실제로 페어나 마켓에 참여하면 생각보다 다양한 사람을 만날 수 있게 됩니다. 페어에는 구매자뿐만 아니라 굿즈 판매 입점처 혹은 기업이나 회사 관계자들도 많이 방문하기 때문에 좋은 기회를 만날 수 있습니다. 따라서 명함이나 홍보가 잘 될 수 있도록 SNS 채널, 브랜드 명을 잘 노출할 수 있는 장치들을 많이 만들어서 참가하는 것을 추천합니다. 또한 오프라인 페어나 마켓 이후에는 구매자들이 온라인에서도 상품을 이어서 구매할 수 있도록 온라인과의 연결을 홍보하는 것도 중요합니다.

대표적인 오프라인 페어 & 마켓 알아보기

서울일러스트레이션페어(SIF)

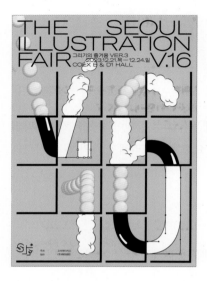

서울일러스트레이션페어(seoulillustrationfair.co.kr/)는 일러스트레이션 분야를 대표하는 우리나라에서 가장 크게 개최되고 있는 전문 전시회입니다. 일러스트레이션, 그래픽 디자인, 캘리그래피, 타이포그래피 등 관련 분야의 다양한 아티스트들이 참가하여 자신들의 작품을 알리고, 대중과 소통할 수 있는 대규모 페어입니다.

이미지 출처 : 서울일러스트레이션페어

우리나라를 대표하는 일러스트레이션 페어라는 명성만큼 서울과 부산에서 연 2회 개최하고 있으며 2024년에는 굿즈 판매를 전문으로 하는 판매자들을 따로 모은 굿즈이즈굿도 새로 개최됩니다. 페어를 참가하는 작가나 구매자 기준 유동 인구는 서울일러스트레이션페어가 가장 많으며 보통 6개월 전부터 선착순 모집으로 작가를 선발합니다. 즉, 미리 알림을 받아두고 모집 기간에 맞춰 빠르게 신청하는 것이 가장 중요합니다. 경쟁률이 꽤 높은 편에 속하기 때문에 처음 참가한다면 경험 삼아 신청해보는 것을 목표로 하여 어느 정도 브랜드의 인지도를 쌓은 후에 잘 준비해서 참가 확률을 높여가는 것이 중요합니다.

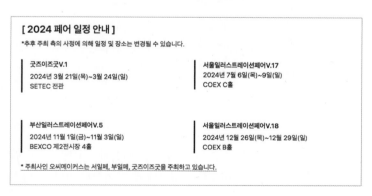

[2024 페어 일정 안내]
*추후 주최 측의 사정에 의해 일정 및 장소는 변경될 수 있습니다.

굿즈이즈굿V.1
2024년 3월 21일(목)~3월 24일(일)
SETEC 전관

서울일러스트레이션페어V.17
2024년 7월 6일(목)~9일(일)
COEX C홀

부산일러스트레이션페어V.5
2024년 11월 1일(금)~11월 3일(일)
BEXCO 제2전시장 4홀

서울일러스트레이션페어V.18
2024년 12월 26일(목)~12월 29일(일)
COEX B홀

* 주최사인 오씨메이커스는 서일페, 부일페, 굿즈이즈굿을 주최하고 있습니다.

이미지 출처 : 서울일러스트레이션페어

굿즈이즈굿

굿즈이즈굿은 서울일러스트레이션페어와 같은 주최에서 진행하는 페어로 2024년에 새로 개최하는 신생 페어입니다. 일러스트레이션, 그래픽 디자인, 캘리그래피, 타이포그래피 등 관련 분야의 다양한 범주의 작업을 접할 수 있는 서울일러스트레이션페어에서 조금 더 굿즈를 제작하는 창작자들만 중점적으로 모아둔 페어라고 할 수 있습니다. 아직은 페어 개최 전이기 때문에 페어에 대한 후기나 정보가 많이 없습니다. 하지만 서울일러스트레이션페어와 같은 주최측이라는 점에서 많은 기대와 주목을 받고 있는 페어입니다.

이미지 출처 : 굿즈이즈굿(goodsisgood.co.kr)

K-일러스트레이션페어(K-IF)

K-일러스트레이션페어(k-illustrationfair.com/)는 산업전시 전문 주최사 (주)한국국제전시에서 개최하는 국내 전문 일러스트레이션페어입니다. 서울일러스트레이션페어(이하 서일페)와 비슷한 규모이며 서울과 부산에서 연 2회 개최되고 있습니다. 신생 페어일 때는 참가가 수월한 편이었지만 이제 서일페만큼 인지도가 있는 수준의 전문 페어로 자리를 잡았기 때문에 지금은 경쟁률이 치열한 편입니다. 하지

만 모집 기간에 맞춰서 신청하고 필요한 자료(포트폴리오 등)를 잘 준비하면 어렵지 않게 심사에 통과할 수 있는 편입니다. 또한 다른 페어와 달리 작가-후원사 지원 할인 프로그램을 통해서 처음 신청하는 경우라면 부스 비에서 꽤 많은 금액을 할인받을 수 있습니다. 오프라인 페어가 처음이라면 도전해보기 좋은 페어라고 할 수 있습니다.

이미지 출처 : K-일러스트레이션페어

일러스트코리아

일러스트코리아(illustrationkorea.co.kr/)는 여러 작가 및 기업이 함께 일러스트 분야의 트렌드를 제시하고 상호 교류하는 일러스트레이션 전문 전시회입니다. 연 2~4회 정도 서울, 대구, 수원에서 개최하고 있으며 대표적인 일러스트레이션 페어로 자리를 잡고 있습니다. 마찬가지로 필요한 자료(포트폴리오 등)를 잘 준비하면 대부분 심사를 통과할 수 있기 때문에 초보자가 도전해보기 좋은 페어입니다.

이미지 출처 : 일러스트코리아

기타 소규모 페어 & 마켓

이 외에도 문구온(x.com/moongu_only), 다꾸페(다이어리 꾸미기 페어), 서문제(서울문구축제), 월간 마테전 등 다양한 소규모 페어나 마켓 정보를 수집할 수 있습니다. 작은 규모인만큼 상시 개최가 아니라 시즌성으로 개최되는 경우가 많기 때문에 인스타그램, 트위터, 블로그 계정에서 페어 일정을 미리 알아보고 큰 페어들 일정 사이에 참여해보는 것을 추천합니다.

온라인과 오프라인 중 어떤 것이 더 좋을까?

온오프라인 판매 중 어떤 방식으로 진행해야 할지 고민이 될 것입니다. 정답은 없지만 브랜드를 성장시키고 판매를 지속해나가려면 온오프라인 판매를 병행하는 것을 추천합니다. 온라인은 지속적으로 판매를 이어나갈 수 있다는 장점이 있지만 팔로워와 직접적으로 소통할 수 있는 창구로써의 역할은 부족합니다. 이벤트, 할인가가 진행되는 오프라인 행사에 비해서는 파급력이 약할 수 있습니다. 반면, 오프라인에서만 판매를 진행한다면 직접 구매하러 오기가 부담스러운 구매자나 더 넓은 범위의 타깃층에게 상품을 노출시키고 지속적인 마케팅을 하는 데는 어려움이 많습니다. 따라서 온오프라인에서의 판매를 함께 진행해야 하며 본인의 성격과 브랜드 특성에 맞춰서 온라인에서 오프라인으로, 오프라인에서 온라인으로 확장해갑니다.

크라우드 펀딩 활용하기

당신에게 행복을 선물할 ████ 바디필로우

모인금액
26,846,500원 239%

남은시간
0초

후원자
888명

목표금액	11,200,000원 달성
펀딩 기간	2023.04.12 ~ 2023.05.10 마감
결제	2023.05.11에 결제 진행

펀딩이 마감되었습니다

> 실제 작가로 활동하고 있는 수강생 크라우드
> 펀딩 성공 사례(출처 : 쿠봄이 isfp_kuvom)

브랜드를 처음 운영하는 창작자에게는 아무래도 굿즈 제작 시 발생하는 초기 투자 비용이 큰 부담으로 다가올 수 있습니다. 내가 제작한 상품이 충분히 매력 있는 상품인지 검증되지 않았고, 판매까지 이루어 질지 알 수 없는 상황에서 상품을 제작해야 되기 때문입니다. 상품이 판매되지 않았을 경우 재고 처리도 매우 부담스러운 일이 아닐 수 없습니다.

이러한 창작자의 리스크와 부담을 최대한 줄여주기 위해 최근에는 크라우드 펀딩이라는 개념이 등장했 습니다. 크라우드 펀딩이란 창의적 아이템을 가진 초기 창작자가 중개 온라인 플랫폼에서 다수의 투자 자로부터 미리 결제를 받은 금액으로 자금을 조달해 상품을 생산하는 행위를 말합니다.

따라서 주로 소량 생산이 불가능해서 초기 투자 비용이 많이 발생하는 제품이나 고가에 속하는 제 품을 제작할 때 많이 사용됩니다. 대표적인 크라우드 펀딩 플랫폼으로는 와디즈(wadiz.kr), 텀블벅 (tumblbug.com)이 있으며 최근에는 많은 크리에이터들이 이러한 플랫폼을 이용해 굿즈를 펀딩하고 있습니다.

이렇게만 이해하면 크라우드 펀딩이 매우 편리하고 좋은 방법이라는 생각이 들 수 있습니다. 하지만 결 과적으로 펀딩에 성공해야 제품을 제작할 수 있기 때문에 펀딩을 진행하기 전에 잘 준비하는 것이 매우 중요합니다. 펀딩을 시작하고 일정 기간 동안 펀딩을 결정한 일정 인원 이상이 모집된다면 모인 금액으 로 제품을 제작할 수 있습니다. 반대로 일정 인원 이상이 모집되지 않았을 경우에는 이미 지불한 인원들 에게 다시 환불해주게 되며 결과적으로는 제품 생산이 어려워질 수 있습니다.

펀딩 전에 진행해야 할 것들

펀딩을 진행하기 전에 어떤 제품을 제작할지, 펀딩이 성공할 경우 함께 제공하는 리워드(이벤트 상품 개 념) 상품은 어떤 것으로 하면 좋을지 미리 구상해야 합니다. 이 과정에서 샘플을 제작하게 되는데 이는 예비 구매자들에게 어떤 제품을 받을 수 있는지 보여주는 역할과 동시에 완성도 있는 결과물을 만들기 위한 필수적인 작업입니다. 샘플을 제작하고 나면 제품을 촬영하고 상세 페이지를 만들어서 제품 설명 및 펀딩에 대한 소개를 준비합니다.

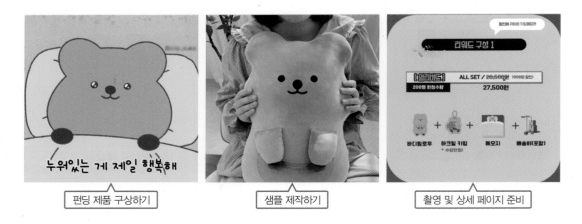

| 펀딩 제품 구상하기 | 샘플 제작하기 | 촬영 및 상세 페이지 준비 |

펀딩 진행 과정

대표적인 크라우드 펀딩 플랫폼인 텀블벅을 예시로 살펴보겠습니다. 텀블벅의 경우 내가 펀딩할 굿즈의 심사부터 펀딩, 정산 및 배송까지의 과정이 상세하게 설명되어 있습니다. 이를 따라서 프로젝트를 진행하면 큰 어려움 없이 진행할 수 있습니다. 펀딩을 진행할 상세 페이지를 만들고 제품의 제작 기간을 잘 고려해서 펀딩 기간을 정해줍니다. 심사를 통과하고 펀딩이 시작되면 개인 SNS 채널을 적극적으로 활용해 팔로워들과 홍보를 통해 잠재 구매자들의 펀딩을 유도하도록 합니다.

프로젝트 진행 과정

텀블벅 프로젝트는 크게 심사 → 공개 예정 → 펀딩 → 결제 → 정산 → 선물 전달 순서로 진행됩니다.

이미지 출처 : 텀블벅

- **장점** : 펀딩이 확정된 후 모인 금액으로 굿즈를 제작할 수 있어 재고 문제가 없고, 적극적인 홍보 및 펀딩 플랫폼을 통해 더 많은 고객에게 굿즈 상품을 노출할 수 있습니다.

- **단점** : 펀딩 심사를 통과해야 펀딩이 가능하고, 펀딩이 실패할 경우 펀딩 준비 시에 발생한 샘플 제작비 등이 소비됩니다. 플랫폼 이용에 대한 수수료가 발생하고 펀딩이 완료된 이후에 정산 등의 과정을 거쳐 상품 제작 및 배송이 진행되기 때문에 고객들에게 빠른 배송이 어렵습니다.

Chapter 03

슬기로운 취미 생활과 N잡

세상에는 많은 취미 생활이 있지만 실제 내 삶에 가져다주는 행복감뿐만 아니라 회사 업무나 개인 사업에도 활용할 수 있고 나아가 부업으로 발전할 수 있는 취미는 많지 않습니다. 이 때문에 캐릭터 굿즈가 다른 취미 생활에 비해 더욱 사랑받는 비결이 아닐까 싶습니다. 실제로 수업을 진행하다 보면 특별한 목적 없이 단순히 취미로 시작했던 수강생들이 주변 사람들의 반응, 스스로의 만족감에 자신감을 얻어 자발적으로 더 열심히 작업하고 부업까지 도전합니다. 이 책을 공부하는 여러분도 그중 한 사람이 될 수 있다고 자신합니다.

슬기로운 취미 생활

내가 그린 그림이 상업성을 갖춘 결과물로 재탄생하는 색다른 경험

두부에게 취미로 캐릭터 굿즈를 배우러 오는 분들은 대부분이 그림에 흥미가 있는 분들이었습니다. 그림 중에서도 캐릭터 굿즈를 선택한 이유는 실제로 결과물을 받아보고 싶어서였습니다. 그림을 아무리 잘 그리더라도 내 핸드폰이나 아이패드에만 저장되어 있다면 스스로만 만족하고 그치게 됩니다. 다른 사람들에게 내 그림과 결과물을 공유하고 활용하면 성취감뿐만 아니라 점차 수익화할 수 있어 색다른 경험과 도전이 될 수 있습니다.

취미로 제작한 캐릭터로 두 번의 페어에서 큰 사랑을 받았던 수강생님 작품

좋아하는 레서판다로 취미 생활에서 페어까지, 작가를 준비하는 수강생님 작품

다른 사람의 작품을 판매하던 소품샵 주인에서 본인 작품까지 직접 판매하게 된 수강생님 작품

주변 사람들까지 행복해지는 취미 생활

나를 행복하게 해주는 취미 생활이 주변 사람들까지 행복하게 해준다면 그보다 좋은 일이 있을까요? 캐릭터 굿즈라는 취미가 생긴 순간부터 과정 하나하나를 가까운 지인들에게 공유하다 보면 이 취미가 나뿐만이 아니라 주변을 모두 행복하게 해준다는 것을 알 수 있게 됩니다. 반려동물, 지인, 기억에 남는 순간 등 어떤 소재든 캐릭터와 굿즈를 활용해서 만들 수 있기 때문입니다. 다음 그림은 수강생이 자신이 만든 캐릭터를 활용해 생일 케이크 도안으로 활용한 것입니다. 시중에 파는 흔한 케이크가 아닌 세상에 하나밖에 없는 내가 디자인한 케이크를 선물한 사례입니다. 이처럼 나만의 캐릭터를 활용해 나와 주변 사람들이 일상에서도 특별하고 행복한 순간을 공유할 수 있습니다.

오프라인 수강생 작품_캐릭터를 활용해 케이크 도안 제작

슬기로운 N잡

첫 외주? 취미가 부업이 되는 순간

브랜드를 만들고 판매가 이루어져야만 부업이라고 할 수 있을까요? 다음 사례를 살펴보면 부업은 나의 일상의 아주 작은 순간에서부터 시작하는 것이 아닐까 싶습니다. 수강생이 자신의 지인에게 청첩장 일러스트 외주를 받았습니다. 자신의 캐릭터를 활용해서 청첩장 일러스트를 작업하고 지류 형태로 발주까지 진행했습니다. 이 작업이 수강생의 첫 외주가 된 것입니다. 이렇게 아주 작은 기회를 하나씩 만나다 보면 사업 아이템이 될 수도 있고 곧 포트폴리오의 시작이 될 수도 있습니다. 실제로 지인이나 기록용으로 올린 SNS 작업물을 보고 연락이 온 것을 시작으로 많은 분들이 첫 외주를 시작하고 있습니다.

오프라인 수강생 작품_ 캐릭터를 활용해 청첩장 제작

캐릭터 굿즈로 발전하는 나의 직장 생활

직장 업무에 활용하기 위해서 처음부터 캐릭터 굿즈를 부업으로 계획하고 시작하는 분들도 있습니다. 대표적인 사례로 학교 선생님들의 교구 제작, 직장 내에서 맡게 된 디자인&굿즈 업무, 업무에 사용하기 위한 간단한 일러스트 작업 등 많은 분들이 다양한 이유로 캐릭터 굿즈를 시작하고 있습니다. 업무 능력도 향상될 뿐만 아니라 스스로에게도 만족감을 주는 작업이 되어 일과 재미라는 두 마리 토끼를 모두 잡을 수 있습니다.

오프라인 수강생 작품_캐릭터를 활용해 유치원 달력, 수업 교구 제작

사업에 활용하는 캐릭터 굿즈

마찬가지로 개인 사업에 캐릭터 굿즈를 활용하는 경우도 늘고 있습니다. 과거에는 외주 디자이너나 업체를 이용해서 비용을 지불하고 캐릭터 디자인을 구매해 사용했습니다. 요즘에는 아이패드와 애플펜슬이 출시된 이후 그림이라는 영역의 진입 장벽이 낮아지고 외주를 이용할 비용으로 내가 직접 제작하고 지속적으로 만들겠다는 요구가 커졌습니다. 다음 사례는 꿀 판매 사업을 하고 있는 사업자가 캐릭터를 직접 개발해 제품의 대표 캐릭터로 활용하고 있는 모습입니다. 이렇듯 사업을 운영하는 분들도 자신의 캐릭터를 제작해 다양하게 활용하는 사례가 늘고 있습니다.

오프라인 수강생 작품_사업에 활용할 메인 캐릭터 제작. 꿀 판매 사업

Chapter 04

나만의 알파를 찾아
캐릭터 작가로 살아남기

나만의 브랜드를 만들고 작가로 살아간다는 것은 어떤 분들에게는 꿈만 같은 일일 수도 있고 또 다른 분들에게는 지극히 현실적인 일일 수도 있습니다. 6년 차에 접어들고 있는 두부에게도 이 시간이 결코 쉽지 않았습니다. 그럼에도 아직까지 작가로 살아남을 수 있었던 방법은 캐릭터 굿즈에 플러스 알파를 더해 나만의 경쟁력을 키웠기 때문입니다. 이렇게 두부가 지내온 시간들을 토대로 나만의 알파를 찾아서 작가로써 살아남는 방법과 현실적인 수익화 파이프라인에 대해서 알아보겠습니다.

작가로 살아가는 법(작가라면 누구나 해야 하는 것들)

포트폴리오 관리하기

작가라면 떼어놓을 수 없는 것이 있다면 바로 포트폴리오입니다. 포트폴리오는 나의 작업물을 모아두는 개념으로 수많은 말보다 포트폴리오 하나로 내가 어떤 일을 하고 어떤 작업을 하는 사람인지 직관적으로 한눈에 볼 수 있습니다.

예전에는 포트폴리오 사이트에서 나의 작업물을 따로 관리해야 했지만 요즘에는 개인 SNS 채널 자체가 포트폴리오가 되기 때문에 운영중인 계정만 잘 관리하면 됩니다. 두부는 굿즈 제작, 캐릭터&굿즈 클래스, 유튜브에서 그림 관련 콘텐츠 운영, 그림일기를 작업하고 있기 때문에 전체 채널을 둘러봤을 때 이렇게 네 가지를 대표적으로 하는 작가임을 알 수 있도록 관리하고 있습니다. 이처럼 나라는 사람 혹은 브랜드가 어떤 작업을 메인으로 하는지 어떤 톤앤 매너를 가지고 운영하고 있는지를 한눈에 알아볼 수 있도록 관리해나가는 것을 추천합니다.

굿즈 판매

굿즈 강의

유튜브

그림일기

1~2년을 멀리 볼 수 있는 시각 기르기

작가 생활만 한다면 프리랜서로, 굿즈를 판매하는 브랜드를 운영한다면 개인 사업자로 새로운 꿈을 펼치게 됩니다. 물론 내가 협업하고 싶은 기업이나 브랜드에 역제안을 하는 등 일을 받아올 수도 있지만 아직은 외주나 새로운 기회들을 기다려야 하는 위치에 있는 것이 현실입니다.

이때 우리가 해야 할 것은 막연한 기다림이 아니라 1~2년을 멀리 내다보는 시각을 기르는 것입니다. 지금 내가 하는 작업과 그로 인해 쌓여가는 포트폴리오가 당장이 아닌 1~2년 후에 성과를 가져오기 때문입니다. 예시로 두부는 유튜브를 시작하고 그림을 가르쳐주는 콘텐츠를 꾸준히 올렸었습니다. 당시에 볼 수 있는 성과는 유튜브 채널의 성장 등이었지만 이 작업이 결과적으로 1년 뒤에 온라인 캐릭터&굿즈 강의로 이어졌습니다.

이처럼 지금 하는 일이 추후에 큰 성과를 불러올 수 있기 때문에 가능성을 모두 열어두고 꾸준히 해내는 역량을 기르는 것이 중요합니다.

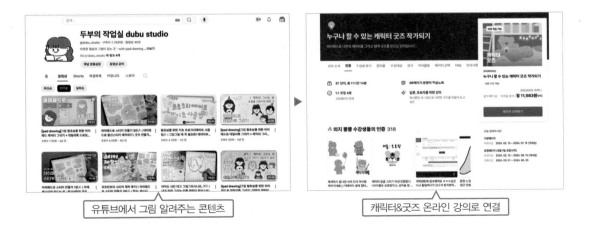

유튜브에서 그림 알려주는 콘텐츠

캐릭터&굿즈 온라인 강의로 연결

변화하는 흐름에 가장 빠르게 반응하고 적응하기

세상은 정말 빠르게 돌아갑니다. 불과 몇 년 전까지만 해도 없었던 각종 취미나 자기 계발 강의의 온라인화, 퍼스널 브랜딩, 전자책, 각종 채널의 구독화 등 다양한 개념들이 생겨나고 여러 사업들이 성장하고 있습니다. 성장 가능성이 있는 사업의 초기 시장에 진입하여 1세대로 선점할 수 있다면 해당 사업이 성장할수록 빠르고 확실하게 수익화를 이룰 수 있습니다.

계속해서 나만의 수익화 파이프라인을 만들어야 하는 작가라는 직업은 이러한 변화의 흐름에 가장 빠르게 반응하고 적응해야 합니다. 이를 위해서는 마치 매일 세상의 소식을 접하기 위해 신문을 읽듯 여러 강의 찾아보기, 다른 작가들과의 인프라 갖기, 다양한 계정을 팔로우하면서 피드 살펴보기 등을 생활화하는 것이 중요하다고 할 수 있습니다.

작가로 살아남는 법(나만의 알파 찾기, 수익화 파이프라인)

나만의 알파 찾기

캐릭터 굿즈 시장은 물론 디지털 드로잉 시장이 이렇게까지 커지기 전에는 좋은 작업물과 포트폴리오 관리만으로도 어느 정도 수익을 창출하며 작가 생활을 이어갈 수 있었습니다. 하지만 아이패드와 애플펜슬, 그 외에 다양한 프로그램과 기계의 발전으로 디지털 드로잉에 대한 진입 장벽이 매우 낮아지면서 단순히 작업물 하나만으로는 경쟁력을 갖기가 어려운 시대가 되었습니다.

이에 따라 우리는 플러스 알파를 만들어야 합니다. 내가 즐겁게 할 수 있는 것, 지속 가능성이 있고 꾸준한 발전이 있는 것이 알파입니다.

두부는 평소 말이나 설명을 잘하고 누군가에게 소개하거나 알려주는 것을 좋아했습니다. 이것이 두부의 알파입니다. 이를 그림과 접목해 그림을 가르치는 '강의'라는 것을 시작하게 되었고 온오프라인 강의는 물론 책도 집필하고 있습니다.

어떤 콘텐츠이든 누군가에게 도움이 될 수 있는 내용이라면 제작해볼 수 있는 전자책, 유료로 콘텐츠를 볼 수 있는 네이버 프리미엄 콘텐츠, 컬러링북&드로잉 키트, 수익화할 수 있는 부계정 운영, 온오프라인 행사 기획 등 다양한 방식이 있으니 나에게 맞는 알파를 찾아 여러분의 안정된 수익화 파이프라인을 구축해나가기를 기대합니다.

두부의 알파인 말하기를 그림과 접목해서 다양한 곳에서 캐릭터&굿즈 강의를 진행한 모습

알파를 더해 또 다른 수익 만들기(feat. 부계정)

앞서 설명한 알파를 잘 녹여낸 한 가지 사례를 소개하겠습니다. 다음은 알파카 캐릭터입니다. 온오프라인에서 굿즈를 판매하며 인스타툰을 운영하는 수강생의 사례입니다. 경제, 절약에 남들보다 관심이 있고 흥미가 있어 하는 지점을 알파로 삼아서 계정을 운영했고 그 결과 경제 관련 다양한 협업을 함께 진행하고 있습니다.

실제 작가로 활동하고 있는 수강생의 알파를 더한 수익화 사례(출처 : 경제적 자유를 연구하는 알파카 alpaca_is_free)

만약 캐릭터로 굿즈를 만들고 판매하는 데에만 그쳤다면 이 정도의 성과나 차별성을 얻을 수 있었을까요? 사례와 같이 본 계정에 나의 알파를 더해 운영하는 방법도 있지만 본 계정은 캐릭터 굿즈를 메인으로 하고 나의 알파를 담은 부계정을 또 다른 수익화 계정으로 만들 수도 있습니다. 이 경우 굿즈 판매와 별도로 또 다른 정체성의 계정을 운영하는 것이기 때문에 알고리즘 분리도 되고 타깃층도 더 확실하게 확보할 수 있습니다.

외주, 광고 & 협업 진행하기

작가의 가장 대표적인 수익원은 외주일 것입니다. 외주는 대표적으로 두 가지로 나누어볼 수 있습니다. 하나는 브랜드에서 요청한 새로운 작업물(캐릭터)을 만드는 형태이고, 다른 하나는 내 브랜드(캐릭터) 자체를 활용해서 작업물을 만드는 형태입니다. 전자의 경우는 브랜드에서 기획한 대로 완전히 새로운 작업을 하는 형태로, 보통 기업의 캐릭터나 상품에 들어가는 일러스트 제작, 인스타툰 콘텐츠 제작 등이 있습니다. 이 경우는 기업의 요청에 따라 작업을 진행해야 하기 때문에 작업이 까다롭고 스트레스를 관리해야 할 수 있습니다. 하지만 새로운 작업을 통한 개인 역량의 발전과 다양한 경험을 기대해볼 수 있습니다.

내 브랜드 자체를 활용해서 작업물을 만드는 형태는 외주를 받아 내 방식을 유지하며 작업할 수 있습니다. 전자보다 수월하고 편리하게 작업할 수 있다는 장점이 있습니다. 작게는 해당 기업이나 브랜드의 제품 협업 크게는 팝업까지 여러 가지 형태의 작업이 있습니다. 이 경우 외주 제안이 들어오기 전에 먼저 내가 협업하고 싶은 기업에 기획안을 준비해 역제안을 할 수도 있고, 협업 시 드러나는 내 캐릭터의 다양성과 장점 등을 다른 잠정적 협업사에게 어필할 수 있는 점을 기대해볼 수 있습니다.

이처럼 모든 외주는 가장 보편적으로 수익을 얻을 수 있는 방법이지만 동시에 어느 정도는 수동적으로 제안을 기다려야 하는 리스크가 있기 때문에 외주에 기대는 것보다는 내가 직접 수익화할 수 있는 방안 등을 적극적으로 찾아나가는 것을 추천합니다.

교보 ebook

브라더 코리아 광고

오프린트미 광고

찾아보기

숫자 / 영어

3차원 공간	154
N잡	368

ㄱ

가우시안 흐림 효과	207
감정 표현	114
굿즈	214
굿즈 제작 업체	223
굿즈 제작 프로세스	220
굿즈 판매	355
그리기 가이드	154
그립톡	324

ㄷ

단순화	057
떡메모지	248

ㄹ

레이어	028
레퍼런스	178

ㅁ

메인 컬러	098
명도	165
명암	203
무테 채색	196

ㅂ

발주 파일	217
밝은 인터페이스	020
배색	172
변형	026
브러시	037
비율	074
빛산란 효과	208

ㅅ

사물 드로잉	125
색상	165
색상 모드	166
색조	166
서브 컬러	100
선택	026
수익화	372
스마트폰 케이스	312
스티커	260, 298

ㅇ

엽서	234
오른손잡이 인터페이스	020
오프라인 페어	362
유테 채색	188
의인화	057
인플루언싱	346
임계값	024

ㅈ

자동 완성 도구	022
저작권	107
제스처 제어	021

ㅊ

채도	165
취미 생활	367

ㅋ

칼선	218
캐릭터	056
캐릭터 분석	061
캐릭터 제작 가이드	068
캐릭터 포즈	116
캔버스	019
커스텀 브러시	038
컬러 드롭	024
컬러 팔레트	105
클리핑 마스크	183
키링	333

ㅌ

턴어라운드 시트	080

ㅍ

팔레트	168
프로크리에이트	018

이 책에서 사용하는 모든 예제와 가이드 파일, 브러시 등은 한빛출판네트워크 자료실에서 다운로드할 수 있습니다. 여기서는 아이패드에서 다운로드하는 방법을 친절하게 설명해드립니다.

예제 파일 다운로드

❶ 아이패드 카메라로 QR 코드를 촬영하고 화면에 뜨는 링크를 선택해 자료실 페이지에 접속합니다. ❷ [다운로드]를 터치해 파일을 다운로드합니다. ❸ 다운로드가 완료되면 [파일] 앱에 들어가서 압축을 해제합니다.

실습 PSD 파일 불러오기

❶ 실습할 예제 파일을 선택하고 ❷ 오른쪽 상단의 [공유]-[프로크리에이트] 앱을 선택합니다. ❸ Sending to procreate 라는 문구가 꺼지면 프로크리에이트 앱을 실행합니다. 가져오는 중 알림 메시지가 종료되면 실습 파일이 정상적으로 불러와지는 것을 확인할 수 있습니다.